Succession and Transformation:
The Road Map of Chinese Family Business

当传承遇到转型
中国家族企业发展路径图

〔新加坡〕李秀娟　张燕 / 著

北京大学出版社
PEKING UNIVERSITY PRESS

图书在版编目（CIP）数据

当传承遇到转型：中国家族企业发展路径图 /（新加坡）李秀娟, 张燕著. —北京：北京大学出版社, 2017.1
ISBN 978-7-301-27797-3

Ⅰ.①当… Ⅱ.①李… ②张… Ⅲ.①家族–私营企业–企业发展–研究–中国 Ⅳ.①F279.245

中国版本图书馆 CIP 数据核字（2016）第 285529 号

书　　名	当传承遇到转型——中国家族企业发展路径图 DANG CHUANCHENG YUDAO ZHUANXING
著作责任者	〔新加坡〕李秀娟　张　燕　著
责任编辑	贾米娜
标准书号	ISBN 978-7-301-27797-3
出版发行	北京大学出版社
地　　址	北京市海淀区成府路 205 号　100871
网　　址	http://www.pup.cn　新浪微博：@北京大学出版社
电子信箱	em@pup.cn　QQ：552063295
电　　话	邮购部 62752015　发行部 62750672　编辑部 62752926
印 刷 者	北京中科印刷有限公司
经 销 者	新华书店 720 毫米 × 1020 毫米　16 开本　17 印张　251 千字 2017 年 1 月第 1 版　2017 年 1 月第 1 次印刷
定　　价	66.00 元

未经许可，不得以任何方式复制或抄袭本书之部分或全部内容。
版权所有，侵权必究
举报电话: 010-62752024　电子信箱: fd@pup.pku.edu.cn
图书如有印装质量问题，请与出版部联系，电话: 010-62756370

家族企业的中国式十字路口（代序）

过去这三十多年以来，中国的民营企业得到了迅猛的发展，而它们的中坚力量就是各行各业的家族企业。和欧洲的许多家庭式作坊一样，中国的家族企业也在改革开放后第一代企业家的带领下，经历了时代经济的洗礼。它们经过经济开放的蓬勃发展，渡过金融危机下的蛰伏调整，留下来的越来越强大，并逐渐形成了家族集团。

如何突破家族企业的成长瓶颈以及新老交替的环节一直都是家族企业世代关心的焦点。如何顺利完成交接？欧美的家族企业或许已通过专业治理和职业经理人的普遍应用找到了合适的出路，但是对于大量的中国家族企业来说，这仍是眼下亟待解决的问题。

摆在中国家族企业面前的有三重桎梏。首先是行业的落后，中国的家族企业大多集中于低端制造业，近几年来产业升级所带来的行业动荡非常明显；其次是治理结构的混乱，长期依赖"大当家"的决策，导致企业对个人威权过分推崇，进而失去了很多优化人才和决策机制的管理制度；最后，就是近几年来，互联网时代的冲击和市场盈利模式的升级让许多传统企业家不知所措，面对全新的竞争，传统企业根深蒂固的经验反而成为阻碍其发展的命门所在。

我在欧洲见过很多从小作坊成长起来的家族巨头企业，也在中国接触过很多在实业界打拼奋斗的家族企业家们，在他们的身上我看到了很多民营企业家的共性：对于事业的执着，对于家庭的责任，对于企业的担当。一方面，他们都是以家为核心，围绕着家庭发展起自己的事业；另一方面，他们为了企业也

牺牲了很多家庭的利益。而家与企业两者之间的博弈往往牵扯着家族成员之间的关系、利益和权力的分配，两者的相互影响使得家族掌门人在企业的发展过程中必须不断思考转变的问题。同样，为了在一定阶段后面临传承选择时不至于出现青黄不接的狼狈景象，更要思考接班人的选择与培养问题。

欧洲的家族企业大多已经传承到了三五代之后，由于起步较早，前两代的传承往往都发生在企业没有大的转变以及整体经济环境没有大的改变的时刻，所以代际间的交接班并没有与企业的瓶颈期产生高度重合。而中国的家族企业都很年轻，家族的延续和企业的发展过度交织在一起，而且由于经济环境的特殊发展背景，家族的代际转换与企业的转型升级几乎是同时发生的。面对家族与企业的传承选择，很多一代企业家都感到迷茫，他们和天下的父母一样把所有希望寄托在下一代身上。经济形势的转变和企业的转型升级是一条企业发展的必经之路，而一代企业家对管理已渐渐力不从心，二代企业家能否顺利接班不仅未知，还是代际传承中无法回避的一个问题。于是，中国的家族企业传承就站在了这样一个特殊的十字路口上。

更需引起重视的是，多数中国一代民营企业家已到55—75岁，交接班迫在眉睫。当传承和转型这两大国际性难题同时落到家族企业身上时，难度很大，压力巨大。下一代是否能够顺利接班，并带领家族企业转型升级又是一个新的课题。如何将一代手中的权力交给下一代，传承的路口企业该何去何从？这是一个传统企业面临转型升级的时代，也是一个家族企业实现接班与传承的时代，中国的"创一代"和"富二代"准备好了吗？

佩德罗·雷诺（Pedro Nueno）
中欧国际工商学院院长
成为基金创业学教席教授
2017年1月

前 言

改革开放三十多年来,中国诞生了一大批具有影响力的家族企业。它们以蓬勃的生命力根植于各行各业,以非凡的行动力活跃于时代浪潮中。它们之中,相当数量的家族企业已经成为行业的翘楚;而且家族企业作为一个整体,亦在民营经济乃至整个国民经济中发挥着重要的作用。

然而,随着中国的第一代企业家们纷纷步入花甲之年,他们所掌管的企业如何传承和持续发展就成为当下刻不容缓的课题。2012年中华全国工商业联合会发布的《中国家族企业发展报告》显示,中国85.4%的民营企业是家族企业,未来5—10年大约有3/4的家族企业将面临交接班问题。家族企业能否传承延续和进一步发扬光大,不仅关乎单个家族和企业的命运,还与中国民营经济的整体运行和繁荣息息相关。

"子承父业"似乎是最传统、最自然的家族企业更新换代模式。但是接班人的培养绝非易事,它需要第一代创始人的重视、第二代继承人的意愿,以及两代人长期的共同努力与磨合。很多企业家并没有或者还没有开始建立系统的传承计划;另一些企业家虽然为培养后继之人付出了巨大的努力,可效果却不尽如人意。"富二代"们主观上不愿意接班、客观上不具备接班的能力,是接班受挫的最大阻碍因素。

作为一名长期关注中国家族企业管理和传承现状的学者,我很高兴能够在中国家族企业代际传承的高峰来临之际见证正在发生的家族企业交接班过程,分享在此过程中的酸甜苦辣。多年来,我和我的研究团队,以及我的合作者张燕教授，同中国家族企业的创始人、当家人、经理人和继承人进行了深入的交流，从多个角度了解他们对交接班的看法、顾虑和展望，从中总结出一些值得借鉴的家族企业传承实践与经验。

2012年，在多方的支持下，我们又启动了针对正在交接和已完成交接的家族企业的调查，研究当前背景下影响中国家族企业交接班的因素。该项目在中国调研了114家企业、504位相关人员，希望借此破解家业成功传承的密码。我们也陆续写了许多案例，针对家族企业代际传承方方面面的问题做了一系列的探讨。

中国的家族企业如何顺利地进行代际传承？这是我们这个时代的一个命题。"路漫漫其修远兮，吾将上下而求索"，中国家族企业从第一代到第二代的交接才刚刚开始，我们需要学习和总结的还有很多。尤其是在中国经济进入产业格局调整的时期，中国的家族企业主在寻找接班人的道路上还需要处理企业转型这个大问题。如何在交棒的同时顺利地实现企业战略的转型，对于许多家族企业来说具有极为重要的意义。在这样一个交叉路口，二代应该何去何从？职业经理人又有多少发挥的空间？所谓的转型升级与多元化是否只是一线之隔？家族企业又应该如何借力互联网和国际市场来继续开疆辟土？创业难，守业更难，而守业的同时又要保持企业家创业精神的传承、在尊重和维护家族传统的前提下不断创新以推动家业的延续就更是难上加难了。这些思量为今天的中国家族企业设定了新的课题，对于两代人来说，在家业的第一次传承关口就遇到了许多前所未有的挑战。我们希望本书的出版，能够为中国家族企业的传承带来一些启示。

张燕教授是美国莱斯大学琼斯商学院的战略学教授，她做了许多关于上市公司公司治理问题的原创性研究。她于2013—2014年间在中欧国际工商学院工作时，也开始专注于中国家族企业的传承问题，写过"美的换帅"等案例，并在中欧国际工商学院开设了有关公司高管传承的课程。当我邀请她一起写这本书的时候，她欣然应允了。由于我在中国，有近水楼台的优势，许多案例的采访和资料的收集，都由我负责主导、主笔。张燕教授的特长在于逻辑清晰、理论根基扎实，对中国的现象和问题有深入的了解。我们对于全书的框架、案例的提炼和理论的归纳，来回讨论了不知道多少个回合，如果我是那个对故事进行深度挖掘的人，她就是那个从理论高度上进行思考的人。所以我们两个一来一回地修改书稿时，我总觉得她好厉害，很多啰哩啰唆的细节，她都能拔高，视野一下子就清晰了好多。所以在本书里，"我"是那个讲故事的人，她是那个讲道理的人。

本书的整体架构安排如下：首先我们重点探讨了中国家族企业关于"传承"和"转型"的几个痛点问题（第一部分）。然后探讨二代为什么不愿意接班，以及在接班过程中一代与二代之间的种种矛盾和冲突（第二部分）。如何提高二代的接班意愿，其实与家庭关系和家族价值观有密切的关系，所以绝对不能忽视"家文化"的力量（第三部分）。一种有益的接班方式是创业式的接班，其继任者被称为"创二代"，方太的传承是一个很好的典范（第四部分）。但现实生活中也有很多像华茂那样措手不及地接班的例子，也就是临危受命。这样的接班过程给继任者带来很大的痛苦和挑战，但也是二代最刻骨铭心的学习和成长过程（第五部分）。企业的传承和财富的传承是两码事。方太选择了"口袋理论"，让继承者有明确的股权和决策权；而华茂选择了"分家不分产"，规定家族财产信托化。采取分或聚的方式，各有利弊，关键是家族的价值导向，特别是创始人的价值观（第六部分）。一些民营企业的创始人坚持"家就是业，业便是家"，另外一些创始人却希望他们的企业能够"去家族化"，聘请职业经理人走向专业化管理。但是现实往往不尽如人意，职业经理人在理念和素质上的局限性，往往让一代创业者不得不回过头来说服自己的孩子回来接班。新光集团任用了三任职业经理人，最后还是让自己的儿子接班，从"去家族化"变成"筑家文化"（第七部分）。到底是家族CEO还是职业CEO好？研究文献从来没有给出结论，但每种选择都有自己的培养、选择路径（第八部分）。在转向职业经理人接班的模式中，美的无疑是到目前为止做得比较好的，但不可否认的是，这也是一条曲折的艰辛道路（第九部分）。女儿接班，在中国已经开始挑战传统的"子承父业"的观念。万事利更上一层楼，是"母业女承"，展示了两代中国女性的不同魅力。而其中女婿更是起到了积极推动的作用，在冲突和磨合中，引领万事利走向品牌国际化（第十部分）。另一个女儿接班的案例是红领，父女合力推动了一场传统服装产业的革命，建立了互联网时代的新工业文明（第十一部分）。最后一部分（第十二部分）则归纳总结了中国家族企业传承的四种模式，以及与传承过程并肩而行的四类战略转型模式。

整本书我们用了案例、故事、理论和经验相互穿插的方式，希望能让读者在轻松的阅读中，汲取知识和观念，从而对家族企业的传承和转型能有更为深入的思考与领悟。

李秀娟

2017年1月

目 录

家族企业的痛点   001

    渊 源   001

    来到中国   003

    传承——中国家族企业的痛点   005

    战略转型——另一个痛点   008

    在中国——当传承遇到转型   009

    横在路上的代沟   013

    接与不接——二代的纠结   019

有钱就任性?"富二代"为何钟情于金融投资业   024

    二代钟情于金融投资   026

    为什么金融投资受到二代们如此的青睐呢?   030

    金融投资是另一只翅膀   032

    兴趣是可以培养的   034

    二代需要时间的磨炼和熏陶   039

    自我效能感至关重要   040

"家文化":家族企业的长青基石   044

    家庭和企业两个系统   046

    家的力量:如何解决矛盾、提升接班意愿   048

    家庭因素对接班意愿的影响   054

    重拾"家文化":打造家族企业的长青基因   057

"家文化"传承的典范——李锦记富过五代　　058

"1.5 代"创业式接班　　065

创业伊始夫妻比翼　　066
茅忠群：我该不该回去接班？　　067
父子创业——"三三制"接班　　069
茅忠群——接班后的管理哲学　　072
茅氏家族治理　　081
未来——富能否过三代？　　083

家族共同协议　　086

徐万茂的早期创业之路　　087
徐立勋——临危受命接班路　　089
华茂的战略发展　　096
《徐氏家族共同协议》　　098
徐氏第三代未来之路　　101

家族财富——分家和分产　　104

家族财富的分配　　105
"口袋理论"　　107
"分家不分产"　　109
家族财富——两条不同路径　　113

从"去家族化"到"筑家文化"　　120

新光的源起　　121
引进职业经理人　　126
虞江波是危机中的选择　　129
少帅改革，转型升级　　134

大家族系统	137

家族 CEO 还是职业 CEO？ 142

家族 CEO vs. 职业 CEO 的优劣势	143
未来需要更多的职业 CEO	146
二代的顾虑	148
备选的传承路径	150
一代为传承需要做的准备	152

职业经理人的接班 154

美的的缔造者何享健	154
放权事业部，培养经理人	156
方洪波在美的成长经历	157
交班第一棒：美的电器	159
交班第二棒：美的集团	163
推行高管股权激励制度	167
方洪波面对的挑战	168

母女传承，品牌国际化 173

家族对丝绸的激情与继承	174
女儿女婿的接班挣扎	178
产业升级	180
中国品牌，法国制造	182
家庭关系——母亲，女儿，女婿	186
夫妻搭档	190

父女接力，战略转型在路上 193

走向"个性化定制"	194

组织再造助力商业模式变革	198
女儿勇接班，并肩促转型	200
拥抱互联网	207
战略落地：挑战与思考	209
企业传承：接班还在进行	210

当传承遇到转型   214

家族企业的四种传承模式	214
家族内部股权分配的两种方式	223
家族企业管理继任者的四种选择方式	227
传承和转型并肩进行	231

还在路上   253

致 谢   257

家族企业的痛点

渊　源

要说起我和家族企业这个课题的渊源,大概要追溯到28岁博士毕业时,那时我的论文就选择了海外华人家族企业的课题。当时从新加坡到美国求学的我并没有想到这个话题会伴随我走过这么多年的研究之路。

我生长在一个典型的东南亚华商家庭里,我的祖父和他的同乡在20世纪40年代时从中国到东南亚地区谋生,曾经在印度尼西亚、马来西亚、新加坡做过不同的生意。我的父亲在11岁那年,被祖父从家乡海南带到新加坡。那一代的人都经历过苦难和战争的洗礼,特别能吃苦。父亲是一个非常自律的商人,祖父过世后,他接过担子,和祖辈的生意伙伴——一个被我称为"阿公"的单身老人,一直默默经营着祖父留下的连锁餐饮业。父亲每天风雨无阻地早上去上班,中午回家休息,下午又到公司处理业务,傍晚回家。其实公司里有主管,他作为少东家是可以不上班的,但他从来都是以身作则,每天穿着整齐干净,更像是个财务总监上班下班,话语不多,一直以行动守住祖父留下的家业。父亲从来不和我们谈生意上的事,最喜欢和我们讨论时局以及对政治人物进行评价。李光耀是父亲非常尊敬和敬仰的人物,那一代的人不说偶像,但我觉得李光耀就是父亲的偶像,就连穿着打扮、言行举止都具有李氏风范。父亲一直是个严而不厉的人,我们从不敢跟他胡来,尊敬他却并不害怕他。不抽烟不喝酒、天天到公园散步的他,最后被诊断患上胰腺癌。短短几个月,他就平静地离开了我们,留下了那做事风雨不改的身影。

父亲一直不希望我们从商,最希望我们能读更多的书,然后到政府机构或外国企业工作。在后英殖民时代的新加坡,能讲流利的英语,穿西装、打领带上班,那才是最高大上、光宗耀祖的事。大弟读的是建筑设计,在政府机构工作了十年,后来还是决定出来创业,先是开办了自己的设计公司,最后也子承父业,开了连锁糕点面包店。尽管这是无心插柳式的接班,经历了曲曲折折的过程,但也勉强传到了第三代。我在这样的家庭中长大,所以,对于家族企业的传或不传、接或不接,以及两代人在传与接过程中的纠结和博弈,也算是耳濡目染。不过,身为女儿,在东南亚的华人家庭里,几乎是不会被考虑为接班人的,这和当代中国女儿接班的情况,是有一些差别的。我们后面也会有一些案例探讨家族企业女儿接班的现象。

如果说我和家族企业这个课题的长远渊源是来自父亲和家庭环境,那么我对这个课题的深度认识和理解则是来自我的第一个咨询项目——在一家印度尼西亚排名前五的家族企业里当顾问和董事。博士毕业后我回到新加坡国立大学任教,由于博士论文在《海峡时报》上发表,远在印度尼西亚的Hadi Wang先生,千里迢迢地到新加坡来找我,希望我能帮助他的家族企业。他们有七位兄弟在家族企业里负责各个不同板块的业务,从森林业、木材业、家具业、矿业、农业、养殖业、船务业、造船业到金融业,等等。我不仅参与了这个家族企业的管理,并且介入了他家里和夫人沟通及子女教育的问题,成为名副其实的"家族顾问"。我和王氏家族的顾问关系一直延续了近十年,其间亲历了他们兄弟之间在家族关系和企业管理上的各种矛盾与妥协。

在新加坡国立大学执教期间,我接触了更多的东南亚华人家族企业,在与其交流的过程中见到了许多传承三代乃至五代的案例,也听到了很多企业家亲述其间的种种纷扰、挣扎和收获的喜悦。最著名的莫过于当年的杨协成集团[1],这是一家有接近一百年历史,已经从三代开始传到四代的家族企业。"协"代表十字架下同心协力地追求成功,但是因为理念的分歧和关系的破裂,杨氏

---

[1] 李秀娟. (2005). 从杨协成的兴衰看家族企业. 东方企业文化 (10), 9-14.

家族的内部矛盾和纷争闹上了法庭，最终由法官宣判杨氏家族控股公司瓦解。这个经典的案例被写在我早期出版的一本书《富过三代——破解家族企业的传统诅咒》[①]里，许多中国的学者后来时常引用这个案例来提醒中国的家族企业，避免掉进"富不过三代"的陷阱里。

来到中国

2004年，因为工作的关系我决定前往中国，在上海定居。应该说，当年的我对于这个华人文化的发源地充满了好奇。尤其是在看到了改革开放之后中国经济的迅猛崛起以及中国市场的飞速拓展，中国从"世界工厂"转变为"世界市场"时，我非常好奇这些变化背后的重要力量，也就是中国的民营经济主体——民营企业家们的管理智慧。第一次深入地接触中国的企业家们，我赫然发现，"家族企业"的概念在彼时的中国讳莫如深，大家丝毫不像东南亚或者欧洲的家族企业成员们那样有着一种荣誉感，反而认为被扣上所谓"私营企业"的帽子就意味着不专业、不规范的管理，意味着裙带关系的牵连、家族利益为主，抑或是任人唯亲、对外人不信任等短视行为。许多民营企业家都不愿意承认自己的企业是家族企业，所以在十几年前，家族企业的课题往往被埋到角落里，极少被人提及，更不用说收集研究的数据和案例了。但自2009年金融风暴后，世界各地开始意识到家族企业顽强的生命力，当许多企业在风暴中树倒猢狲散时，一些家族企业依旧能在风雨中前进，不屈不挠。国外一个有名的例子就是美国的福特汽车公司在金融风暴中的表现。美国的另外两个汽车企业——通用汽车公司和克莱斯勒汽车公司——相继申请破产保护。美国联邦政府不得不投入巨额的纳税人的钱来支持这两个企业，通用汽车公司甚至一度成为被美国联邦政府控股的国有企业。但是福特汽车公司，作为美国三大汽车公司中的唯一一个家族企业，坚持没有申请破产保护。福特汽车公司变卖了所有的豪华车业务来

---

① 李秀娟. (2007). 富过三代——破解家族企业的传统诅咒. 上海人民出版社.

挽救它最重要的品牌"福特",沃尔沃汽车被卖给中国的吉利汽车公司,路虎及美洲豹两个豪华车业务被卖给了印度的塔塔集团。许多学者开始关注家族企业的底蕴,探索为什么那些平时不怎么风光且战略相对保守的家族企业,在危机时却更能抵抗风险。

家族企业其实是世界上最普遍的企业形式之一,即便按照最保守的估计,家庭所有或经营的企业在全世界企业中所占的比例也达到65%到80%之间,而世界500强企业中有40%的企业由家庭所有或经营。在中国的经济组成中,民营经济与国有经济长期保持着六四开的比例,而民营经济中家族企业的占比更是高达80%以上。所以说,无论是从经济贡献还是社会就业等多个方面来考量,家族企业都是不可忽视的一支力量。十多年来我把主要的研究精力聚焦在东南亚华人家族企业的运营、东西方企业文化的比较以及华人经营者领导力等几个方面,先后对杨协成、宏碁、佳通等众多的华人企业进行了长期的跟踪研究。2007年,我出版了《富过三代——破解家族企业的传统诅咒》,在那本书里梳理了中国家族企业的发展历史、成因和企业特色,并且通过诸多案例分析对比了中国大陆、中国台湾以及东南亚地区家族企业的异同,也介绍了欧洲典型家族的传承。那本书在市场上引起了较大的反响,随后,我欣喜地发现,家族企业的话题开始热络起来,渐渐地,大家开始关注这种企业模式。

中国是一个有着悠久"家文化"历史的国度,无论是伦理纲常、风俗习惯,还是社会组织、治国兴业都是以家庭为基础的。家族企业这种模式非常符合中国的"家文化",并且,家族性的经营管理可以在创业初期最大限度地降低成本、增强信任、解决冲突,具有相当强的生命力。因此,很多华人的企业都采用家族企业的形式。中国经济已经进入历史上前所未有的大发展时期,中国的家族企业在这一背景下正在蓬勃发展。随着和中国家族企业的接触,我开始对他们所面对的问题和挑战展开研究。过去几年里,我和我的研究团队对国内上百家家族企业进行了走访,并收集数据进行分析,研究成果出现在多个白皮书报告[①]和学术文章

---

① 李秀娟,芮萌,陆韵婷,崔之瑜.(2014).继承者的意愿与承诺——中国家族企业传承白皮书.中欧国际工商学院家族传承研究中心.

中。在研究过程中、对企业家们的采访以及与他们的交谈中，我发现，中国的家族企业在因为历史原因长期断档之后，抓住了改革开放的契机，经历了三十多年的蓬勃发展。尽管我们还没有看到大家族的再次诞生，然而家族企业的概念已经逐步深入人心。但是，三十多年的路走过来，最早的一代创业者都已然垂暮，许多家族企业正徘徊在代际交接的十字路口。

传承——中国家族企业的痛点

中国内地的家族企业由于起步远远晚于欧美发达国家，甚至与东南亚兄弟国家乃至中国香港和台湾地区相比都要大大落后。在别人已经到达四五代之后的家族企业专业化治理阶段时，中国内地的家族企业大多仍然存在两大痛点。一是传承，尤其是一代到二代的首次传承。在这一痛点中，中国的家族企业第一次面临权力的转移、领导和管理方式的变化，乃至财富的传递分散。二是转型，由于改革开放的经济特性，过去高速发展的传统行业的优势已不复存在，在传承的当口同时面临企业转型的挑战也是一个令家族企业极其纠结的痛点。

我认为，中国家族企业的传承痛点在很大程度上与国外的很多家族企业是一样的，最根本的就是到底要不要把企业传给孩子。复杂的传承过程需要有序的计划和控制，包括传承的计划、所有权的分配和职业经理人的聘用等，每一个环节都影响着代际传承的成败。心理学家兰斯贝格认为，对父母来说，将他们的希望和梦想永续的最好方式，就是将他们一生所从事和建立的事业传递给他们的子孙，并代代相传，这是人类的天性。所以在我看来，对继承人进行有计划的培养和教育是有效传承的一个重要因素。对于含着金汤匙出生的二代来说，他们的人生在父辈已有的基础上有着无限可能，接班或许只是选项之一。但是，中国社会的传统文化向来比较重视宗族、家庭和家族伦理，从封建社会的皇朝到如今的家族企业都有着"家天下"的传统伦理，所以子承父业是大多数创始人所倾向的一种企业持续发展模式，这既是情感需求，也是现实所致。

但是对于二代们来说，他们面临的接班问题存在两种可能，一种是有能力但是没有兴趣，另一种是意愿还可以但能力可能不够强。所以家族企业对于是不是要传承给二代，他们到底适不适合以及该不该接班，总是有各种各样的想法和纠结。

另外，到底应该用家里人还是聘用职业经理人，也是困扰许多家族企业的问题。我在访谈的过程中也听过太多的职业经理人不成功的故事，并且职业经理人不成功的故事，可能比子女接班不成功的故事还要多。毕竟，家业的传承实际上是企业所有权和控制权的传递、交接，而在中国，这两者是很难清晰地划分的。我们知道，职业经理人进入一个家族企业首先需要面临融入的问题，他是否能认同这个家族的情感导向或者这个家族企业的管理方式，都会直接或间接地影响职业经理人的投入和表现，以及他是否能被家族接受。在一个关系错综复杂的家族企业中，职业经理人作为"外人"的身份可以说是把双刃剑。首先，职业经理人和家族成员之间存在先天性的利益冲突，他进入家族企业后使得企业势必面临分权的问题。有些时候，面对接班的二代，一代都很难做到放权，而要分权给一个"外人"就需要更多的信任，也存在更大的心理阻力。那么相应地，如果职业经理人很难感受到被信任或是融入这个家族团体中，那么他的投入感和忠诚度也会大打折扣，这就形成了恶性循环。其次，职业经理人的考核指标大多只能通过可量化的业绩来体现。这就导致职业经理人在参与管理的过程中容易忽视企业的长期利益或是不会主动去维护家族的无形财富，而是倾向于更加直接地追求眼前的短期收益，通过快速的业绩增长或是市场拓展来证明自己的业绩能力，并以此获得丰厚的薪酬回报。但是，揠苗助长的故事每个人都耳熟能详，很多时候，短期的快速发展会使企业失去稳扎稳打、深耕市场的机会，从长远来看是会损害企业发展的。如新光集团[①]曾经聘用过的一位职业经理人，在他的任期内，新光在全国各地大规模开设自营店，于是无

---

① 李秀娟，钟婉雯，陆韵婷，安静.(2015).新光集团：传承选择.中国工商管理国际案例库.

形中取代了曾是新光合作伙伴的当地经销商，这些经销商进而全部变成新光在当地市场上的竞争对手。尽管短期内新光由于店铺扩张而导致销量一度井喷，并且由于跳过了经销商这一环节，使得企业毛利润也大大增加，但是对于新光而言，在一个对当地消费者和市场都不尽熟悉的地方和本土经销商竞争无异于事倍功半，店铺扩张带来的大量库存过剩也大大增加了新光的运营成本，制约了企业的流动资金及其周转率。所以，一份看起来很漂亮的业绩单，却留下了一个负荷过重的新光。

但是，我们也要看到职业经理人对于家族企业的正面意义。职业经理人进入家族企业需要一个相对完善、规范的平台，从某种程度上说可以推动家族企业的合理化管理。也正是因为没有裙带关系的牵扯，在一些企业管理问题的处理上，职业经理人可能更倾向于一种客观理性的行事风格。当然，在中国目前职业经理人市场不规范、相应的法律法规也尚不完善的情况下，这方面还牵扯到职业经理人的个人素质、社会诚信度等种种问题。所以，对于传承痛点，有许多值得探讨的话题。

要让家族成员认为"外人"可以成为"自己人"，安心地将企业管理大权交出，是一个非常复杂而漫长的过程。这不仅需要企业创始人的仔细规划和度量，也考验着职业经理人的能力、道德和智慧。起用职业经理人在目前对于国内的家族企业而言仍旧是一个极为微妙的选择。职业经理人的卓越管理才能或许能使企业躲过家族内讧一劫，但同时职业经理人是否可以视家业为己出又是需要担忧的问题。面对巨大的财富或权势，外姓高管们并没有家族使命的责任牵绊，难免以权谋私，牺牲家族企业的发展为自己铺路。即使采取股权激励的方式把职业经理人的利益和家族企业的利益捆绑在一起，也很容易使得职业经理人追求短线业绩的快速增长而损伤企业的长久发展能力。所以，中国家族企业目前面临两难的困境："富二代"缺乏强烈的意愿或能力接班，而职业经理人的素质和动力很难达到"创一代"所要求的那种奉献精神。这种内部和外部接班人都青黄不接的情况可能还会持续一段时间。

战略转型——另一个痛点

另外一个痛点是企业自身的战略转型，尽管任何企业都会面临转型困境，但对于家族企业又存在一些特殊性。首先，创始人自己需要面对企业转型这一关。面对自己创立的基业，在权力交接的关口还要面对企业的转变，某种程度上是对创始人自己的否定，在情感上会比较难以接受，创始人可能会存在放不开的情形。"创一代"这种放不开、不情愿的心态和做法，会使得交接班的过程变得更加困难。当然，更多的"创一代"是愿意去尝试、去改变的，他们骨子里的创业精神和对于商业契机敏锐的嗅觉并不会随着年龄的增长而减弱。但到底应该怎么做、应该怎么走，这些"创一代"也可能存在自己的局限。这个时候，"创一代"如何正视自己的局限性，放手让接班人去探索企业发展的新方向，同时又能起到顾问、把关的作用就变得至关重要了。

中国绝大多数家族企业的诞生都得益于市场经济的开放政策。在当初百废待兴之际，市场机会遍地都是，一代企业家们的创业领域可谓五花八门，他们更是各显神通。但是，由于受到整体经济格局的局限和影响，他们创业的领域大多集中在低端制造业，普遍属于劳动密集型产业，科技含量较低。历经三十多年的发展后，能够在淘汰中得以生存发展的企业大多在规模上得到数倍的扩大，企业资产和家族财富也得到了相应的累积。但是，不可忽视的是，随着市场的发展、劳动力成本的上升，原先许多劳动密集型产业的企业都要做出相应调整，要用更为有效、更为经济的方式来产生更大的效益才能在快速发展的市场中立于不败之地。同时，在市场全面开放并且面临国际竞争的同时，企业也到达了转型升级的当口。那么面对如今互联网时代的冲击与影响，企业自身的战略就需要经过一个从低端到高端的转变。很多二代受到西方的教育影响，他们相对而言有着更为优越的资源和平台去接受最新的市场讯息，也更热衷于涉足高科技领域或是投资行业。那么，如何能够通过资本运作帮助家族企业实现"钱生钱"的有利循环，更好地促进企业转型发展是两代人共同的课题。所以在这个转型过程中，家族企业需要借力，去寻找到一种更好的成长机会和发展力量。这其中的困扰和挑战也是掣肘家族企业发展传承的根本问题之一。

中国的家族企业在这两大痛点中摸索、挣扎和前行。继承环节的重要性不比创造一个企业低，代际传承的权力转换是家族企业最脆弱的命门。交接班的失控往往会成为企业由盛转衰的转折点，甚至使家族失去其对企业的控制权。我听了太多这样的故事，觉得有必要探索一下家族企业基业延续过程中的命脉选择：企业如何在发展的不同阶段从一代到二代、到三代……传下去。国外家族企业，甚至中国香港、中国台湾和东南亚的家族企业是有很多成功经验可以借鉴的。在这两个痛点上，到底哪些是关键的要素？我相信如果能够把相关的路径和规律总结出来，是可以对中国家族企业未来的发展和传承起到一定的指引作用的。

在中国——当传承遇到转型

"富二代"一词在 2007 年冒出来，社会和媒体开始注意到中国第一批民营企业家的孩子们，他们大多出生在 20 世纪 80 年代，基本都可以继承过亿元的家产。他们既是企业与财富的继承人，也是家族的接班人；他们既是新兴的一代，也是沿袭传统的二代。经过改革开放三十多年的发展，"富二代"的产生可以说已经成为一个不仅不可避免，甚至极其重要的话题。中国独特的经济发展和环境影响，也注定了他们是与众不同的一代人。在他们身上，财富与压力是并行的双轨。

因为过去三十多年中国特殊的经济环境背景，民营经济尤其是家族企业的发展在两代人的经历之间形成了巨大的差异。传承与转型碰撞的火花也是形式各异，其中也萌发了许多"创二代"的接班人，也就是在父辈创业的基础上再创业，也有人称之为"1.5 代"。方太集团[①]可以说是其中的典型代表，它是由茅忠群和他的父亲茅理翔共同创立的。

---

① 李秀娟, 钟婉雯, 安静.(2015).方太集团：茅氏家族父子创业式接班.毅伟案例库.

我和茅理翔老先生相识多年，他是我非常敬佩的一位"创一代"民营企业家。他一生三次创业，第一次创业就成了"世界点火枪大王"，他的传承和转型之路开始得比许多企业家都要早一些。1994年，在许多企业家刚刚投身商海之时，他的企业就已经经历了数次起伏。再次面临困境时，他想到了彼时刚刚从上海交通大学硕士毕业的儿子茅忠群，方太的传承就此开始，而它的转型也十分果敢。当年年轻的茅忠群与父亲约法三章，直接用整体转型的方式来接手家族企业，方太也由此应运而生。可以说，方太的传承转型是父子俩共同创业的过程。茅忠群用新的品牌、新的产品来取代父亲旧的产业，直接打开了一片属于自己的新天地。而在这个过程中，茅理翔在和儿子的几番争论后接受了儿子的建议，全力支持他，妥善处理了老员工和老企业的一些遗留问题，并利用自己多年经营的资源优势为儿子铺路。当然，同样令我感动的是，茅理翔的女儿茅雪飞在父亲第一次陷入困境时就伸出援手，和丈夫一起创业，为父亲的企业生产配套零件。而当哥哥茅忠群坚持将产业升级，开创新的产业模块和新的品牌时，她接过了父亲第一次创业的多年心血，这也是另一种意义上的家族和谐延续。茅老对于传承的许多心得也是在和儿子茅忠群一起创立方太以及处理儿女分家事宜的过程中获得的，他的选择可以说是中国家族企业传承和转型的一面可以借鉴的镜子。在稍后的章节中，我还会深度展开来分享茅老的具体做法，以及茅忠群作为二代在这其间的努力与拓展。

像茅忠群这样和父亲共同创业接班的二代算是有准备的，而华茂集团①的徐立勋并没有选择接或不接的机会，也没有经历从下到上的内部锻炼，而是直接就被放在了接班人的位置上。1999年，华茂集团的徐立勋从美国休斯敦莱斯大学毕业（工商管理专业），学成回国，彼时的他还没有来得及决定是否要回华茂总部工作，更别提思考自己的兴趣所在了。然而，一场突如其来的家业危机，把他推上了风口浪尖。2000年4月30日，华茂遭遇有史以来最大的危机——华茂美国危机，一代创始人徐万茂得在美国处理官司，国内需要有人出来主持

---

① 李秀娟, 钟婉雯, 安静.(2015).徐氏家族共同协议.毅伟案例库.

大局。于是，26岁的徐立勋成为父亲的指定授权人和代理人。危机中仓促接班的徐立勋在最早的六年里经历了炼狱一般的磨炼，行业下滑、首度赤字、内部矛盾、父子摩擦，几乎所有的困难都让他碰上了。这种情况的交接班在中国也并非罕见，我见过太多的家族企业，两代人都没有做好准备，因为各种各样的突发状况而导致二代匆忙接任。它们中不乏因此而遭遇较大挫折的企业，甚至导致企业关闭、家业败落。这并不完全是二代能力的问题，很多时候也是一代计划和准备不周的缘故，只是在这样的情况下，更加考验家族企业本身的制度完善性以及接班人的能力和韧性。在之后的章节里我会详细阐述徐立勋是如何一步步站稳脚跟，解决矛盾并帮助华茂转型发展的。他和父亲徐万茂在千帆过尽之后，经过两年时间的探讨，由父亲徐万茂倡导聘请WTO法律委员会成员、国际法律师、中国社会科学院的专业律师黄东黎撰写了《徐氏家族共同协议》，对家族企业中的"家族干预企业"、资产分散、继承人的能力等三个核心问题，进行了明确和清晰的约定。这在中国的家族企业里尚属首例，也对企业转型之后的家族传承具有宝贵的借鉴意义。

相对于东南亚的华人家族企业来说，在中国的家族企业中，女性的地位要相对高一些。当然，中国的家族企业家队伍中本身就不乏不让须眉的巾帼英雄。譬如来自杭州的万事利集团[①]，两代领导人都是优秀的女性。1975年，沈爱琴凭着一腔热情带着22位农民，依靠10台国有工厂淘汰的机器和下脚料生产产品，靠赶集、走村串户的方式营销，硬是让一个濒临倒闭的小厂生存下来，并一步步地发展成为后来的万事利集团。沈爱琴是个说一不二的铁娘子，对于丝绸的热爱和执着让她将万事利一步步发展壮大。沈爱琴有两个女儿，到小女儿屠红燕进入企业接班时，万事利已经发展成一个多元化的企业集团。屠红燕的接班路也相对漫长，从一线做起，到执行总裁，再到董事长，花了她十多年的时间，母亲对于企业的影响在她接手后依旧存在。她的接班路也是一个

---

① 李秀娟, 钟婉雯, 安静.(2015).万事利丝绸：母女企业家传承，品牌国际化.中国工商管理国际案例库.

和母亲不断博弈的过程，既要守住家业，更要适应新的社会和经济变化。幸运的是，屠红燕的丈夫李建华和她琴瑟和鸣，对于丝绸行业非常热爱，夫妻俩联手接班，携手推动万事利的转型发展。相对于茅忠群对方太的彻底转变来说，屠红燕在万事利反而是做了减法。她接班后逐步减少了万事利的多元化要素，和丈夫一起围绕丝绸主业打造品牌文化。做完减法后，屠红燕通过并购法国知名品牌并挖角爱马仕的前CEO来提升万事利的整体产业构造，实现走出国门的梦想，让更多的人了解丝绸文化，并将万事利打造成丝绸的代名词。万事利的传承与转型颇有特色，也是许多家族企业可以借鉴的案例。我们会在之后的章节详细描述。

过去两年间，我走访了许多二代接班的家族企业，它们之中不乏像方太、万事利这样的佼佼者。位于山东青岛的红领集团①，给我留下了非常深刻的印象。传统的北方家庭，威严的父亲，一儿一女，还有和子女共同成长的企业。这基本上是个中国典型的家族企业模板，父辈在子女幼年时创业，随着企业的发展和子女的成长，一代渐渐退居二线，面对由谁来接过企业权杖的课题，同时也要面对如何应对互联网时代冲击而进行的转型挑战。创始人张代理开始时是个个体的服装经营者，最早成立之时，红领服饰走的是批量生产、贴牌代工、商场销售的传统路径。那时，中国的服装市场增长潜力巨大。对于传统服装企业，在那样一个市场需求大于供给的时代，只要按照传统模式做下去就能赚钱。然而，张代理却早早地看到了不一样的未来。可以说，这是一个目光敏锐、思维清晰的"创一代"，他早早地就觉察到了红领未来可能会有的痛点。作为制造业，传统服装行业的成本优势正在逐渐消退。张代理一直坚信最合身的服装才是最好的。2003年，他决心带领红领集团由大规模制造向个性化定制转型。从一个低端的OEM（贴牌生产）产业走向大规模定制模式，这种魄力是值得我们去研究的。到底是科技引领着转型？还是领导人的思想境界决定了企业转型？是什么要素引领着红领这样一个传

---

① 李秀娟, 赵丽缦.(2015).红领集团:父女接力,战略转型在路上(A)(B). 中国工商管理国际案例库.

统企业的转型与传承？张代理一直谦虚地说自己没有受过什么教育，木匠出身的他最初创业的动力无非就是想让家人过上好一点的生活。然而就是这样一位朴素的"小木匠"，却对时势有着清晰精准的判断。这或许就是一种天生的企业家素养，一个企业家自身的境界决定了这个企业所能达到的高度。在之后的章节中我也会带大家走入红领，仔细看看张代理是如何走在时代的前端，以及他挑选的接班人——他的女儿张蕴蓝又是如何在父亲的引领下接班，并继续拓展家业转型的大业的。

横在路上的代沟

对于一代企业家来说，在创业过程中的这种拓展，乃至企业规模扩大后的寻思求变都是一种创业精神的驱动，而这种创业精神的驱动往往来源于他们对于家庭的责任。绝大多数一代企业家都是本着改变生活状况，为家人谋福祉而开始思变创业的。张代理曾表示过，年轻时看到家里盖间小房子，盖到最后缺三根檩条，居然因为没钱购买而实在盖不起来。这件事情对他的冲击很大，于是他毅然决然地决定寻求改变的契机。来自浙江新光集团的周晓光也是一样，作为家里的老大，看着父母常年辛勤劳作，依然难以解决一家七口的温饱问题，于是她16岁那年就毫无怨言地从诸暨大山走出来，出外闯天下承担起照顾家庭的重任，并由此踏上了创业之路。应该说，一代企业家除了家庭情感责任之外，还有一种勇于思变的魄力。在面对家庭重担的时刻，他们没有选择逃避，而是积极地寻求改变的方法，积极地去承担照顾家人、改变生活的责任。

一代企业家往往极具领导气质。随着企业的发展壮大，对他们来说，很多时候企业、员工、行业，乃至一方水土可能都与他们息息相关。家族企业往往充满着情感因素，感情和关系是企业最初发展的动力，与此同时，也起着与众不同的凝聚作用。所以在一代创始人的领导下，大家可以很好地团结在这个家族领导核心的周围。维系家族企业生存和发展的不仅是利益关系，更重要的是个人之间的情感和血缘关系。家族对于这个企业的成员，尤其是一同起步发展的老臣子们都有着特殊的情感、责任和义务。而且，中国的企业家自古都有乡愁情结，都愿意深耕本土，并且乐意回馈故乡。这可能与中华民族传统文化的影响不无关联，而家族企业积极参与本地社会公益，承担社会责任，造福一方水土，也可以形成一种良性循环，提升企业声誉与家族名誉，无疑增加了企业的无形资产，进而增进了家族企业的稳定性和延续性。

独生子女政策为中国家族企业接班带来了一个极为特殊的挑战，很多一代企业家担心如果唯一的子女因没有兴趣或是能力不够而无法接班，自己创业多年的心血即将付之东流。在目前家族接班人选择范围受限的情况下，一代企业家势必要考虑子女的兴趣、意愿和能力因素，权衡企业发展和家族传承的双重课题。

我们看到许多的创一代企业家们还挣扎徘徊在应不应该让儿子接班、女儿接班的话如何处理女婿的角色、子女不愿意接班的话如何培养他们的兴趣或是帮助他们另有所成等方面。而且，中国的一代企业家们大多白手起家，多年来"一言堂"的管理决策模式也使得企业过分依赖个人的领袖色彩。他们大多也习惯了多年来企业比家人还亲、昼夜无休的工作节奏，企业既离不开创始人，创始人在情感上也放不下企业。于是，在还没有到达不得不放手的节点前，很多一代企业家还没有清晰地思考过传承的问题，更别说培养接班人或对家族以及企业进行长远的规划了。或许是快速发展的行业诱惑，或许是变化多端的市场压力，中国的家族企业既是在机遇中崛起，也是在压力下仓促前行。面对国内诸多新兴的市场机会，以及正在全面打开的全球化平台，一代企业家们真的有些应接不暇。但是古语说得好，"工欲善其事，必先利其器"，企业良好的传承规划正是基业长青的重要基石。无论选择哪条路径完成企业的交接班和家族财富的传承，"创一代"都得提前做好接班准备。家族传承规划绝对不能等到第一代即将交班时才开始考虑或做出安排，有效的接班必须至少预留10—15年的时间进行培养和计划。

横在传承路上的还有一条不能忽视的鸿沟，就是两代人之间或多或少地存在一些难以忽视的矛盾。我曾经在山东接触过一对企业家父子。儿子这样描述自己和父亲之间的差异："不是理念不一样，是完全不一样"。这是我采访过的那么多家族企业家中最常见也最主要的一个问题。传承路上需要两代人不仅在家庭之外还要在企业内进行磨合，无论是在家里还是在企业里，倘若用父亲的权威要求子女绝对服从，势必会影响两代人之间的关系，进而影响企业的决策和发展。两代人不同的成长背景注定了其间的代沟必然存在，且不同的环境和受到的教育程度及教育理念的差别都会影响每代人价值观的形成。那么，当二代进入企业做接班准备时，和一代之间对于管理、对于行业发展选择的看法必然会有不同，这时，一代的授权程度、二代的承担能力、两代人如何寻找一个合适的节奏和平衡点都非常微妙。

对于家族企业传承来说，两代人之间影响最大的矛盾主要有以下两个方面：一是管理理念，由于一代创业时往往投入了大量的精力和时间在企业上，对于家庭的顾及相对较少，陪伴子女的时间也非常有限。在民营企业创业历程中，"创一代"往往白手起家，长此以往也就形成了大家长式的管理方式，更多的是以情为基础去管理。而二代们往往接受过西方的公司治理教育，在管理理念尤其是用人理念上会更倾向于法和理，而不是一味地讲人情。从某种程度上来说，从情向法与理的转变是企业发展的必经阶段，也是一代需要突破的瓶颈之一。"家"与"业"常常不能两全，这当中会有各种矛盾和冲突。然而"家族企业"又自然地将"家"和"业"绑定在了一起。一旦二代开始接班，就不可避免地会在工作中牵扯上家族的关系，在工作中的争议可能会成为家庭中的争论，甚至争吵。

二是沟通方式，中国人的家庭里，家长权威是一种普遍的存在。如《春秋繁露》中所言，"君为臣纲，父为子纲，夫为妻纲"，这样的理念一直深深地影响着中国家庭，也表明了家长在中国家族中的权威地位。当年轻一代表达自己的不同观点时，如果没有掌握正确的沟通方式，或是一代相对较为保守，就很容易产生矛盾。家族成员之间如果不懂沟通，一代的价值观就很难传递给下一代，而下一代的积极改变也很难正向影响一代，长此以往，家族就无法形成一种有效的家族价值观并将之代代相传。很多家族企业传承之所以失败，多是由于内部矛盾没有处理好。

中国社会的变迁、政权的更迭也折射出中国家族企业的起起伏伏。在代际传承的议题面前，中国的家族企业因为历史原因常常是从归零的荒原上从头再来。从明清时代出现的泛家族企业的雏形，到民国时期资本主义经济中的家族企业，再到改革开放后中国现今的家族企业实际上才刚刚经过一代的成长和发展，所以国内80%以上的家族企业都只是刚刚面对一代传给二代的关口，在家族企业的代际转换上我们还远远落后于欧美发达国家，甚至我国香港、台湾地区和东南亚国家。那么，西方或是其他华人地区的家族企业传承是否可以对中国内地家族企业有所启发和借鉴呢？很多大型家族企业，传承不仅为该国或地区经济的发展立下了汗马功劳，更是其后代事业心和责任心的象征。如美国的沃尔玛、德国的保时捷和宝马以及韩国的LG集团都是国际上知名的传承多代的家族企业。而有着120年发展历史的亚洲第一食品品牌"李锦记"，其背后的李氏家族如今已传承到第五代了。究其秘诀，无非都是在传承和分配机制上找到了成功的钥匙。

美国和欧洲各国的企业大多通过不断完善经理人法治体系，实现家族对其所拥有企业的管理。欧美的家族企业一般并不会特别看重家族成员对企业的日常经营管理权，无论是因为兴趣还是能力，如果家族后代中没有合适的人选，他们就会选择职业经理人来管理企业，或者通过合理规范的治理机制来组建一个由律师、银行家及职业经理人等专业人士组成的团队，共同协助继承人管理企业。当然，这是因为欧美的法律、信用等体系都十分完善，这一点目前的中国还远远达不到。

公众公司是西方家族企业经营的发展趋势。目前，全球范围内尤其是西方发达市场经济国家的家族型经营的发展表现出如下趋势：其一，所有权和经营权分离。随着企业规模的扩大、企业竞争的加剧、家庭和家族观念的转变，以及职业经理阶层的兴起，家族型经营难以适应后工业社会的发展。西方老牌的家族企业都主动适应这种趋势，将企业的经营权放到管理专家们的手中，确保企业得以继续发展。其二，泛家族主义管理的盛行。西方提倡带有家庭主义色彩的团队精神，但是反对家长式管理。其三，家族企业进一步社会化。家族企业通过向社会发行股票和债券，向内部员工转让股份，并且向社会公益事业投资，使企业的所有权进一步社会化。企业的社会化不仅仅表现在股权的分散上，在其经营宗旨上表现为更加强调企业的社会责任。[1]

目前中国的家族企业离这些模式或许还有点距离，现在做得比较好的是美的集团。[2] 作为美的集团创始人何享健的独子，何剑锋自1994年创业伊始便一直游离在家族企业之外。他并不想承接父业，而是有着属于自己的事业追求，自创了盈峰集团。他受父亲何享健影响更多的可能是那种企业家精神的承继，虽然没有继承父亲家电行业的资源，却在资本运作方面收获颇丰，如2007年收购上风高科及易方达基金的股权等。

或许是由于儿子一早就表明不愿接手家族产业，何享健很早便在企业的运营拓展过程中培养职业经理人。通过调整企业内部组织、建设和完善公司的机制和制度来配合自己未来退休时的交班工作。2012年，何享健正式退出美的时，接替他成为美的掌舵人的不是何剑锋，而是在美的内部一路成长起来的职业经理人方洪波。

在父亲何享健交棒给职业经理人之后，何剑锋才正式进入美的董事会担任董事。儿子继承了股权，家族分享了财富，与此同时，企业管理权外放给了职业经理人。这种做法目前在中国家族企业传承中还算先例，我们很期待观察未来美的的模式是否可以适合更多的中国家族企业。

如果我们把目光转向亚洲其他地区，与中国一衣带水的日本也有着诸多家族企业，而且日本家族企业最大的特色就是长寿。在胡润2011年发布的"全球最古老的家族企业榜"[3]上，处于榜首的就是来自日本大阪的寺庙建筑企业金

---

[1] 王婷.(2010).家族企业"富二代"群体接力现状与路径研究：以美国为借鉴.网络财富(19).
[2] 李秀娟,赵子倩.(2015).美的：职业经理人的接班.中国工商管理国际案例库.
[3] 胡润全球最古老的家族企业榜.(2011).胡润百富.

刚组，它拥有1 400多年的历史，现在已经传到第40代。日本的企业像三井、三菱、住友、安田等，都是有几百年历史的家族企业。这些日本家族企业实行的基本上都是"单子继承制"，即家族事业只会传给下一代中的一位成员，而其他成员要被"扫地出门"。这么做的目的很简单，就是为了防止"内斗"。一般情况下，日本家族企业的继承者将是下一代中的长子，或其他能力比较强的后代。但是，如果创始人认为他的儿子并不具备接管企业的能力，或者儿子不愿意接管企业，那么，他会在公司的年轻人中，物色一个能力最强的小伙子，把一个女儿嫁给他并举行仪式，让其成为"养子"，然后由这个"婿养子"成为家族的掌门人，正式掌管企业。如安田财阀的创始人安田善次郎，虽然自己有儿子，却选择了"婿养子"作为自己的继承人；松下电器公司的创始人松下幸之助，也是将公司交给了"婿养子"松下正治（本姓平田）。

中国因为独生子女政策的影响，许多优秀的一代企业家面临着只有一个宝贝女儿的选择。所以近年来，越来越多的巾帼出现在中国的商场上。她们中有新希望集团董事长刘永好的女儿刘畅，娃哈哈集团董事长宗庆后的独女宗馥莉，等等。无论是通过联席CEO的方式辅助女儿接班，还是另辟新市场让女儿独当一面，又或者是放手让女儿成为职业经理人，像张蕴蓝这样进入传统企业接班的女二代也大有人在，女儿已然成为中国家族企业传承的一个特色。万事利集团的屠红燕及其丈夫李建华属于共同接班，作为丝绸行业的专家，李建华在万事利交接班以及走向国际化的道路上可谓功不可没。又如万向集团的鲁冠球家族，尽管一代很明确地将大业交给了小儿子鲁伟鼎，但是他的三个女儿对于万向的贡献均不容忽视，尤其是小女儿和鲁冠球钦点的小女婿倪频，多年以来一直承担着万向拓展国际市场的重担。不夸张地说，倪频几乎是万向在美国的代言人。由于中国对于家族血缘的认同感与日本有着很大的不同，"婿养子"的做法在中国恐怕很难真正采用，但女婿的角色在中国家族企业里越来越重要却是一个不争的事实。相较于很多不争气的儿子，女婿的选择可能是家族企业传承发展的一个转变契机。

接与不接——二代的纠结

每当看到家族企业的传承因为种种制约不能得以顺利进行，或是两代人在交接班的过程中矛盾重重不知如何是好，以至于到最后影响家人感情时，我都感到特别唏嘘。有这样一本小说，叫做《布登勃洛克一家》[1]，作者是德国著名作家托马斯·曼。这本书讲的是19世纪中期德国卢卑克城一个资产阶级家庭兴衰的故事：老布登勃洛克出身贫寒，但他通过自己的奋斗创办了一家大型粮食公司，成为当地富豪。直到晚年，他始终把这个企业当作自己的全部世界。他死后，产业遗留给儿子托马斯·布登勃洛克。但托马斯出生在已经有钱的家庭，对继续追求金钱不再感兴趣，只是把经营粮食生意看成是对家庭的一种责任。他把精力放在追求社会地位上，后来终于当上了参议员。托马斯的儿子，也就是老布登勃洛克的孙子出生在既有钱又有社会地位的家庭，对金钱和社会地位都不感兴趣，他追求的是精神生活，爱好音乐。托马斯去世后，老布登勃洛克一手创办的粮食公司倒闭了，产业被卖掉，仆人被遣散，布登勃洛克家庭也走向衰败。

这是一个典型的"富不过三代"的故事，但是布登勃洛克式的衰落中也有着布登勃洛克式的动力。一个家庭在几代之中的变化过程，也可以说明一个社会在几代时间内的变化，即社会发展的原动力也正来自这种代际交替的变化：每一代人都有自己追求的目标，我们要做的就是如何校正这一目标，从而促使每一代人在现有基础上围绕家业长青来建立自己的事业。老一代企业家希望子承父业的心情是可以理解的，千辛万苦大半辈子建立起来的商业王国当然希望今后会在后代的奋斗中不断壮大。一直以来，家族企业因为传承的问题不断体现着"其兴也勃也，其亡也忽也"的规律。尤其是，一个人是否能成为企业家，既要看其是否具有这方面的才智，更要看其是否有这方面的兴趣，此外，还要

---

[1] 托马斯·曼.(1901).布登勃洛克一家.S. Fischer Verlag, 德国柏林.

看其是否有这方面的机遇等。二代的机遇并不见得因为拥有家业基础就一路坦途，转型的契机如水流一般既可载舟也可覆舟。像是对于红领的二代张蕴蓝来说，在出国留学甚至是学成归国后在上海工作时，都觉得自己的人生应该会一如既往的平静，从来没有做过接班的准备。然而，当父亲前来找她时，她觉得在父亲需要自己的时刻，自己是义不容辞的。即使完全没有服装行业的背景，当时也完全不懂父亲规划中的信息化转型，张蕴蓝觉得再难自己也应该担起这份责任，替父亲、替弟弟、替家里分担这一份压力。在我眼中，作为从小衣食无忧的二代，这一份担当更加需要勇气，而这份勇气更多地来源于家族责任感的驱使。相对于一代当年的别无选择，二代的责无旁贷既是中国独生子女政策下的特定产物，也是二代自身对于家、对于血缘的牵绊和认同。两代人都认可在传承过程中家庭熏陶的影响非常大，二代们虽说从小可能养尊处优，但是父辈辛劳忙碌的身影和商业思维的熏陶都在他们的儿时留下了不可磨灭的印象，这种对于家族的认同都会极大地增强二代承担的勇气。

张蕴蓝作为接班二代，敢于承担责任，面对数千名员工和企业的业绩压力并没有退缩，对于家庭责任和父亲的心疼都使得她快速成长，以柔弱的肩膀担起家业大任。此外，作为女儿，独立接过父亲手中的权杖在中国近几年的家族企业交接班过程中可谓是特殊现象。作为年轻的海归派，在毫无行业背景的情况下，面对经验不足时所经历的种种困难和曲折，父亲张代理的支持和张蕴蓝自己的坚持都是缺一不可的。张蕴蓝曾说过，父亲需要她，那么她就义不容辞。我觉得二代身上这种舍我其谁的精神难能可贵，实际上她并不是一个冒险冲动的人，或许是初生之犊不畏虎，这种毫不犹疑的回归，背后到底是什么力量在支持她？我想有可能就是中国人骨子里的一种孝道，中国人的家族观念、中国人的民族价值观在推动家业传承。尽管独生子女政策对很多民营企业家都有影响，子承父业的传统观念使得他们接班人的选择少之又少，但面对更为困难的守业，本身可以有更多选择的二代在接或不接之间的徘徊也是值得我们去关注、去思考的一个方面。

我们可以看到，选择接班的二代放弃了原本可以高枕无忧轻松自得的生活，他们在选择进入家族企业的同时也意味着或多或少地放弃了自己的兴趣、自己的生活。现今，二代大多接受过海外教育，留洋的背景对他们对于家族传统实业的接受度有所影响，尤其是面对企业转型升级的压力和市场快钱诱惑的冲突，很多二代选择进入金融、投资领域另辟战场。和其他华人地区相比，中国内地的"富二代"对于子承父业有着较强的抗拒感，除了价值观念上的冲突外，中国经济变化太快、老一辈的事业走下坡路等因素也让二代在继承家族企业上很挣扎。作为可能是家族里"唯一"的候选人，二代要如何面对家族使命与自身兴趣的冲突？孝顺是中华民族的传统美德，无论是从小接受的教育还是家庭氛围的熏陶，应该说，在我接触的中国企业家中，孝道一直是为大家所尊崇的民族价值观。所谓"百善孝为先"，也一直是中华民族倡导的伦理观。在时代导致的差异面前，家庭是最好的纽带，这也是家族企业之所以相较于其他企业具备特殊性的基础。

其实，大部分二代在享受良好的物质条件的同时，也有着极强的学习能力和社会适应能力。这种学习能力并不是简单地反映在考试成绩或是学校排名上，更多的是一种对于新生事物或是商业嗅觉的敏锐度和接受度。当然，无论是中国蓬勃发展的经济影响还是西方先进理念的熏陶，他们的思想和创意会与一代天差地别，也更加不愿意受到传统产业或是规则的束缚，但是对于家的认同却是百变不离其宗的一种牵绊。也有学者曾指出，家族的权力结构与情感关系决定了家族成员之间存在复杂的家族义务。但我认为，优秀的二代往往有着一股坚韧的信念，既是与生俱来的，也是后天培养的。他们，正是社会变革、企业革新的希望所在。

父辈和二代之间因为成长环境、受到的教育、面对的机遇和挑战都有不同，所以在思维上、在价值观和世界观的认知上都不尽相同。家庭中的血缘关系是不可分割的，但当企业和家庭交织在一起时，两代人的摩擦不仅会影响企业的发展，更会影响家族的团结。在这样的情况下，二代为何愿意接受这样的挑战，归根结底，还是家族责任感的驱使，自身有着传承的意愿与能力。

有担当和能力的二代接手家业对家族企业的传承和发展应该是有着正面的推动力量的。经济学里有一个马太效应，即越有资源的人，越可以利用资源为自己、为企业的发展创造机会。而二代们有着天生优越的物质条件、学业教育、商业熏陶、家业资本等，这些都是组成他们特有的优势竞争力的重要因素。而且，交接班过程中除了管理权和股权的转移外，还会有家族特有的知识转移，这并非毫无成本的，家族二代能够分享家族企业的"特殊性知识"，即家族的无形资产，这个优势是外部职业经理人无法比拟的。

在接班的问题上，一代企业家除了对二代提出要求外，也应该对自身进行反思。自己是否常常忽视家庭，一定程度上造成二代缺乏家庭责任感、不愿接班？自己是否太过威权主义，看不到、不认可二代的接班能力？自己是否还没有把企业带入规范管理的阶段，给二代的能力发挥带来了阻碍？在很多时候，二代的心态和行为是长期以来一代的价值观和行事风格的镜子。在交接班受阻时，一代或许可以通过"反求诸己"来更好地认识接班问题的深层次原因。

传承不是把企业传给一个人，更重要的是制度的建立和企业文化的传承。如何言传身教和灌输正确的家族价值观，是家族企业传承的基本功。尤其是在中国目前这样的特殊时期，传承碰到转型让中国的家族企业成为被关注的焦点。中国的一代企业家们在那个遍地是机会的年代里白手起家，依靠自身的勤恳与魄力打造出一个世界。把握机遇的同时他们也是在夹缝中努力生存，而当经济形势发生变化，面对企业转型的挑战时，一代企业家们大多进入暮年，又不得不面对企业交给谁的问题。这正是中国式传承的特殊性所在。我们经常会说到欧美家族企业如何传承数百年，数十代的交接班治理又是如何成功，然而，我们也必须看到，它们中的大多数并没有在传承的节骨眼上遭遇转型的挑战。而对于中国的家族企业来说，本身就是一代到二代的首次跨越，还碰上经济时代的转型，两大难题同时出现，企业的命门被两把锁牢牢箍住，任何一个的断裂都可能导致家业的衰败。在这样的时刻、这样的背景下、这样的环境中，中国的家族企业似乎也没有其他的海外范本可以参考，它们必须依靠自己的力量，摸索出一条适合中国特色的传承和转型道路才有希望冲破瓶颈，走向下一个平台。

有钱就任性？
"富二代"为何钟情于金融投资业

中国绝大多数的家族企业目前尚处在第一代掌控阶段，但创业的一代企业家们不可避免地要开始面对寻找继承者的问题。家族企业的代际传承与接班在过去几年里渐渐开始成为社会关注的焦点。代际间的传承是为了实现企业平稳的交接和权力的转移，继承环节的重要性有时甚至比创造一个企业更大，对于家族成员来说，代际传承的权力转换是最脆弱的命门。交接班的失控往往会成为企业由盛转衰的转折点，甚至使家族失去其对企业的控制权。

第二代的继承者们是否做好了接班的心理准备？他们是否有能力从父辈手中接过企业的权杖？他们用什么方式实现从"富二代"到"创二代"的角色转换？在不同的行业及企业的情况下，交接班的影响因素和合适路径仍需要一代企业家们和准备接任的二代们共同探寻。

"子承父业"在中国应该是最传统、最自然的家族企业传承模式。但是接班人的培养却绝非易事，它需要第一代创始人的重视、第二代继承人的意愿，以及两代人长期的共同努力与磨合。我走访了许多的企业家，发现一些企业家并没有或者还没有开始制订系统的传承计划；还有一些企业家虽然为培养后继之人付出了巨大的努力，可最后的效果却不尽如人意。

中国的第一代创业民营企业家在历经三十多年的奋斗后，目前无论是企业资产抑或家族财富都积累到一定的程度，家族企业的发展也已然进入交接班的传承阶段。对比欧美发达国家甚至是毗邻的日本，相对于其传承到三至五代的经验，中国两代人间的传承却举步维艰。

由中华全国工商业联合会研究室、中山大学中国家族企业研究中心、浙江大学城市学院家族企业研究所和李锦记家族 2011 年共同发布的《中国家族企业发展报告》[①]显示：家族企业二代中有接班意愿的仅有 35%。其中很大一部分原因是由传奇般的创业者自身导致的，他们不愿意淡出权力中心，而且在培养接班人的问题上也未充分意识到自己应该做些什么、不应该做些什么。当然，由于二代和一代在思想观念上有较大的差距，这也会使二代对接班产生较大的抵触心理。

在长期关注中国家族企业管理和传承的研究过程中，我发现两代人交接班受挫的主要原因在于两个方面：一是在子承父业的情况下，两代人之间存在明显的价值观差异。价值观不但影响个人行为，还影响家庭成员之间的关系和整个企业的决策行为，进而影响企业的经济效益；二是两代人对于经营理念和管理方式有不同的认知与偏好。多数二代认可的管理模式和经营理念与父辈常见的"一言堂"的风格存在比较明显的差异。

进一步探究这两大问题的根源，主要有以下几个方面：

其一，中国家族企业两代人之间 25—30 年的年龄和经验断层正好经历了当代中国的社会、经济转型发展。这种大环境的转型，致使家族接班二代的成长背景和价值观与父辈有很大的偏差。两代人由于成长背景的不同，必然导致他们形成不同的价值观。而两代人社会经历的差异越大，二代对于一代的传统行为和观念的反叛也就越大。

其二，受教育程度影响了企业家的认知能力及收集信息和处理问题的能力。中国的"创一代"大多出身草莽，获益于处处都有市场空白的历史契机，他们的经验、阅历和领导力更多地来源于商场实战，而二代们往往是接受了精英教育的高学历人群，且很大一部分有着海外留学的经历。这样的教育背景和经历为他们带来了不同的经验和更广阔的视野。由于两代人的教育水平相差甚远，他们在商业管理和决策上的差异也就会很大。更为重要的是，"经验派"的一代总是忍不住要教育二代，而"学院派"的二代则往往对"经验派"的经

[①] 中国民私营经济研究会家族企业研究课题组 . (2011). 中国家族企业发展报告 . 中信出版社 .

验嗤之以鼻。下属不认可老板的理念大可辞职走人，可在老板又是老爸的情况下，二代们很难潇洒地转身就走，一代们也很难铁面严苛地对待子女。

其三，正是由于中国第一代创业企业家们赶上了经济发展和改革开放的第一波浪潮，在凭借一己之力打拼江山的同时，也使得生活进入一种全力以赴、四处奔波的状态中。为了企业发展而牺牲家庭陪伴的企业家大有人在，子女与父辈们之间的交流较少，双方共同生活成长的环境也被隔离开。同时，在经济快速发展的时期，功利主义的影响也使得人们对于情感交流和价值观、文化理念的培养趋于淡薄，进而忽视了家族内部核心价值观的树立与统一。

当然，二代成长在经济快速发展的时代，他们有更多的选择。更多的人愿意按照自己的意愿和兴趣去发展自己的事业。在我接触的学生和采访对象中，几乎有一大半的人都不太愿意回到父辈的企业里。原因无外乎这两点：一是对父辈的产业没兴趣；二是觉得家里摊子太大并且可能太乱，他们觉得很难去接手并面对老员工。在改革开放之后，他们的成长环境受到西方文化的冲击，加上自身的留学背景，导致家族两代人之间在价值观和理念上的差异，并进而影响到家族企业的传承。同时，他们也有着急切地期待独立和证明自我价值的愿望，并不愿意被称为娇生惯养、养尊处优的"富二代"。所以他们中的绝大多数都更加愿意去做自己喜欢的事情，很多一代企业家也很愿意资助子女沿着自己的兴趣去发展。

二代钟情于金融投资

我们的研究案例结果显示[①]，许多二代对金融投资的兴趣远远大于对继承父辈产业的兴趣。许多"创二代"，创业时也是往金融投资方向倾斜。在我采访的六十多个案例里，至少有四分之三或多或少都涉足金融投资领域。有在金融机构全职上班的，有和朋友合伙开金融公司的，也有帮助家族企业管理金融投

---

① 李秀娟.(2015).二代钟情于金融投资——有钱就任性？福布斯（中文版）.(9)，64-66.

资项目的。随着市场自由化发展的推进，家族企业确实面对许多不同的挑战和诱惑——实体经济举步维艰、融资困难，在这种环境下很难抵御高风险、高收益的"快钱"诱惑。所以许多家族企业随着时代起舞，纷纷跨界房地产和金融投资领域。我们的研究发现，虽然二代们常常钟情于金融投资业，但在如何投资方面，以及如何处理其父辈所开创的实业企业方面却有不同的选择。他们的选择不仅影响了自己，也影响了这些企业的未来。

任性过了头的二代

让我们来看一桩"富二代"有钱就任性的案例。海鑫钢铁由李兆会的父亲李海仓一手打造，是山西省第二大钢铁企业，而李海仓当年也因为经营有方，被称为"山西钢铁大王"。作为山西省曾经最大的民营企业，在李海仓于2003年意外过世后，李兆会在爷爷的属意下接手家族企业。然而，李兆会的心思完全不在经营实体经济上，反倒是肆意畅游资本市场，让海鑫钢铁成了他涉足金融投资的"取款机"。

接班后的第一年（即2004年）的11月12日，李兆会就通过海鑫钢铁旗下的海鑫实业以近6亿元的价格，受让中色股份所持有的民生银行1.6亿股，成为民生银行第十大股东。在2007年上半年的牛市高点，海鑫实业抛售了手中的民生银行近1亿股，套现超过10亿元。民生银行的投资成为李兆会在资本市场上最成功的投资。李兆会还先后投资了光大银行、兴业证券、山西证券等公司，在这些公司上市后就套现走人。此外，在二级市场上，李兆会还分别投资了中国铝业、益民商业、兴业银行、鲁能泰山等上市公司。相对于他在民生银行上的巨大斩获，李兆会后来在资本市场上的运作，并没有取得像样的业绩。

李兆会不断地从海鑫钢铁抽血输向资本市场，然而在这之后很多资金都消失于无形，并没有回到企业中来支撑海鑫钢铁继续发展。从2013年年底开始，海鑫钢铁的生产就陆续出现问题，2014年春节后工厂的6座高炉陆续停产，2014年3月下旬海鑫钢铁全面停产，身负数十亿元债务，2014年年底开始进入正式的破产程序。近期，海鑫钢铁又被曝出行贿官员的丑闻。

李兆会由于过度热衷于资本运作,十年来醉心于资本市场的快进快出,在接班后完全忽视了实体企业的发展,对钢铁主业几乎不闻不问,在企业实体业务出现问题时也没有及时抽回资金进行补救,一步步导致了今天海鑫钢铁的没落。接班十年路,无不让每一个旁观者唏嘘。可以说,李兆会接班的早期,由于父亲李海仓及家族的影响还能够维系一段时间,且经济形势较好,钢铁产业当时的销售及盈利状况都很好,并且赶上了2005—2007年的大牛市;但当经济衰退之后,资本市场快速下滑,此时丧失了实体经济的支撑,海鑫钢铁的倒下也就不奇怪了。

继往又开来的二代

同样是临危受命,宁波华茂集团的徐立勋却借助自己在金融投资上的成功,奠定了接班的基础。徐立勋1999年从美国莱斯大学毕业后回国,当时并没有决定回到家族企业中。但2000年4月30日,华茂遭遇有史以来最大的危机——华茂美国危机,父亲徐万茂需要在美国处理官司,国内需要有人出来主持大局。于是,26岁的徐立勋成为父亲的指定授权人和代理人。徐立勋一上任就遭遇了行业下滑,当时华茂的一个主要教育产品——学具,正赶上教育部的减负政策而被终止,公司业绩一年比一年差。到2005年年底,华茂面临成立30多年来历史上的首度红字。在这样的情况下,为了证明自己的能力以及掌握企业的话语权,一直对金融市场有着天然敏感和喜爱的徐立勋,2004年开始准备涉足资本市场。借宁波银行股份有限公司改制的机会,徐立勋投资1.61亿元增持,持股数为1.62亿股和25亿元信贷额度,2005年又受让1 700万股。2007年7月,宁波银行上市,为华茂带来了丰厚的利润。2007年,投资板块为公司创造了80%的利润。后来随着其在投资领域一系列小试牛刀的成功,徐立勋在公司内部得到认可。此后,徐立勋在资本市场上频频出手,先后入股宁波建工、宁波联合通信等。

通过业绩在公司内部站稳脚跟后,徐立勋并没有放弃父亲一路打拼出来的主业,也就是教育产业这一根本。徐立勋在公司内部进行新型人才培养,并梳理企业制度,进行"制度大于总裁"的精细化管理,包括清理公司的资产,处理华茂股权不清、有些资产没有入账等问题。徐立勋在产业发展上不断寻求突破,希望能借鉴国外的成功模式,走出以前依赖于仅在教育领域招投标的模式来发展华茂。如今,华茂在徐立勋的带领下不仅形成了以股权投资和二级市场证券投资为主的投资产业链,更是一家以教育实业为基础的多元化集团。

而作为"85后"接班人代表之一的虞江波也可以说是成绩斐然。作为新光集团掌门人"饰品女王"周晓光的长子,虞江波为了接下父母的重任,历经7年英国留学路,于2008年回到家族企业中,从市场副总裁助理开始做起,到2011年被任命为新光饰品总经理,开始进行一系列的激烈改革,例如把非核心生产进行外包、建立高端多品牌战略,取得了良好的效果。他不仅提升公司的现有业务,还进行全新的电子商务业务扩展,成立了三种垂直整合业务:淘趣着重于网店的建立,网仓科技的主要业务是物流仓储和多元化服务,淘赐科技则定位于电子商务软件供应商。从实业做起是虞江波自己的选择,他认为只有了解实业才能做好投资。随着饰品产业的梳理转型稳定之后,虞江波也开始涉足投资领域。2015年6月9日晚,停牌近五个月的*ST金路发布重组预案,公司拟作价112.14亿元定增收购万厦房产、新光建材城各100%的股权。然而这一举措却又在临上市的关口遭遇非市场因素的阻碍,几经波折之后,直到2016年5月,新光再次借壳方圆支承实施资产重组,并最终以"新光圆成"成功敲钟。这意味着新光集团的部分资产终于成功借壳上市,虞江波和父母一起将新光带向了更广阔的资本市场。

另起炉灶的二代

徐立勋和虞江波选择了双管齐下,一边接管父辈辛苦打下的实业基础,一边按自己的兴趣涉足金融投资,三头六臂,长袖善舞,虽然辛苦但自己也在磨炼中逐渐成长。然而,并不是所有的二代都愿意接过父母所创的实体企业。或许有许多二代会更想学何剑锋,根本不接手家族企业的管理权,而是自己在外创立投资公司,最后以股东身份进入家族企业董事会成为非执行董事。

作为美的集团创始人何享健的独子,何剑锋于1994年开始创业,最初通过美的的上下游产业——小家电OEM生产起家,历经十年发展后转型,逐步退出OEM家电制造业和流通业,将重心转向资本市场,同时通过收购等手段开始涉足证券投资行业。何剑锋自创的盈峰集团逐步脱离其父亲何享健的影响,随后几年在资本运作方面收获颇丰,如2007年通过收购上风高科及易方达基金的股权等。作为很多人眼中"水到渠成"的接班二代,何剑锋有着自己的事业追求,他并不想承接父业,而是希望能够建立属于自己的王国。

或许是由于儿子一早就表明不愿接手家族产业,何享健曾在多个场合公开表示:美的坚决不做家族企业,并且也不让子女在美的集团旗下公司任职,不参与公司运营管理。何享健在企业的运营拓展过程中培养职业经理人,调整企业内部组织,给职业经理人发展空间,建设和完善公司的机制和制度,通过一系列深思熟虑过的动作来配合自己退休时的交班工作。2012年,何享健正式卸任美的集团董事长,只担任美的集团的控股股东及美的控股公司董事长。接替他成为美的掌舵人的不是其独子何剑锋,而是职业经理人方洪波,由他来担任上市公司美的电器董事长和总裁。

自1994年创业伊始一直游离在家族企业之外的何剑锋,现如今在何享健交棒职业经理人之后正式进入美的董事会担任董事,继承股权和财富的同时将企业管理权外放给职业经理人。这种做法应当说是目前家族企业传承案例中的特例。在可见的未来,何氏家族退居美的集团幕后,美的将势必走向公众型企业,我们也很乐于观察何氏家族对于美的的影响力在未来将会如何更迭,何享健的烙印在美的未来的发展和文化中又会保存多久。

为什么金融投资受到二代们如此的青睐呢?

其一,不愿再像父辈那样赚辛苦钱。中国目前进入传承期的家族企业们大多发家于改革开放前后。那时市场机会遍地都是,一代企业家的发家之路相对清晰易寻，虽说受制于整体经济和市场的局限，但也在这三十多年的商场浪潮中得到了生存、发展、壮大的机遇。现如今，不可忽视的是，在市场全面开放并面临国际竞争的同时，这些企业也到达了转型升级的当口。面对利润薄弱的实体经济，以及下滑的产业发展，二代想要接班时所面对的是一个庞大的企业，先不论企业内部复杂的关系，仅仅是外界变革的压力就可想而知。此外，在民营企业创业历程中，"创一代"往往白手起家、历尽艰辛，从利润微薄的小本生意一点点打造积累成今天的庞大帝国。二代从小目睹父辈为了企业一分一厘地打拼、没日没夜地加班，以及殚精竭虑地付出，对于这样的艰辛画面可谓印象深刻，所以不愿意接手实业也是情理之中。同理推之，许多一代企业家自身经历过这些痛苦的创业历程后也不舍得让自己的孩子踏上旧路，宁愿让他们去发展自己的兴趣。

其二，已经有"第一桶金"。对于很多"富二代"来说，家族主业是责任更是义务，而对于金融投资领域的涉入则是兴趣的成分更多。父辈的创业成功为他们带来可以投资的"第一桶金"，以及寻找投资项目的优先资源，这使他们拥有相对容易起步的平台以及资本运作的能力。家族还为二代带来了好的人脉关系，使得他们在做投资的时候可以更轻松地接触到很好的资源，这无疑是二代进入这一领域得天独厚的优势之一。二代无论是独立创业还是从事金融投资领域，最初大多是由一代作为"投资人"提供资金支持。在手握父辈所积累的资金的前提下，"钱生钱"是一条快速致富的道路。随着家族企业数十年的发展，一代面对财富的不断增值也势必要考虑投资及理财的问题。二代从金融投资的角度介入，可以说既是其兴趣所在也是一代尝试新领域的途径之一。二代如果可以很好地利用资源平台，"钱生钱"既可以使得一代的部分财富得到更有效的利用，同时也可以满足资产保值增值的需求。在父辈辛苦二三十年积累的财富的基础之上，二代很有可能通过短短几年的运作就可以获得颇丰的收益。

其三，专业上学以致用，享受投资人的生活方式。新生代的接班人们大多受到海外留学氛围的熏陶，他们中很大一部分人无论是自主选择或是听从父辈建议都进修了金融、经济、财务等相关专业。自身学历和资源的积累也都是促使他们从事金融业的原因之一。在留学时代的价值观形成过程中，二代们受到所谓"华尔街精神"的冲击，不愿意再像父辈那样过创业之初那种"白天当老板，晚上睡地板"的艰苦生活，他们更加希望在悠然自得的轻松状态下挣钱。因此，以小搏大的资本运营方式逐渐成为他们所青睐的，他们更加热衷于留在北上广等一线金融中心城市来实现自己的资本运作与金融投资梦想。可以说，二代们既想通过资本运作证明自身的能力，能够学以致用，又希望可以以此维持自己从小在优越的环境中形成的舒适的生活方式，和高大上的人群交往。于是，从事金融投资似乎成了不二之选。

其四，时代发展使然，顺势而为。中国的民营经济发展自改革开放起，历经了不同时代发展阶段下的四种机遇浪潮。从坚韧的创业期，到1992年飞身"下海"的激情期，经历互联网优胜劣汰的高峰期，再到最近七八年才崭露头角的新生期。第一批"富二代"最早起步于2000年前后，他们当中不乏随着新经济的兴起，依靠风险投资、互联网经济迅速发展起来的一批"创二代"。而中国近十五年来金融资本市场的蓬勃发展也为二代进入投资领域提供了快车道，金融改革推动金融企业批量上市，民营资本大幅进入银行、证券、保险、风险投资等领域。在经济发展进入平台期以后，实体产业面临转型升级的压力，任何行业的利润率都很难超越金融投资带来的高额回报率。相较之下，金融可谓是回报快、收益高的行业。在金融市场日趋成熟的过程中，多层次的资本市场在逐渐发展，互联网金融也已成为近两年来的热门话题。可以说，市场环境的诱惑以及新兴行业的发展对于"含着金汤匙出生"的二代们来说有着强烈的吸引力，传统行业与新兴行业的碰撞也是二代们选择金融投资的重要原因之一。面对高风险、高收益的金融行业的快速发展，二代们希冀趁风而起、顺势而为也合情合理。

金融投资是另一只翅膀

基于以上种种原因，二代们对于金融投资的青睐似乎是水到渠成、大势所趋。目前，中国经济发展进入平台期，企业面临转型升级和全球化的挑战，二代们乐于利用自己的海外留学经历和熟悉海外市场的优势，并且不拘泥于传统模式和思维，抓住机遇，取大势所趋之利，也是喜闻乐见之事。在金融市场蓬勃发展的当下，风险也意味着机遇，二代站在一代的肩膀上，充分发挥自己的学识和资源，将优势转化为实际的财富积累也无可厚非。

二代进入金融投资行业进行资本运作对于家族企业的传承来说意味着什么？

从上文的案例中可以看到二代进行资本运作有两种成功的模式。一种是"继往又开来"式地把传统业务与新业务两手抓、两腿走的结合型。对于希望基业长青的家族企业来说，家业的传承是永恒的主题。目前总体来说，大多数企业家都只有一到两个孩子，家族接班人的可选择范围非常有限。那么，如果二代倾向于从事金融投资，就势必面临着企业实体交给谁的问题。以华茂的徐立勋和新光的虞江波为例，二代完全可以在接手主业的同时用投资来作为集团背后的战略扩充手段之一。家族资源、信誉、品牌和人脉关系的积累、整合利用都可以很好地帮助二代通过金融投资来提高家族企业的财务杠杆，提升盈利水平，有助于企业的多元化发展，增强在经济波动时期的风险抵抗能力。另一种是像美的集团何剑锋这样将家族企业与二代投资完善剥离的"另起新炉灶"的方式，这或许也是很多二代乐意为之的一种选择。但是这种方式要求家族掌门人一定要提早做好人才的储备培养、企业文化的建立和传承计划的准备。如果二代积极从事投资业，却不能与企业实体有清晰的分离和形成有效的制约，就会出现诸如海鑫钢铁这样令人唏嘘的后果。

在二代跻身金融投资领域的同时我们也不难发现，即使是站在一代的肩膀上起步，资本市场的风险也不容小觑。"钱赔钱"应该是每一个创业企业家或是希望成为"创二代"的人所不愿看到的，因此，二代在投身投资领域时必须做好风险控制。由于中国过去三十多年经济发展过快的历史经验，人们对于投资回报率的预期普遍偏高。当人们对于投资回报率的预期过高时，往往会对投资风险失去理性判断。但是，我们必须意识到资本市场的风险，以及长期高回报率的不可持续性。

同时，为了设立更好的风险防御机制，家族企业需要建立完善的家族企业治理模式，对投资行为进行指导和管理，避免"拍脑袋式"的决策方式。如欧洲的穆里耶兹家族就通过设立家族委员会来监管家族创业基金，对家族成员的投资行为进行指导和管理。同时，资本市场的运作需要更加专业和规范的操作，可以适当借助专业人士和机构进行投资决策，避免因个人判断的偏颇而给整个家族企业带来不可逆转的损失和风险。

最后，还是要回到根本，钱如果没有被赋予任何价值，那最后就会穷得只剩下钱。一个治理结构清晰、专业管理的企业才能妥善保护家族财富与企业资产，这在家族企业的发展传承中是至关重要的。一个家族可以传承至百年的基石并不是财富本身，而是家族价值观和对于家族企业的责任感。培养二代树立统一的家族价值观以及对家业的责任，是给这代生长于财富之中的新时代的弄潮儿最好的礼物。有钱不是可以任性，而是"生性"（香港人称赞懂事的孩子）。家族责任和社会责任是对二代们"有钱就任性"的最好制约。而家族财富如果没有被赋予家族价值观和责任，"有钱就任性"的结果就是，陷入"富不过三代"的魔咒。

兴趣是可以培养的

在很多家族企业中，二代们投身金融投资业的一个重要原因是他们对家族企业的主业不感兴趣。回过头来说，兴趣对二代接班真是那么重要吗？兴趣是否可以培养？随着年龄的增长，二代对于年轻时的兴趣所在可能也会有所改变。我就接触过原来对家族企业的业务没兴趣，后来逐步培养兴趣的二代，接班后也做得非常成功。

李云峰造船
我认识新加坡马可波罗海业集团的年轻总裁李云峰。很多年轻人对他可能都很熟悉，因为他后来娶了一位明星太太徐若瑄。他的成长和接班经历对许多二代应该很有启发。我曾邀请他在中欧国际工商学院继承者课程——"开创与传承"中做演讲嘉宾，也特意请他来上海在 2015 年中国家族企业传承主题论坛上跟观众分享他在一个典型的家族企业中成长的经历。李云峰出生在印度尼西亚——世界上第四大人口大国，也是世界上增长最快的经济体之一。他的祖父出生于中国的南方，最初从大宗商品的交易，比如糖、盐这样的商品做起，他的父亲接手了大宗商品的交易业务，继而在时代契机中进入房地产行业，开始做房地产。事实上他们家真正的第一桶金来自房地产。李云峰的父亲可以算是真正意义上的一代。涉足房地产业之后，李家开始涉足基础设施建设。在 20 世纪 60 年代的时候，印度尼西亚可以说遍地都是机会。印度尼西亚是一个非常有趣的国家，因为有大量的华人，整个社会都受到华人文化的诸多影响，关系在做生意中也是非常重要的。通过关系，李云峰的父亲为企业获得了大量的合同。所以李家的第二桶金是来自基础设施建设和工程项目。之后，李云峰的父亲又进入了矿产行业，目前这也是马可波罗集团的核心业务。

李云峰尽管出生于印度尼西亚，但他在 8 岁的时候随家人一起到了新加坡，后来很小就去了澳大利亚读书。他的童年、青少年时期乃至美好的大学时光几乎都是在澳大利亚度过的。作为家族的二代，李云峰大学毕业之后回到了新加坡，这当然不是他自己的选择。李云峰说，父亲培养他的时候是非常传统的，因为他来自非常传统的家庭，这似乎是一种家道的传承。他的父亲做什么事情都非常严格。他记得非常清楚，在 8 岁的时候，比如说在周末的时候，别的父母会带孩子去不同的地方玩，而他的父亲会带他去建筑工地。他从小就接触到建筑工地上的生活，记忆里只有沙子和建筑工件。然而枯燥的童年使得他对于家业毫无兴趣，直到后来去了澳大利亚，而他父亲不在澳大利亚，他才开始觉得生活变得比较有趣了。16 岁的时候，李云峰回新加坡度假，父亲仍然坚持让他去矿场，希望他学习整个采矿的流程，这对年少的李云峰来说真是糟糕的经历。他的父亲也曾问过他："喜欢吗？"他毫不迟疑地答："我当然不喜欢，因为我喜欢去追女孩，喜欢和朋友聚会。"毕竟，那一年他还只是个 16 岁的少年。

到了21岁的时候,他通过了考试,完成了学业。作为一个家底丰厚的二代,他开始勾画自己无限可能的未来,觉得真正属于自己的有趣生活总算开始了。然而,父亲的一个电话,彻底改变了他的人生轨迹:"你完成了学业,应该回来了。马上回来!"于是,考试结束的第二天,他就回到了新加坡,回到了家族企业当中。可能很多人会觉得不可思议,李云峰也太听话了吧。

在那之后,这位年轻的二代开始在采矿企业中工作,当然是从基层开始。李云峰最初负责过采矿的现场,也遇到了很多外部的压力,包括那些追随他父亲很长时间的老臣们对他施加的压力。如何处理和他们的关系,对李云峰来说是一个巨大的挑战。老臣们会经常说:"我是看着你长大的,你不应该这样做。"但是李云峰只要觉得他们做事的方式不正确,就会坚持自己的主见,所以他和老臣们的关系一度非常紧张。老臣们常常向他父亲抱怨,他只能跟父亲立军令状:"你要让我做这件事情,就必须信任我,我一定会做对给你看。"非常幸运,他把事情做对了,老臣们也相信了他,他们之间的关系有了改善,公司也取得了进步。这个例子告诉我们,二代必须学会先坚决地做出成绩来证明自己。随着他们的主导权越来越大,他们自然可以做更多的事情,去按照自己的方式管理家族的企业。

后来李云峰又去了海运公司。这是马可波罗集团当中的一部分,当年非常小,很多人都不知道他们还有海运业务。当年,李家的海运业务主要是运输一些大宗商品,比如说矿产,基本上是做一些配套性的服务,所以并不是很受重视。李云峰刚刚过去的时候,公司只有6艘船。集团不同事业部的总经理和CEO会每三个月开一次会。李云峰记得最清楚的是,有一次开会的时候,他坐在那里说:"我们已经可以去买更多船了。"他的父亲说:"你对造船和造船厂了解吗?"言下之意很明显,父亲并不是很支持他的想法。当时他没有反驳。又过了3个月,集团再次开会。他的父亲跟他说:"儿子,我买了一块地,你是不是想要建一个造船厂?"李云峰当时大吃一惊,因为他只是讲讲罢了,但是父亲却真的给他买了一块地。这件事对他的冲击非常大。李云峰在心里开始打鼓:"这块地,其实已不再是地本身那么简单了。"父亲接着对他说:"儿子,这是我可以找到的最便宜的一块地了，你毫无选择，就从这里开始吧。"也正是因为这样再次被赶鸭子上架，马可波罗建了造船厂，开始造船。李云峰从母公司获得了1 500万和2 000万新币的融资，但是船厂建成后，却因为没有业务而没有任何收入。这又给了李云峰当头一棒。

当时很多银行都不看好这块业务，不愿意提供资金给李云峰。功夫不负苦心人，李云峰后来去了印度尼西亚银行，印度尼西亚银行因为和李家一直有着长期的合作关系，所以提出可以提供融资，但利率是18%，而且需要他的父亲提供个人担保。那个时候，李云峰感受到了家族信誉对业务发展的重要影响，同时，也觉得这可能是一个问题。他当时非常幸运，因为建造船厂碰到了好的时机和市场，发展情况越来越好。

回顾自己多年来在家族企业里打拼的过程，李云峰意识到，其实他的父亲对他如何发展是做过很好的计划的，也很早就未雨绸缪，从小就对他进行了很多的训练和教育。所以即使从小对家业的枯燥工地有些反感，但是随着父亲的培养和带动，李云峰在进入家族企业后在一件件事情的磨炼中对于家业越来越有兴趣，并且从配套的产业中开拓出了一片属于自己的天地。马可波罗海业从他接手时的6艘船增加到如今的106艘，并成功上市。我们看到的既是李云峰的成功，也是家业传承培养的成功。

刘畅养猪

如果说到对父辈的产业不感冒，新希望集团的刘畅当年应该也是很具代表性的。一个"80后"的年轻女孩，从小在国外接受教育，有着美丽又潇洒的青春，怎么会愿意跟父亲刘永好的饲料行当挂上钩呢？有人问刘永好："你家企业的传承怎么办呢？"有人说："你把你董事长的位置让给了刘畅就是传承了吧？"在刘永好看来，这太片面了。在他眼中，女儿刘畅就是一个人，而且是一个女孩，她比自己年轻得多，学历比自己高得多，英文比自己好得多，走的地方也不比自己少，而且她对新鲜事物的吸收也比较快，他尤其欣赏女儿的沟通能力。刘畅接任新希望六和联席董事长一年多以来，上上下下对她非常认同。现在的刘畅很热爱自己家的事业，热爱新希望的产业。

然而，刘畅可不是天生就这样的。十多年前，当刘畅刚从美国留学回来时，刘永好带她到工厂去。她去了一次，第二次怎么都不肯去了。她说养猪场有臭味，她喜欢时尚，喜欢国际化，喜欢现代的、洋的东西，不太喜欢养猪的产业，不太喜欢新希望的饲料业。这个时候怎么办呢？刘永好没有强制她，而是问她喜欢什么。他借给她100多万元人民币，让她和几个小伙伴一起开了个店。她不知道去哪里进货，她的朋友告诉她去温州什么地方进货。然后她就真的背着包去了那里，然后把东西进回来，放在她的店里卖。当时在成都这种店还很少，结果她真的赚了一些钱，而且她发现很多东西都是三四倍的价差。有一段时间，她很热爱她的公司、她的店，刘永好觉得这非常重要。在他看来，传承的前提首先是让二代喜欢家族企业，不喜欢而去强迫是行不通的。过了一段自由自在的时光之后，刘永好找到女儿说公司乳业发展得不错，问她是不是可以来锻炼一下。刘畅想了一下答应了，她从乳业的基层工作开始做起，而且换了一个名字，公司里的人都不知道她是刘永好的女儿。可惜这次尝试并不长久，因为那个时候刘畅刚刚从国外回来，对传统行业依旧提不起兴趣，于是她又和小伙伴一起在北京开了一家广告公司。这家广告公司也给一些著名公司做策划、宣传和推广，慢慢地她对市场增加了认识。

在外面经受磨炼之后，刘永好耐心地等待女儿再次回到乳业公司，安排她做办公室主任。就这样上上下下、来来回回地历经七八年的时间，刘畅又到北大读书成为林毅夫的学生，之后又到清华读书。通过这样不断地在公司内、公司外、市场上、学校、国内、国外到处学习，刘畅在慢慢地进步和成熟。几年前，刘永好又问她："你老爸老了，不行了，你看你愿不愿意做点事？"这回刘畅说就做农业。刘永好惊奇之余也很欣慰："这么说，你不嫌养猪臭了？"在外闯荡许久的刘畅回答："不，做任何企业、任何行业都是一样的，没有贵贱高低。相反，我们的农业更有发展，我们的行业很重要，而且我们在全国已经处于优势地位了，我们已经成为全世界最大的饲料企业和全中国最大的肉蛋奶的提供者了。"这就是刘畅的变化！刘永好有很多朋友对他说："你了不起，你女儿更了不起,她自己愿意做。你看我的小子个子那么高,就是不愿意做我的活。很多二代都是这样的,他瞧不起,觉得应该享受,应该走自己的路。"

从李云峰和刘畅的例子我们可以看出,二代的兴趣是可以培养的。这中间需要一代的耐心和逐步引导,不能强求,强求肯定不行。能够有耐心逐步引导刘畅从不喜欢养猪到乐于养猪,这一点是让刘永好觉得骄傲的地方。同时,这也需要二代自身的阅历和勇气,在我过去三年间的研究中,也探索了一些影响二代接班意愿的自身因素。

二代需要时间的磨炼和熏陶

像李云峰和刘畅这样的接班历程,从不愿意接班到逐步愿意接班,都是一波三折。这和我的研究发现有高度的一致性。我走访了接近一百家已经进入家族企业的二代,在调研分析的过程中我发现,二代自身的教育水平和年龄是影响其接班意愿及组织承诺的两个重要因素。随着学历水平的上升,接受大学教育的二代的接班意愿有所提升;而当二代继续深造,接受硕士水平的教育后,其接班意愿有非常显著的提升。此外,随着年龄的增长,二代对于家族企业的认同感及承诺度会有所提高。这说明当孩子小的时候,可能会表示对企业和接班没有兴趣,更愿意随心所欲地做自己的事;但是随着时间的推移,他会改变自己对家族企业的看法。所以一代企业家对接班人要有足够的耐心去培养和引导,要像刘永好那样既放养又圈养,让二代有足够的时间去磨炼和培养对事业的热情。

社会是最好的老师,实战出真知。二代除了学业资历以外,通过参加一些企业管理培训课程、获得自家企业里的老员工或是别的成功企业家的指导,以及在其他企业的工作实践等,都可以为接班做好基础准备,并且有助于提高其接班意愿。在准备不充分的情况下,二代对于接班的意愿要明显低于充分准备后。这也说明,二代在考虑是否接班的问题时非常看重对自我能力的评估。

那些已经进入家族企业中工作,开始准备接班的二代们,在接班过程中所面对的各种困难、挑战和锻炼也都有助于其自身的学习和成长。总体来说,随着接班时间的增加，二代的接班意愿和对家族企业的组织承诺度都有明显上升的趋势。在接班成长的过程中，二代可以学习、积累企业管理经验，并将学到的各方面的知识转化为自身的经验和能力，这些都有助于他们提升对自我的肯定以及对于家族企业的参与感，从而提升组织承诺度。我在2014年发布的《继承者的意愿与承诺——中国家族企业传承白皮书》[①]中，分享了我关于这方面的一些具体研究成果（见图2.1），从多个维度考量了影响二代回到家族企业接班的意愿和承诺度影响因素。

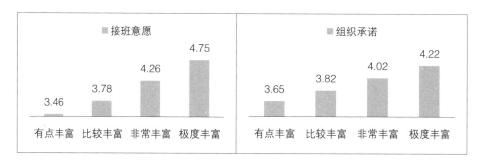

图 2.1　接班成长经历对接班意愿和组织承诺的影响

注：图中数值为均值比较系数。

自我效能感至关重要

如果说良好的教育背景为二代们打下了基础，那么在企业中真刀真枪的实干则提供了检验真才实学的环境。企业经验可以分为两类：一类是接班人在别的企业中进行实践，在外面"闯荡"；还有一类则是在家族企业中做具体的工作，在内部"成长"。我们的研究发现，在外闯荡的经历并不能提升二代的接班意愿，而只有在内部成长才有助于其增强留在企业接班的意愿。潜在接班人在家族企业内部的成长经验非常重要，他们在家族企业中接受的工作越有挑战

---

① 李秀娟, 芮萌, 陆韵婷, 崔之瑜.(2014).继承者的意愿与承诺——中国家族企业传承白皮书.中欧国际工商学院家族传承研究中心.

性、试错的机会越多、获得的反馈越积极,就越可以巩固其发扬家业的信心,并且使其能力得到锻炼和提升,他们就越愿意留在家族企业中继承家业。接班人对家族企业越有信心,投入则越多,同时能力的增强也会使其投入的效果更佳,如此形成良性循环,这样其在接班后就会对组织有更大的承诺。

英文中有个词叫 self efficacy,中文我觉得很难表述出这个词的精髓所在,自信心太过片面,自我效能感又很难理解。可以将其解释为,二代对自己是否能够成功地继承家族企业的自我主观判断,相当于他们对自我能力的认可和自信心的体现。我在研究中发现(见图2.2),二代如果有较高的自我效能感,他们对于企业的接班意愿就会有极大的提升,且其组织承诺度也会随之提高,即使自我效能感已达相当的高点,他们的组织承诺度依然会有所跃升。

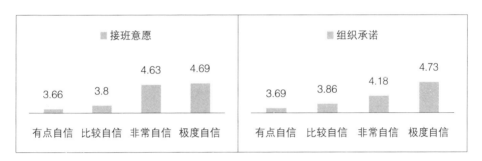

图2.2　自我效能感对接班意愿和组织承诺的影响

注:图中数值为均值比较系数。

值得一提的是,二代的自我效能感,或简单地称之为自信,不仅可以直接提高其接班意愿,还可以减少其他因素可能给他们带来的负面作用。例如,对于不太自信的继承人来说,一代的教育水平越高,他可能相对而言会越不太敢发表自己的观点,对于接班的积极性也就不高。而一代的兄弟姐妹数量如果较多,对于不太自信的二代来说可能就会觉得总有被替代的可能性,对于接班的意愿也就不会太高。并且,企业中的高管团队成员越多,不自信的二代受到的各方面的挑战可能会越多,对于接班的意愿也就越容易打折扣。但是对于自信的二代来说,以上这些问题都不构成挑战,不会对其接班的意愿造成负面影响。这是因为，自我效能感高的二代对于自己的能力有一定的信心，认为自己有能力接手企业业务，同时自信心也可以帮助他们在面对困难的时候勇于迎接挑战，并积极处理，从而在接班过程中形成良性循环。

那么，二代的这种自我效能感从何而来呢？我们的研究发现（见图2.3），对于这些二代们来说，家庭因素的影响是最大的，培养二代自信的方法主要还是通过家庭来实现的。对于家族企业来说，家族成员之间关系的亲疏程度以及彼此之间交流的程度和效果对于二代的成长和交接班来说都有着极为重要的影响。而这种亲疏程度和有效程度，我们一般会用家庭适应性和凝聚力两个指标来衡量。具体的我会在下一部分中详细介绍家文化对于传承的重要意义。总的来说，家庭的适应性和凝聚力越强，二代的自我效能感就会越高。在家庭中适度的自由和独立性对于二代的成长与家庭的和谐都是有益的。

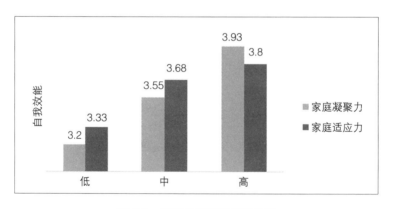

图2.3　家庭关系影响自我效能

注：图中数值为均值比较系数。

除去家庭因素外，其他一些因素如教育水平、留学背景和在外部企业的实践经历等对提高接班人的自信心并没有直接的帮助。也就是说，许多父母以为把孩子送到国外接受教育，就能提高孩子接班的意愿和能力，其实，并非如此。二代的自我效能感和心理素质，归根究底还是家庭因素的影响最大。这也从侧面体现出了家庭关系对家族企业的重要性。家，是二代们做人做事的自信和力量源泉。

在下一部分，我们会就家庭因素展开详细讨论，探讨究竟传统的"家文化"包含哪些方面，以及它们是如何对家庭成员，尤其是对二代的成长和接班产生影响的。在这样一个日新月异的时代，有很多传统的东西并不应该被遗忘或是抛弃，相反，在新的时代下如何运用传统的力量去凝聚一个家庭，使得家族血脉中流淌的精神或是家风得到传承是值得我们每个人深入思考的。

"家文化"：家族企业的长青基石

麦肯锡预测，到2025年，新兴市场里年销售额超过10亿美元的企业中将有37%是家族企业[1]，可见家族企业的力量在不断地增长。从世界上的家族企业来看，2013年在美国公开上市的最大企业中有1/3为家族所控制[2]，日本的家族企业总量几乎占到其所有企业总量的95%。而超过百年的家族企业，欧洲有6 000多家，美国有800多家，日本有30 000多家，可惜的是中国一家也没有。但是，2015年，中国A股企业中民营企业占64.3%，这其中约有一半是家族企业。由此可见，家族企业在中国是一股很强的正在上升的力量。[3]

在过去的一段时间内，家族企业特别是在新兴市场里的家族企业很多都是负面的形象。大家觉得家族企业很多都是裙带关系、家庭利益至上、缺乏专业管理、不规范、短视、任人唯亲、缺乏战略，等等。媒体上也报道了很多父子之争、夫妻反目、兄弟相煎的案例，其实这些并不是中国大陆的特殊现象，事实上在任何的新兴市场中，包括中国台湾、新加坡、印度尼西亚、马来西亚，家族企业都曾经碰到过这样的情况。但是这些问题并不是不能解决的。在这一部分里，我们通过自己的研究及案例来解读家族企业如何解决这些问题。

中国的家族企业，很多是夫妻关系、兄弟关系，或者是父（母）子（女）关系。当这么多关系共存在一家企业里时就会变得格外复杂。在一般企业里，通常是每个人就戴着一顶"帽子"：老板、员工或者股东，当然有时职业经理人

---

[1] Bjornberg, A., Elstrodt, H. P., & Pandit, V. (2014).The family-business factor in emerging markets. McKinsey Quarterly, 4, 1-6.

[2] King, R., & Peng, W. Q. (2013).The effect of industry characteristics on the control longevity of founding-family firms. Journal of Family Business Strategy, 4(4), 281-295.

[3] 毛婧婧.(2015). 传承与传统的博弈——家族企业调查报告. 福布斯（中文版）(9), 52-59.

也可能持有股份成为股东。但在家族企业里，因为不同的家庭和企业内的组织角色，家族成员常常同时带着多顶"帽子"，并且需要不断地更换"帽子"，这就比平常的企业复杂得多，在企业管理权和股权之外多加了家庭这一环。有时"帽子"来不及换，就会产生角色错位。本来是老板，结果用老爸的口气在讲话；或者本来是老爸，却用老板的语气教训儿子。这种错综复杂的身份，使得家族企业成员因为交错的角色，往往演错剧本，从而产生了很多矛盾。

企业管理强调理性的决策，所以家族企业里有理和法的成分，但是家却是讲情的，所以家族企业常常是情、理、法的结合。当情、理、法纠结在一起的时候，事情就会变得很复杂，特别是当家族成员又同时兼具管理者和股东角色的时候，就相当于同时戴着三顶"帽子"（见图3.1）。

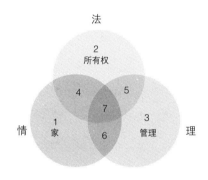

图 3.1　家族企业三环理论 [1]

因为家族企业在情、理、法的纠结中会产生很多问题，所以很多的家族企业最后能存活下来主要就在于在企业发展和传承的过程中不断梳理关系。譬如，许多家族企业最后只传给一个人，让一个人代表整个家族去参与家族企业的管理，这样就有助于化解家族企业的矛盾。

家族企业天生就是一个矛盾体。一方面有凝聚力强、集权、决策快、沟通

---

[1] Gersick, K. E. (1997). Generation to Generation: Life Cycles of the Family Business. Harvard Business Press.

成本低、管理成本低、奉献精神、向心力强等优点，另一方面也有当企业利益与家族利益起冲突的时候，太过于感情导向、需要满足太多家庭需求、缺乏创新、人才发展受限、关系错综复杂等缺点（见表3.1）。有学派认为，企业和家族这两个体系应该分开，企业应该"去家族化"，走职业化和专业化管理的道路，家人尽量不要参与。但如果能把这两个体系平衡得很好，它产生出来的力量将是无穷的。

表3.1 家族企业关系利弊对比

家族企业的优势	家族企业的劣势
• 凝聚力强	• 企业整体利益与家族利益冲突
• 集权的组织模式	• 感情、关系导向
• 心理契约成本低	• 满足太多家庭需求
• 管理成本低	• 工作和家庭角色相互冲突
• 决策迅速	• 重人治、缺乏创新
• 奉献精神	• 人才发展受限
• "家长"的示范效应	• 错综复杂的裙带关系
• 家族信誉能提高企业信誉——家族品牌	

家族企业是关系企业，"关系"是家族企业的核心。因此，家庭关系在家族企业传承中必须被重视，因为如果没有它，家族企业的问题与非家族企业面临的问题就没有什么差别。而且，家庭成员之间的社会关系通常对家族企业的经营有着最大的影响。只有当你目睹一个伟大的企业因为家庭成员之间争吵、中伤或彻底冲突而毁于一旦时，才会理解家庭关系对家族企业成功的重要性。

家庭和企业两个系统

在看一个家族企业的时候，我们实际上是在看两个社会系统的重叠互动：

一个是家庭的系统，一个是企业的系统。这两个系统有着明显的差异：它们的价值导向并不一样。家庭系统的价值导向比较主观，比较重感情，是关系导向的，对成员的保护愿望和包容性都比较强。而企业系统的价值导向重视客观、重目标，是功利导向的，彼此之间是雇佣的关系，所以条件性比较强（见表3.2）。这两个系统的重叠会造成这两种价值导向的错位，从而造成角色的矛盾和混乱：到底是按照家族的感情还是按照企业的目标来做决策？

表 3.2　两个系统的重叠和差异

家庭的价值取向	企业的价值取向
● 主观	● 客观
● 重感情	● 重目标
● 关系导向，保护成员	● 功利导向，雇佣关系
● 包容性高	● 条件性高
● 无条件的	● 有条件的

因为这个原因，家族企业可以说是错综复杂的，会比一般企业有更多关系的因素在里面。家族冲突的复杂性和强度取决于企业日常管理中每个人职责的重叠度、所有权和家族的情况。如果存在多个家族分支和家族成员牵涉其中的情况，家族冲突的威胁对企业来说就是一颗定时炸弹。大多数情况下，家族企业的炸弹会随着一代的去世（通常是在双亲均去世的情况下）在二代子女中爆炸，或者在三代的堂/表兄弟姐妹中爆炸——原因是血缘关系渐远，每个人的利益通常难以调和。这也是中国的那句老话"富不过三代"的其中一个原因。

因为家庭和企业这两个系统的根本区别，"家"与"业"常常不能两全，这两者之间会有各种矛盾和冲突。然而"家族企业"又自然地将"家"和"业"绑定在了一起。一旦二代正式接班，就不可避免地会在事业中牵扯家族的利益。在工作中的争议可能会成为家庭中的争论，甚至争吵。现实中在面对交接班问题时,我们大多会考虑二代自身的能力以及企业层面及行业状况等因素对于接班与否的影响,然而家庭这一关键因素却往往被忽视了。实际上,家庭关系使得二代们在考虑接班问题时多了一层顾虑,家庭的支持对他们是尤其重要的。所以说,家庭的和谐是家族企业发展过程中很重要的基石。

家的力量:如何解决矛盾、提升接班意愿

在第二部分中我们谈到二代的接班意愿与家庭关系的相关性很高,而我接触过的那些优秀家族企业中也不乏家庭和谐的传承典范。家族对二代的信任、家族内部的融洽程度、二代的个人需求以及对接班带来的财务回报等因素的考虑对二代的接班意愿有很大的影响。譬如在方太集团,茅理翔、茅忠群父子在企业发展以及交接班的路上并不是一帆风顺,反而可以说有过好几次本质上的争执。他们这种差异的统一、问题的解决,最后靠的并不是什么企业制度规范或是威权领导,而是父子俩对于家的认可,以及一种和谐开放的沟通方式。尤其值得指出的是,茅老的太太也就是茅忠群的妈妈在他们之间起到了重要的沟通和纽带作用。当一个家庭有着和谐紧密的关系时,两代人就很容易交流并分享彼此的想法,通过不断沟通去寻求最适合家业发展的方法,并且在这个过程中不会放弃家族追求的共同目标和价值观,在分歧面前依旧可以拧成一股绳。

新光集团的少帅虞江波从小生长在一个大家庭中。到现在为止,他们一家三十多口人都住在集团总部大楼的顶层,客厅里放着五六张大圆桌,只要在家的时候一家人基本上都会一起吃饭。正是这种大家庭成长的经历,以及一家人其乐融融、和谐相处的关系,培养了虞江波与生俱来的家庭责任感。他当初义无反顾地回到新光,就是为了分担父母肩上的担子;而从小看到父母对于家庭的照顾,以及对姨妈们的关照也让他学会如何去做家族第三代中的大哥哥,并帮助自己的弟弟妹妹们成长。他们的例子都真实地反映出家庭环境对于二代接

班和成长的影响。

影响家族企业传承最重要的一个因素就是"家文化"。在我们的成长过程中，家庭环境对于我们的影响往往是烙印最深的。家族主义的功能在于促进家庭的和谐、团结、延续及昌荣。中国的家族主义思想和传统价值观经由泛家族主义深度渗透到中国家族企业中。中国人的泛家族化历程主要表现在将家族的结构形态、运作原则、伦理与角色关系，以及家庭生活中所学到的为人处世的观念、态度及行为，概化到家族以外的团体或组织。在家族主义思想的作用下，家庭关系在家族企业交接班过程中占据至关重要的位置。

家庭因素中，对家族企业交接班有重要影响的主要是两个方面：一是家族主义精神，即家族价值观；二是家庭关系（见图3.2）。①

图3.2　家庭因素如何影响接班意愿

家族价值观

中国的家族主义思想和传统价值观经由泛家族主义深度渗透到中国家族企业中，可以从以下四个因素来考量：

一是权威主义。也就是在社会情境中，表现出强调对权威的敏感、崇拜及依赖，能够清楚地察觉环境中的权威代表，并对其产生崇拜和依赖心理。

二是家庭和睦。为了维持团结和谐，必须忍耐自抑的行为倾向，并表现出"逆来顺受"等行为。在家族内部是不强调竞争的，彼此都是一家人，没有什么

---

① 李秀娟, 芮萌, 陆韵婷, 崔之瑜.(2014). 继承者的意愿与承诺——中国家族企业传承白皮书. 中欧国际工商学院家族传承研究中心.

好争的,"争来争去,都是自己人"。

三是家族兴旺。也就是重视家族的荣誉与富足,有强烈的为家奋斗的倾向,强调家族的利益重于个人利益,愿意为家族的繁衍与兴盛付出努力。

四是家庭归属感。家人间基于相同血缘或姻缘的亲情,彼此有融为一体的强烈情感,个人永远是家族的一分子,有强烈的内团体偏私。

华人的传统价值观是比较注重家长式权威的,而华人的家族主义包括家庭和睦、家族兴旺和家庭归宿感,这三个是形成家族主义的重要元素。传统性、家庭和睦以及家族兴旺与子孙继任方式的相关度非常显著。我们通过研究发现,创始人越传统就越倾向于让子孙接班,他的价值导向会比较重视家族和谐、家族延续,更愿意让家庭成员来涉入和掌控企业。有意思的是,当创始人受教育的水平比较高时,他反而没有那么执着于让自己的孩子来接班;而如果创始人是白手起家,他则比较愿意由自己的孩子来接班。同时,创始人很重视家族的兴旺时,他会比较愿意网罗职业经理人进来,通过外部的优秀人才来助力企业基业长青。

与此同时,二代的传统性越强,继任意愿就越强。传统性较强的二代会更服从长辈权威者的旨意,更愿意接任企业或(和)传承上辈所创下的企业。并且,如果二代更在乎家族幸福,就会更享受接班工作,因为这符合其希望家族兴旺与繁衍的目标。

家庭观念需要从小培养,只有这样,后代在成长过程中树立起来的理念才可以与企业及家族发展保持高度的一致性,在传承的过程中才可以减少很多不必要的摩擦。同时,我们的研究发现,受过海外教育的二代事实上有更强的意愿要回到家族中去帮助企业发扬光大,但是前提是他首先有比较强的传统观念,其次是跟父母的关系要好。只有这样,二代才会愿意把自己学到的知识用于帮助家族企业发展得更好。

家庭关系

家族主义强调家族的延续、和谐、富足和对家族的情感,我们在研究中发现①，家庭关系在家族企业的交接班过程中占据着重要的位置。在家族企业传承的影响因素中，最重要的是家族成员的态度。如果家族成员不支持某个人继承，那么这个人成功继承的概率是比较低的。因此很多的研究都证实，潜在的接班人必须得到积极投身于家族事业的家族成员的信任和支持，才能顺利接任。

前面说过，家族企业管理成本较低、决策迅速，家族成员对于企业具有比较强烈的奉献精神，凝聚力强，组织模式为集权式，心理契约成本低，向心力强，家族信誉能提高企业的信誉，大家长有很好的精神示范效应等。当然，我们也会看到一些家族关系带来的弊端。如企业整体利益和家族利益容易冲突，感情和关系导向，满足太多的家庭需求，工作和家庭角色互相冲突，重人治，缺乏创新。人才发展的局限，是指家里人的过多参与不可避免地限制了职业经理人的发展，他们会觉得到家族企业里去发挥自身才能的空间不大，还有家庭成员牵涉过多后导致的错综复杂的关系等。

对家族企业来说，家族关系短期来看似乎并非企业成功的关键因素，但一旦家族内发生争吵、诽谤或直接的冲突而引发危机，家族关系却往往能够直接导致企业的衰亡。所以，对于任何一个家族企业来说，危及生存和成功的最大威胁并不是诸如技术、客户和竞争对手等外部因素，而是家族成员之间的关系。对继承人进行有计划的培养和教育被普遍认为是有效的家族企业传承最重要的因素，而家庭的关系和二代进入家族企业的意愿、自身的幸福度，以及工作的满足感也是相关联的。

家庭关系的亲疏及有效性可以分为两个层面：一个是家庭凝聚力，另一个是家庭适应性。② 家庭凝聚力指的是家庭中各成员体验到的密切度和情感交流程度。在平衡的凝聚力层次上，个人既能够独立于家庭，又能与家庭相关

---

① Lee, Jean. (2006). Impact of Family Relationships on Attitudes of the Second Generation in Family Business. Family Business Review，XIX（3），175-191.
② Ibid.

联。家庭凝聚力，基本上反映在一代对孩子的感情层面上，当家庭凝聚力很高时，表明一代很爱甚至溺爱孩子，感情的成分很重，但是并不表示孩子愿意进入企业。

图 3.3 将家庭凝聚力的类型分为四种。在疏远型系统中，家庭成员对家庭几乎没有什么承诺，父子两代人之间往往没有什么沟通，彼此之间非常有距离感，互相并不了解，可能是老爸不知道儿子的兴趣所在，儿子也不了解老爸的事业意义为何。在独立型系统中，家庭成员之间存在一些情感分离，但有时仍然共同进行商讨和相互支持，譬如父子两代人从事以各自为主的业务，彼此间较为独立，但遇到重大事项还是会在一起吃饭或是开会的时候略作讨论，寻求彼此间可以互相支持的点。对于关联型系统来说，共同度过的时间被看作比单独度过的时间更加重要，其中蕴含着情感亲密和忠诚，这种情况意味着家庭成员间无论是在亲情关系还是事业利益上都有交集，彼此间较为依赖。在纠缠型系统中，家庭内的独立性极其有限，家庭关系和事业关系应该说是相互交错在一起的。疏远和纠缠这两类状态属于家庭凝聚力的失衡状态，在这两种状态下，企业决策很有可能受到家庭关系的情感影响，是非常不利的。在平衡的家庭凝聚力（独立与关联模式）关系中，个人既能够独立于家庭，又能与家庭相关联。

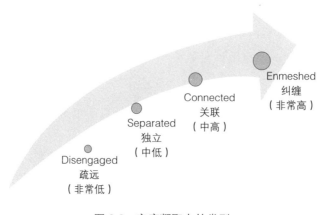

图 3.3　家庭凝聚力的类型

家庭适应性指的是一个家庭如何整体运行、其在解决困难时的灵活性、家庭对变化做出调整的准备程度及其决策方式。家庭适应性也被分为四种类型（见图3.4），在僵化的家庭系统中，某个个人掌握控制权，限制谈判，角色是固定的，规则不允许修改。在家族企业里往往一代创始人会形成这样一种威权身份，这与其当年创业的背景是息息相关的，那个年代要求领导人必须铁血，强硬才有出路，但延续到家业传承的关口就会产生负面的影响。规范化的家庭系统以民主领导和角色部分共享为特点，但每个人的身份和角色是稳定的，规则得到严格执行，较少修改。对于灵活的家庭系统来说，存在与大家地位平等的领导，以较民主的方式进行决策，身份和角色共享，规则可以改变。而在混乱的家庭系统中，领导无法预测，没有良好的决策制度，角色界定不明确，经常在家庭成员之间变化。规范化和灵活的系统被视为平衡的家庭系统，僵化和混乱的系统被视为失衡的系统。研究发现，影响孩子是否愿意进入家族企业的是家庭适应性。二代愿意进来是因为这个家庭的家庭适应性高，而不是家庭凝聚力高。

图3.4　家庭适应性的类型

我们看到很多家庭适应性僵化的情况，一代掌控企业的一切，在这种情况下，二代非常不愿意进来。这种情况下的所谓规范化，是指规则是由一个人制定的，规则得以很有效的执行，但是没有灵活性。所以二代会觉得所有的游戏规则都是制定好的，自己进来也没有空间，没有发挥的余地，所以不愿意进来。我们所期望的企业灵活性就是可以平等、民主地进行决策，规则可以改变。但与此同时会产生的后果是，灵活过多之后又会混乱，没有明确的制度，角色不明确，从而导致一个失衡的系统。在混乱的失衡的系统里，每个人都弄不清楚自己的身份，家族里的身份可能会影响企业里的决策，譬如说接班的二代必须得听舅舅或是叔叔的意见，有些时候这既会影响家庭情感关系，又会导致企业管理混乱。所以在这种家庭和企业交织的关系里如何找到一个平衡是至关重要的。

有一定的规范，又相对灵活的家庭系统是一个平衡的家庭系统。保持这样的系统对家族企业来讲是很重要的，平衡的家庭系统拥有更开放的领导风格、开诚布公的沟通方式和更明确定义的角色分享，家庭成员积极地参与、开放式地进行决策，这样的系统比较能够培养出二代对家族企业的承诺和满意度。相反，如果一个人掌控控制权和权力，或者角色定义不明确，那么二代的满意度将受到严重的影响。比较开放的领导风格，以及开放的协调机制，会帮助二代保持他们的承诺和提升他们进入家族企业的意愿。

家庭因素对接班意愿的影响

为了进一步检验"家文化"对于二代接班意愿的影响，我们花了两年多的时间走访了中国一百多个家族企业，以下的研究结果反映了中国家族企业刚刚进入交接班期的两代人之间对于家族文化和家庭关系的一些认知差异，以及"家文化"对于交接班成效的影响的表现。我们的研究发现[1]，以下几点因素影响二代的接班意愿：

- 两代人的价值观趋向一致。在已经开始交接班的家族企业中，一、二代的家庭价值观都比较高，而且非常接近，两代人都非常认同家庭成员应和睦相处、兴旺家庭、光宗耀祖，并且对家庭都有很强的归属感。但是在还未考虑

---

[1] Lee, Jean. (2006). Impact of Family Relationships on Attitudes of the Second Generation in Family Business.Family Business Review，XIX（3），175-191.

交接班问题以及尚未进行交接班的企业中，一代创业者的家庭价值观显著更低。两代人的家族主义价值观对二代接班的作用很大。当两代人的价值观导向趋于一致时，家族企业内部会得到较为顺畅的传承，两代人的经营理念和管理方式能够比较好地统一。

- 一代的权威导向。对于教育水平高或者理工专业背景的二代，一代的领导方式如果比较注重个人权威，则会显著地降低二代的接班意愿。学历较高的二代大多有留学海外的背景，在价值观导向上更容易受到西方文化和管理思维的影响，与上一代产生分歧，对上一代的权威导向会更反感。特别是理工科背景的男二代，或许是因为逻辑和理性思维较强，对一代纯情感式的权威主义会有较大的抵触。

- 二代的家族价值观。继承者的家族价值观直接影响了其接班意愿，越重视家庭和睦、家庭兴旺，越有家庭归属感的二代，其接班的意愿越强。其中，家庭和谐对于二代接班意愿的影响最为重要，说明家庭关系的团结顺畅对于二代的心理意愿影响较大。其次是家庭归属感给二代带来的强烈的融为一体的责任感，正因为认为自己是家族不可或缺的一分子，也就更愿意承担其家族企业的责任。

- 家庭适应力。家庭适应力越高，家庭成员一起解决问题的能力越强，继承者也就越愿意接班。另外，家庭的冲突水平也会影响二代的接班意愿。如果家庭成员的冲突多，二代会更不愿意接班，尤其对于男二代，此负面影响更大。

- 家庭凝聚力。不同性别的二代在考虑接班时，对于家庭凝聚力的要求不同。对于女性接班人而言，家庭凝聚力的强弱对其接班意愿的影响不大，而男性接班人在考虑是否接班时则比较看重家庭凝聚力。从这一点可以看出男性接班人和女性接班人对于家庭情感凝聚的差别反应。家庭凝聚力对男性接班人的影响比女性大。也就是说，男性接班人特别需要感觉到家里人的良好关系及深厚感情才愿意去接班，否则宁可自己在外面闯天下。

继承者二代的心理所有权

家庭因素在企业传承中的重要性,不仅体现在对二代继承者接班意愿的影响上,还体现在对二代继承者心理所有权和组织承诺水平的影响上。

继承的过程就像跨栏,接班意愿的萌生是跨第一个栏,而进入企业投入工作、获得认可是跨第二个栏,但未必有心理所有权,即"主人翁"意识。只有当二代接班人在心理上认为自己是企业真正的"主人"和"所有者",对企业的一切经营活动和结果负责时,才算是真正地接班。接班人的心理所有权的主要决定因素来自家庭,包括家庭凝聚力、一代和二代的家庭归属感。

家庭的凝聚力主要反映在家庭成员彼此之间的情感紧密度,包括本身的情感深度和交流程度上。家庭凝聚力越强,无论是一代还是二代,都越会将家族企业视为己出。两代人之间的情感凝聚会提升他们彼此对于组织的承诺和认同。

创始人的家庭归属感与家族涉入这一方式相关。这就意味着,当创始人更关心家族的延续和繁荣时,他们就会更愿意让家庭成员涉入或掌控企业。由此,一代会把这种观念自小就灌输给二代,从而进一步影响二代对于家族的认同。

同样,二代的家庭归属感越强——认为自己完全属于家庭、从家庭中获得极大的安全感、对家族感到责任重大——则越以主人翁的心态看待企业。如果继任者内心中越觉得自己是家族中的一分子,就会越愿意接手家族企业,而且心理上也会越觉得家族事业是真正属于自己的,而不是在帮别人打工。家庭归属感会让二代接班人产生身为家族一分子的责任感,且把自己当成家族企业不可分割的一部分。

有意思的是,二代的实际所有权(持股比例)与其心理所有权并没有直接的关系。也就是说,并不是持股比例越大,就越将企业视为己出。二代的心理所有权更多的是来自"家庭"的感觉——家庭凝聚力和家庭归属感。这样的接班是基于一种家业传承的精神和责任,拥有很强的主人翁意识。另一个有趣的发现是,当家庭凝聚力缺失时,一代的股权越大,二代的接班意愿越高。这也意味着二代继承的可能只是经济财富。接班人要完成这一心理角色的转换，需要的是多个因素的配合，而这些因素都围绕同一个关键词——"家的力量"。

重拾"家文化"：打造家族企业的长青基因

"家和万事兴"，一个对家业倾注心血的接班人背后常常会有一个和睦的家庭。家庭的凝聚力、适应力以及和谐的氛围有助于二代放下顾虑，大胆地实践自己的设想，对企业的承诺度自然也会相应提升。

我们发现能够顺利交接班的两代人基本都持有较强的家族价值观，这和他们的受教育程度或留学背景没有直接关系，而是因为他们都非常认同家庭成员应和睦相处、兴旺家庭、光宗耀祖，并且对于家庭都有很强的归属感。由此可见，两代人的家族主义价值观对二代接班的作用很大。所以传承问题不只是学校教育问题，更重要的是家庭教育问题，如何言传身教和灌输正确的家族价值观，是家族企业传承的基本功。

在家族和睦、家庭兴旺和家庭归属感这些因素中，家庭和睦是最能够影响二代的接班意愿的；其次是家庭归属感会给二代带来强烈的责任感。

除了家族价值观，家庭成员彼此之间的相处方式也在很大程度上影响了二代的接班意愿。我们的研究发现，家庭凝聚力和家庭适应力对接班意愿以及接班后的组织承诺皆有影响。相比之下，家庭适应力比家庭凝聚力的影响更大一些。对二代来讲，家庭是否能积极、开放、灵活地面对和解决问题比感情的深度更能决定他们是否愿意接班和做出组织承诺。所以，接不接班不是爱不爱的问题，而是方法通不通的问题。

家庭关系对二代的自我效能感起着关键作用。家庭的适应力和凝聚力越强，继承者的自我效能越高。而其他一些因素，如教育水平、留学背景等则与自我效能的关系不大。这体现出了家庭关系对二代的重要性，是继承者自信心和力量的源泉。

二代对于企业的心理所有权是来自"家庭"的感觉——家庭凝聚力和家庭

归属感。这样的接班是基于一种家业传承的精神和责任,拥有较强的主人翁意识。

"家文化"对于家族企业传承而言意义非凡,"家文化"浓厚的家族企业更可能实现家业长青。家族企业应该认识到家庭文化、理念建设的关键作用,通过科学的机制确保家族事业顺利传承。像李锦记的李氏家族对传统文化的固守非但没有裹住其前进的脚步,反而因其与现代管理和技术的结合获得了强大的生命力。李锦记经历多年风雨的发展历程也见证了其"家文化"的强化过程。[①]

"家文化"传承的典范——李锦记富过五代

都说"富不过三代",在这里我们介绍一个富过五代的中国家族企业传承案例——李锦记。自创始人李锦裳1888年创办耗油店铺开始,李锦记至今已传承了120多年,一直是一个蜚声海内外的酱料王国。1922年后,李家第二代开始接班。起初,李兆荣、李兆登、李兆南三兄弟分工明确、各取其长。到了20世纪30年代,他们在香港、广州都开了分店。

随着成员的增多和企业的壮大,家族不得不面对理念不一致和经营管理思路分歧的问题。1971年,李家兄弟之间发生了重大异议。李兆南与儿子李文达建议开拓中低端市场,李兆荣、李兆登两家却极力反对,不太愿意冒险开拓市场,试图维持现状。起初李兆荣与李兆登意欲收购李兆南的股份,三家掀起了争产大战。最终在儿子李文达的协助下,李兆南花了460万港币将兄弟们的股份买到自己手中。至此,李锦记在传到第二代的时候由三兄弟共治变为一家控股,李兆南成为李锦记唯一的接班人。有了对企业完全的掌控权后,李兆南致力于改进生产流程及提高产品质量,使李锦记蚝油及虾酱畅销北美各大城市。

---

① 李秀娟.(2015).重拾家文化.清华管理评论.(12),32-41.

经过第二代兄弟反目的教训之后，李家的第三代仍然没能避免兄弟之间矛盾的爆发。李兆南有六女二子，其子李文达在 1972 年出任公司主席，做了李锦记的掌门人。1980 年，李文达的弟弟患了鼻咽癌，李文达的弟媳恐有不测，为了维护属于自己的家庭财富，要求李文达将李锦记转为有限公司并算清兄弟股权。1988 年，李文达不得不用 800 万港币买下了属于弟弟的股份。尽管付出了极大的代价，但李氏家族在第三代再一次统一了控股权，李文达获得了公司的所有权。当时，不仅兄弟失和，李锦记也面临资金链断裂的危机。幸亏，李文达的五个子女都从海外学成归来，帮助他克服一切困难，重振旗鼓，最终不但使公司度过了危机，还圆了壮大企业的梦想。

到了 2000 年，李锦记家族又面临一次小小的考验，李文达的小儿子李惠森决定从家族企业中分出去自己做。李文达知道此事后对李惠森进行了一番劝说，最终使他仍留在家族企业中。但想到自己也有五个子女，他不希望父辈兄弟间的经历在自己的子女间再次发生，于是开始深入思考维持家族企业长久发展的最佳方案，最终促成李锦记丰富的"家文化"的诞生。李家这一次最终达成一致，认为公司只是家族的一部分，不论何时何事，都应以家族为重。

李文达并未满足于家庭和睦的现状，他想通过改变家庭观念及相处模式来实现家庭的幸福及事业上的更好发展，于是制定了家族"宪章"，设置了家族委员会，规定了每三个月定期召开家庭会议的规则，等等。李氏家族用实际行动诠释了"修身齐家"的传统文化在家族企业中的应用。

家族委员会是李锦记富有特色的"家文化"之一。2003 年，李氏家族创建了家族委员会，试图将其打造成家族沟通、协商的平台。家族委员会由李锦记的第三代李文达夫妇及第四代的五兄妹组成，共七人，他们轮流出任委员会主席一职。家族委员会每三个月举行一次，每次会议持续四天。召开家族委员会时，核心家族成员不论在世界的任何地方，都要赶回来参加，否则就要受到惩罚。整个家族一起探讨家族的业务，公开性、透明性自不待言；他们还一起探讨各自的家庭及孩子的问题，亲密、体贴，无形中变成了一种温馨的习惯。

李氏家族并没有将家族的活动锁定在会议桌旁。他们每年都安排家族旅游，每次旅游时从第三代到第五代的26个家族成员全部参加。大家一起打高尔夫球、打网球，在轻松的气氛中感受全家人心连心的浓厚情谊。现代社会逐利的风潮使太多人已经淡化了全家团聚的良好风气，李氏家族通过这种方式找到了全家共同幸福的途径。

凭借"家文化"的引导，李锦记成为华人家族企业里传承的典范。李锦记以家族为重，力图让每个家族成员都开心地工作、生活，家庭成员间充分沟通的传统也被运用到企业的治理中来。李锦记对于企业的未来做好了多手准备，并不是非要让家族成员接班。李氏家族的后代们从第五代起，使命未必是继承家族企业，而是帮助家族更好地延续下去。如果在家族内实在找不到合适的接班人，李锦记将来会考虑寻找职业经理人。当然那是别无他法之后的选择。李锦记的首选还是家族式经营，"家文化"的传承也会助他们走得更远。

多年来，李锦记始终保持100%的家族控股，并且规定只有具有家族血缘关系的人才能持有股份。同时，李锦记既不引进战略投资者，也不考虑上市。李锦记的成功与其不断创业的传统、对产品负责到底的做法都有很大的关系。李锦记的发展证明了"家文化"对它的促进作用。在家族传统的影响下，李锦记继续焕发着生机，家族无形资产更使其具有强大的凝聚力、强劲的增长力、独特的创造力。

对于成功的家族企业来说，代代相承同一个价值体系的理念是非常根本的，也是至关重要的。很多家族企业认为，家族所做的最重要的事情之一就是把价值观传递给下一代。对它们来说，家族企业所有权重要的作用之一在于能够帮助实现价值观的传承。它们认识到，家族企业是一个稳固、确实、真实的舞台，在这里家族的价值观能够得到检验和实践。

可以说，家族和企业是两个互相影响的体系。而良好的、可传递的家族价值观就是这两个系统最好的润滑剂，家族树立信誉和形象，推动企业发展，企业也会为家族带来更好的经济、社会地位，从而使得家族成员对于企业的所有权更加投入和用心。这是因为家族成员会把企业看作家族价值观实践的载体或是范例，因此对于代代相传会有更高的热情。

从李锦记的案例里，我们可以看到构筑"家文化"的几个重要元素：家族信条、家族"宪章"/家族治理和家族首席情感官。

家族信条

美国西北大学凯洛格商学院家族企业中心的约翰·沃德教授曾在研究中呈现过一个家族关于"家族信条"的示例。

家族信条

作为一个家族，我们认同卓越、敬爱、信任、尊重和荣耀。我们会努力做到：
- 诚实做事
- 自尊自信
- 培养"家族责任心"
- 热爱工作
- 尊重个性，信仰独立思考，尊重自由选择
- 鼓励每个家族成员参与
- 诚恳沟通，化解矛盾
- 塑造勤劳，活跃的楷模
- 有责任地创造财富并直面财富的挑战
- 尊重个人表现，认同失败是成功之母
- 主动关怀和善待他人
- 全力服务于社会
- 孕育终身学习的土壤

资料来源：约翰·L.沃德.(2014).家族企业治理.东方出版社.

将以上理念代代相传，不管是传承企业还是传承股权，都是很有益处的。家族价值观、家族和谐关系是家业长青的基因。健康的"家文化"是家族企业可持续发展的基石，而脆弱的"家文化"则是家族企业潜伏的威胁。所以家族企业的所有者需要用心地去经营家族关系和培养健康的家族价值观。"家文化"并不是一个抽象的、不可捉摸的东西，它可以具体体现在家训家规、家族"宪

章"、家庭会议中，也可以体现在长辈的言传身教中，它是家族企业传承的润滑剂，更是实现家业长青必不可少的要素。

对于家族关系的继承和传扬来说，两代人的相处方式至关重要，这是需要双方共同磨合的一个过程。首先，"创一代"的领导风格是先决条件。其次，是家庭关系的模式。家庭的传统观念要从小培养，二代能够在家族企业的氛围中知道父辈的艰辛，通过耳濡目染能够使其接受这样一种家族的观念。最后，如果子女到海外去学习，他们的接班意愿其实会更强，"创一代"在面对海归二代所带回的创新思想时要有较强的接受意愿。双方要在一个长期营造的良好的家族理念下，通过平衡的家族关系互动来促进家族的稳定，这样才能保证企业的长期发展。

家族"宪章"/ 家族治理

除了价值观和家族关系，"家文化"还是要靠建立一些制度来更好地落实和维系。家族"宪章"和家族治理是比较有效的制度，值得家族企业重点关注和发展。家族企业可以邀请其顾问协助家庭成员理解自身的角色和行为风格，尤其是家族企业的所有人 / 创始人需要理解自身作为领导者的角色，以及他们的行为会如何影响下一代的意愿和承诺。家族顾问也可以帮助家族企业更好地拟定家族"宪章"，促进家族成员对"家文化"的理解及其相互之间的交流。

其实，在这方面，除了我国香港地区李锦记这样的家族，其故事和做法可以为我们提供一些参考外，其他国家或地区的家族企业也有很多值得我们学习的地方。像是和中国一衣带水的日本，无疑是家业长青的典范。作为"家族企业大国"，日本的家族企业兼具数量多和传承时间长的双重特点。根据日本经济大学教授后藤俊夫的研究[①]，日本传承超过百年的家族企业有 25 321 个，即使以日本惯常定义的"长寿企业"标准——200 年——来统计，日本也拥有 3 937 个家族企业。更加令人震惊的是，在日本，还有 21 个成立超过 1 000 年的家族企业。

---

① 后藤俊夫.(2014).日本家族企业发展现状研究课题.早稻田大学演讲.

日本家族企业对于文化和理念的传承非常看重，注重家族理念的经营，一个强有力且成员共同认可的理念是家族凝聚力的核心。早两年我去日本访问了一些传承了多代的日本家族企业，150年前靠双肩挑担、走街串巷的近江商人们，靠着祖祖辈辈的勤奋、坚定的家族信念和祖训传承了一代又一代。这些都非常值得中国的家族企业家们借鉴和学习，我想，很多的传承，就是取决于对家训的一种传承。只有当这种精神、理念和文化得到传扬时，才能保证家业的承载。

家族首席情感官

家族企业是个关系企业，情感因素在家族企业中扮演着很重要的角色，在李锦记家族中，既有家族委员会，又有家族"宪章"，还有由女性成员组成的超级妈妈委员会，从女性的角度进行制度化的沟通和协调，加深家族的情感纽带。

家族成员的情感联系虽然有血缘和亲情作为基础，但是这种联系也是需要维系和强化的。随着企业规模的扩大和家族的繁衍，家族内的情感纽带既受到物质利益的牵绊，又受到亲缘关系淡化的影响。这时就需要首席情感官起到情感纽带、危机沟通甚至是纠纷仲裁等作用。家族中的女性长辈往往是这种类型的首席情感官的首选。女性长辈一方面可以通过言传身教将家族价值观传递给家族后代，从而激发家族后代的责任感和创业精神；另一方面可以利用自己在家族中的威望与亲和力，起到润物细无声的调和作用，从而避免或调解家族成员间的矛盾和冲突。例如新鸿基的邝老太太，在三个儿子之间产生矛盾时，她能走到前台来协助解决问题，她发挥效力的方式是非正式的情感而不是正式的企业权力。

成功的家族企业是否一定就有豪门恩怨？如何在家族企业内部既保持暖暖的亲情，又保证家族的团结、进取和创业精神，在这方面，首席情感官可以起到重要作用。家族企业一旦做大，内部往往容易忽视人与人之间的爱，因此一旦积累了一定的财富就会出现矛盾和隔阂，也就是只能共苦，却无法同甘，这是非常可悲的。财富积累越多，越应该注重情感、亲情和身心平衡，因此，家族企业需要首席情感官,让财富与爱比翼双飞。

接下来的部分,我会向大家介绍两个内地的家族案例。一个是方太的茅氏父子,看看父亲茅理翔是如何让茅忠群心甘情愿地回来接班的,接班的路上又是如何扫除障碍的,最后不仅实现了顺利交棒,还总结了一套方太的"家文化"。另一个是华茂的徐氏父子,看看年轻的小徐总在危机中接班,是如何在矛盾和挑战下生存的,老徐总又是怎样意识到自己对儿子接班造成的阻碍,危机之后为何会思考家族"宪章"的意义?这两个案例在家族传承上选择了不同的路径,但都是通过两代人的努力建立了家的共识并形成了有效的内部制约。让我们一起来看看身边的家族企业是如何传承的。

"1.5 代"创业式接班

如果说子承父业的叫二代，那么在大家眼中，茅忠群就是个"1.5 代"。他的父亲茅理翔人生第一次创业成立了飞翔集团，是"创一代"。而他自己站在父亲的平台上和茅老一起创造了方太集团，他既是一个接班人，更是一个创业者，是名副其实的"1.5 代"。1.5 代现象也可以说是中国家族企业传承和发展的特色之一。正如我在前面的部分里提到的，中国的家族企业在历史断档之后从一片荒原上重新发展壮大起来，大多数"创一代"和企业都是粗放式成长，而历经 30 年左右的经济生长周期，再加上中国特定的改革开放的环境背景影响，在传承的当口遭遇到重大的经济形势变革，企业为了生存也必须转型升级，这就诞生了一批具有中国特色的 1.5 代。他们既不是墨守成规的接班二代，也不是白手起家的创业一代，他们站在父辈打造的基石上，利用自己的学识等优势，和父辈一起在交接班的路上对企业进行革新和改造。这些优秀的 1.5 代们既是继承者，也是开拓者。

对于家族二代来说，这样的接班模式不仅可以相对减少一些处理老臣子的问题，在接班的同时还可以按照自身的意愿开创新的事业，既不浪费父辈打下的基础，又可以充分利用家族资源来让家业得到更好的延续与发展。

茅理翔和儿子茅忠群共同创业的经历是他自己的第二次创业，也让儿子成为当之无愧的 1.5 代。在他眼中，这种模式传承方向明确，且通过言传身教的方式更加容易深入子心。同时，父子俩在资源和学识上优势互补，共同创出新思路、新文化、新经验、新模式。茅理翔将第一次创业的企业交给女儿茅雪飞，使儿子茅忠群没有退路，只能一心一意地将方太做好，也因此树立了强烈的责任感和风险意识。当然，我们也要看到这种模式的难点，两代人成长的环境毕竟有所不同，很多管理上的思路会不一致，处理方法也不尽相同。两代人更需要在这条路上互相体谅、互相沟通、彼此融合，这也就是我们前一章所说的和谐"家文化"的凝聚作用。否则，一旦出现两个权力中心，就非常不利于企业的日常管理和长远的。

方太集团的茅氏父子应当说是这种接班模式的典范，方太的成功不仅是茅氏家族创业精神的见证，更是父子接力式创新转型的成果。让我们来一起看看在浙江这样一个民营企业家的发源地，茅家和方太是如何共生共荣的。

创业伊始夫妻比翼

茅理翔高中毕业后，当过村里的中学老师、会计，还当过10年的供销员，这些经历对他来说或许都是磨炼和积累。1985年，年过不惑的他决定开始人生中的第一次创业，他以6台旧冲床和自己筹集的少许资金起家创办了慈溪无线电九厂，加工电视机零配件。但不巧第二年就遇上国家宏观调控，黑白电视机销售不出去，配件也没生意，于是遭遇了他创业的第一次危机。茅理翔的夫人张招娣在他初次创业的艰辛时刻毅然决然地放弃自己的事业，和他携手并肩渡过难关。她从效益不错的针织厂副厂长的职位下海，担任慈溪无线电九厂的副厂长，帮助丈夫创业。茅理翔负责对外寻找新产品，张招娣则抓内部管理。有了贤内助的鼎力支持，茅理翔毫无后顾之忧地对外发力。终于，他开发了中国的第一个电子打火器，并打开了国内市场。到20世纪80年代末，茅理翔又开发出新型的电子点火枪，打开了国外市场。1989年，茅理翔参加广交会，成交额达8万美元，企业正式转为外向型企业，曾一度占据全球点火枪市场50%的份额，成为世界最大的点火枪制造商。茅理翔也因此被称为"世界点火枪大王"。

1992年，慈溪无线电九厂改名为飞翔集团，"飞"字取自女儿茅雪飞的名字，而"翔"则来自茅理翔本人的名字。对于企业家来说，成功的道路上永远不能停下脚步，因为创业发展的路上始终充满未知的变数。正当点火枪业务蒸蒸日上时，外部协议工厂突然背叛，茅理翔遭遇了创业的第二次危机。1991年的广交会上，飞翔集团展位的对面出现了另一个"点火枪"展位，而且其产品跟飞翔集团所生产的一模一样，但价格更低。茅理翔不得不跟对方打起价格战，却没能阻止自己一半的客户被抢走。看了对方的产品，他才明白，点火枪的技术门槛太低，为他生产塑料配件的那家工厂掌握了整条生产链，已经"单飞"去生产点火枪了。于是，女儿茅雪飞与丈夫在婚后的第三天便决定下海独立创业，分别辞掉在银行和医院的稳定工作，创建了一家名叫"凌克"的塑料厂，为飞翔集团的产品做配套服务，帮助飞翔渡过难关。后来因为国内出现几十家点火枪厂家，竞争激烈，点火枪的价格从原来的一支 1.2 美元跌到 0.35 美元。那时，飞翔的年产值达 1.5 亿元，销售额在 5 000 万元左右。茅理翔不得不开始寻找新出路，曾经尝试搞过一种类似声像学习机的新产品，请了十几个技术人员、营销人员和管理人员，进行产业转型和管理转型。但是项目最终失败，许多员工陆续离开。茅理翔回想：作为民营企业家我还是不甘心，所以想到把儿子叫回来。这步棋是很险的。回想起来，觉得这段历史的影响非常大，因为这个项目的成败，决定了我们这个企业的成败，也决定了我们家族的命运，更决定了儿子人生道路上前一阶段的成败。所以当时这个决定是非常关键的。

茅忠群：我该不该回去接班？

1994 年，茅理翔决定把在上海交通大学攻读电子电力技术专业硕士学位即将毕业的儿子叫回来。茅忠群当时有三个选择：第一个是留校、留上海，第二个是出国留学，第三个就是回去创业。经过半年的市场调查和考虑，茅忠群最终决定回去创业。但是他对父亲提出了三个条件："一是不要做点火枪，要搞吸油烟机的新项目；二是不要在乡下，而是要到市开发区独立创业；三是不带原来飞翔的老员工，完全自己招聘。"

茅忠群回想自己读小学时的成长环境：感觉父母每天很早上班、很晚下班，好像这种生活是很自然的、正常的。父母的特点是不进行很多语言教育，而是重在身教，父亲经常出差，管得很少。父亲认为学好数理化，走遍天下都不怕，导致自己比较偏工科。父亲偶尔会谈到将来要搞茅氏集团。自己经常会到工厂里去玩，但是作为农村里的孩子，小时候对企业没什么了解，就是自然长大。

对茅忠群来说，回去接班是顺理成章之事。虽然决定回家，茅忠群却有不同的想法。"我一开始就和父亲约法三章。点火枪的事业，我不介入，方太这块新创的业务，重大决策要以我为主，因为第一，业务是从零开始，都是我在操作。第二，我认为只有我能够主导重大决策和业务，我才会有信心。因为毕竟两代之间，差异还是蛮大的，我父亲做的点火枪，技术含量比较低，全部出口，因为做出口业务是最简单的。但是做方太，我们不仅要做品牌，还要做高端品牌，当时高端市场都是洋品牌统治的天下，我们自己要做很多的研发和营销，我父亲不一定懂。所以这些重大的事情，必须由我来定，否则成功的概率就会低很多。"

经过反复讨论，茅忠群终于说服父亲，创办方太。茅理翔任董事长，茅忠群任总经理。

茅雪飞——接手飞翔

1995年起，茅理翔一方面投入到与儿子茅忠群共同创办方太的过程中，另一方面逐渐将点火枪业务交给女儿，同时为飞翔集团摘掉了乡镇企业的帽子，解决了体制方面的问题。1997年，飞翔集团的产权问题得到解决，茅理翔通过"买断"的方式实现了转制，解决了企业与员工之间的关系问题。茅理翔表示："实际上，飞翔属于特殊情况，是我第一次创业时独立承包的企业，戴着乡镇企业的帽子。所以我是用转制的形式，把它买下来。转制以后，老的公司就剩一幢房子，没有什么其他的了，而员工中的一部分买断了工龄。"

飞翔集团在1996年转制时采取了四种方式：有才能的，挽留使用；人品好但能力不足的，推荐到相关下属企业；确有能力、有意愿独立创业的，买断工龄，或成为合作伙伴；有能力、人品好，并愿意把企业当作事业做的，给予分红权。而对于一些创业元老，茅理翔所采取的方式是创立六家协作厂家，由这些元老们主管，与方太没有产权关系，仅是业务联系。"飞翔的业务曾属于亏本的状态，但我不愿意把这个业务砍掉，因为那是我第一次创业的成果。之后由女儿他们去管。他们一方面管这个产品，一方面自己发展新的项目，尽管现在这个产品利润不高，但是也不亏了，有一定的利润。"

在创业的道路上，茅雪飞继承了父母的创业精神。下海之初，茅雪飞向父母借了5万元钱，后来创业成功了，便把钱还给了父母。茅雪飞与丈夫后来接手了点火枪业务，又开发了野外烤炉、风机、内胆等项目，成立了吉盛电器公司，以ODM外销为主，一直保持着稳定的增长。

家族企业最大的危机是内部产权矛盾的产生与分裂。茅理翔认为分裂有两种：主动分裂和被动分裂。其中，主动分裂的效果会比较好。比如原希望集团刘永好四兄弟的分裂是比较主动的，分裂变成了分立或享受股份，各得其所。而被动分裂的后果往往会危及整个企业，容易导致企业衰败。所以，对于家族企业来说，产权在代际转换之际的处置与分配是一个值得深思的问题。正是因为很早就看清了这个家族企业的命门所在，茅理翔仔细思考过女儿接手飞翔、和儿子一起共创方太之后要如何避免产权矛盾可能带来的分裂问题。在之后的交接班路上，茅理翔慢慢地总结出了一套理论来应对家族企业的产权分配问题，他选择分产分权的方式来达到在另一种形式上维护家族产权的目标。当然，方太的成功并不是说这就是唯一适合中国家族企业传承的方式，让我们先来看看方太的具体做法。

父子创业——"三三制"接班

从1996年方太创立开始，茅理翔就任董事长，茅忠群任总经理。茅理翔说："我一开始就定下来，一边搞一边把具体的事都交给他。一开始他是总经理，我是董事长，不像其他一些老总，得慢慢地从车间主任、班组长、经理助理、副总经理做上来。我们是白手起家。"

开始时，许多人（包括亲戚朋友和飞翔的老员工）都对茅忠群的想法抱有很大的怀疑，茅理翔得花比较大的精力去加强政府和员工对新公司的信任。所以最开始时茅理翔主管协会关系、政府关系、媒体关系等对外关系和对员工的政治思想工作，而茅忠群则主管业务和管理。茅忠群后来回忆道："前面我基本上不参加外面的各种活动和加入协会，但最近短短几年时间，我加入的协会就有20多个，因为我父亲年纪渐大退出来了，幸亏现在公司各方面运作都走上轨道了。但至少在前面10年，我可以静下心来全心投入在内部管理和业务上，这样在时间上给了我很大的支持。"

现如今，方太集团已经是中国厨电品牌的龙头老大，在和国际品牌的竞争中也不落人后。父子两代人在从创立到发展和交接班的过程中都可谓是国内家族企业的楷模，而这一系列的成绩都要归因于他们共同的努力。对于这样的父子共同创业式交接班，也许有人会有疑问：真的可以一帆风顺吗？"一山难容二虎"对于家族企业来说是否存在？应该听从谁的领导呢？在这方面，茅氏父子的共同创业路也并非毫无争端，两代人理念上的差异也一样会反映到企业管理和发展过程中的决策上。

尽管茅忠群对父亲用"约法三章"来保证自己的主导权，但在一些管理和决策上，和父亲的冲突和矛盾也无法避免。刚回来时，茅理翔和茅忠群分别带一个组进行新的项目调研，在汽车、摩托、空调和厨房产品中，最后父子俩思想统一地选择了厨房产品。但是茅理翔选择了微波炉，当地政府也支持他，认为微波炉技术档次高，浙江还没有这个项目；而茅忠群选择了吸油烟机，虽然当时市场上有超过250家生产吸油烟机的企业，如老板和帅康等，但是缺乏高端品牌。市场调研报告显示中国的高端吸油烟机几乎都是外国企业生产的，适合国人烹饪习惯的高端吸油烟机在市场上是个空白。茅忠群最终用浙江大学、上海交通大学的两份书面调研报告说服了茅理翔。但是当地政府开始时并不批准，于是茅理翔向政府承诺，以后一定会开发微波炉。

在这之后，父子俩之间的一次持续数月的争论是关于油烟机的取名。茅理翔希望还是以飞翔为名，把飞翔集团改成飞翔厨房电器有限公司。但是茅忠群认为飞翔这个名字不适合，希望改成方太，易写、朗朗上口，并且女性化的品牌名称和厨房很贴近。两人为此产生了激烈的争执，茅理翔回忆道："当时争论得还比较激烈，有时吃饭吃到一半他就走掉了。当然我们都是知识分子，所以也不会高声吵闹。后来我太太问我，儿子的说法对不对？我说他的说法也是对的，最后就同意他的了。"

另外一个比较大的冲突是两三年之后，方太遇到行业的价格战，在关于要不要坚持高端的问题上，父子俩有不同的意见。当时的市场一线销售人员几乎每天打电话给茅忠群和茅理翔，要求降价。茅理翔去跟茅忠群说，但最后都被他反驳回去。茅忠群坚持研发新产品。公司最终在价格战中活过来，经历这次的考验，茅忠群证明了自己的想法，也确立了公司的定位。茅理翔则开始逐步减少自己在管理上的干预。为了减少家族成员在高层管理上的影响，母亲张招娣也退出公司的日常管理。茅忠群这样回想和父亲的相处之道："重要的是上一辈要开明，我父亲确实比较开明，他答应的基本上都能做到。他知道我比较倔，但他对我也比较放心。因为从小到大我都不需要他操心。我的性格确实比较倔强，我想要的，我就得这么干，除非我不干这件事情。另外就是因为我们住在一起，在吃饭的时候，会谈一些工作上的事情，所以会有较好的沟通。最终，他基本上都能接受我的观点。"

茅理翔后来总结了"三三制"接班经验——带三年，帮三年，看三年。自1996年公司成立，历时九年，方太在创业与转型中逐步完成家族企业的传承。可以说，茅理翔用了六年时间对儿子进行全面培养。这六年时间既是方太迅猛发展的六年，也是父子俩不断博弈磨合的六年。看似茅理翔对儿子不断妥协让步，每一次不同意见的争论都以茅理翔的"输"告一段落，实际上，父子俩的每次切磋都是为了企业更好地传承与发展，时间最后证明"赢"的是方太，是整个茅氏家族。在最后"看三年"的阶段，茅理翔几乎完全放手，将管理权和决策权彻底交给了儿子。茅忠群则认为现在一些大的家族企业，孩子刚从学校毕业，带三年肯定是不够的，有的可能需要五到十年时间。

茅忠群——接班后的管理哲学

茅忠群为方太制定的愿景是"成为受人尊敬的世界一流企业"。茅忠群说:"方太是一家使命愿景驱动的企业,不是简单的利润导向,我的使命就是两个,一是让顾客家的感觉更好,通过使用我们高品质的产品,让顾客家的感觉更好。近期我们又在后面加了一段话,要追求全体员工物质和精神两方面的幸福,我觉得这是东方价值观,有别于西方的利润最大化。做企业,就不能单纯地为了挣钱,因为钱都够用了,没有必要盯着钱看。怎样能够让员工得到两方面的收获,这个(如果能够做到)就非常有意义。"

方太的愿景包含四个要素:高端品牌的典范、卓越管理的典范、全国质量奖、管理上的追求和优秀雇主的典范,茅忠群强调要承担社会责任,且是全方位地推行社会责任,而不是简单的做慈善公益。

茅忠群说:"二代创业有一个优势就是从小家里有钱,对钱不是太在乎,会追求一些更有意义的事情,不像大部分一代企业家,从小穷,更多的是为了赚钱开始创业。我想去做些有意义的事情。所以为什么我创业开始,就定位于高端品牌。家电行业洋品牌一统天下,我们中国,也得做一个高端品牌出来。"

引进人才

从 1999 年开始,茅忠群逐步引进各种人才,组建包括制造、人力资源、销售、采购、物流等的职业经理人团队,他们中的许多人都在可口可乐、宝洁等大公司工作过。茅忠群将这些来自不同企业的经理人员的经验和做法吸纳创新,结合方太的特质,总结出 25 条管理原则,几年后进一步调整为 20 条。

如今茅忠群手下有 7 个副总裁和 2 个事业部总经理,但是在整体管理上,他还是坚持亲力亲为:"创始人如果不在企业上花很大心血的话,企业都不会做得太好。其实我看日本、我国香港和台湾地区的企业家,做得大的创始人都一直干到六七十岁,甚至 80 岁。我始终认为,你让优秀的职业经理人打理企业可能可以做到 80 分,但是创始人自己如果沉下心来做,可能可以做到 95 分。这两个差距无法填补。一个创始人如果能把企业做大，说明身上有一些特殊的强项，如果这些特殊优势不用，而是去打高尔夫、搞社交，那就太可惜了。"

江毅是方太集团海外事业部总经理，2000 年 7 月加入方太，从品质部部长到全面品质管理办公室主任，再到海外事业部负责研发管理，2010 年全面负责海外事业部。中间曾因为身体原因休息了两年，也曾到其他企业做私人顾问，但是因为不适应又重回方太。江毅笑着说："我们经常开玩笑，可能是适应了茅总，很难再去适应其他老板。原因有三点，一是老板特别信任我们，不是特别强权，不会把想法强加给我们，会倾听我们的想法，如果觉得合适，会给我们一些方向。二是我非常喜欢方太的环境，一个人的力量很有限，需要有好的资源、好的环境才能完成一件事情。三是方太不太有什么企业政治。我在国有企业待过，那里比较有帮派观念，论资排辈。方太比较简单，大家都比较坦诚，不用特别考虑很多费心机的事情，做事就行了。"

员工激励——身股制

自 2002 年开始，方太集团的销售收入已经连续 12 年保持每年 20%—30% 的增长率。多年来，茅忠群为方太制定了三条戒律——"不打价格战、不上市、不欺骗"。茅忠群一直坚守着不上市，拒绝资本机构的入股、收购，保持家族控股。

茅忠群说："我不上市，就完全可以按照自己的思路来发展这个企业。如果因为上市，有钱了，就去投资，不符合我的战略。我们的战略是非常专注地把一件事情做好。我觉得这样就足够了，因为在家电行业，拼命扩张没有多大意义。"

2010 年 5 月，茅忠群在方太内部推行"身股制"，拿出公司上年度净利润总额的 5% 左右进行分红，分给所有入职满两年的员工，每年在端午节和孔子诞辰日（9 月 28 日）进行分红，并不需要员工投资入股，而是依据每个员工持有身股的多少，按照其所在事业部的业绩、员工个人的绩效来确定。但原则是人在股在，员工离职后将自动作废。第一批拿到"身份股"股权书的员工共有 1 300 多名，最少的占 1 股，最多的股数保密。2010 年，方太的年销售收入超过 20 亿元，净利润 1 亿多元。2011 年端午节，包括清洁工、一线操作工人在内的员工第一次拿到分红，每股 1 400 元到 2 000 元不等。

身股制的想法来源于晋商票号的身股制，俗称"顶生意""顶身股"，是对管理者和员工的重要激励机制。此后，方太的身股制不断进行改进，发放范围不断扩大，2011 年之后，身股制从总部开始延伸到各个事业部，并覆盖到全国各地的 49 个办事处，参与分红的员工超过 6 000 名。采取的考核方式是集团公司根据集团利润进行评估，各个事业部和分公司则根据各自的剩余利润进行评估。2012 年开始，集团副总裁级别的岗位身股开始进行独立核算，提升部长和总监级别身股的数量，各地的分、子公司的身股分红与集团总部脱钩，分、子公司的员工不再享受集团身股分红，在上缴 50% 左右的利润给集团公司后，剩余约 50% 折算到身股单价中奖励给持股员工，尤其是向分、子公司经理倾斜。

方太集团人力资源部副总裁李祖国介绍：方太的身股文件包括三个，一是总部的身股，二是零售业务的身股，三是一线工厂业务的身股。总部的分配方式是公司承诺拿出当年利润的 5% 分给大家，按照每个人的职位等级、工作业绩和资历来分配身股份额，依次分为不同的股数，从 1 股、2 股到十几股不等。总部 5% 的利润分别分配给总部员工和三大事业部。在事业部里的员工的分配方式是总部分一部分，在自己的事业部分一部分。区域公司的利润又是从事业部划分过来的，根据事业部的成熟度进行比例划分。如最好的事业部是厨电事业部，按照 3∶7 的比例，30% 在总部进行利润分配，70% 在厨电事业部进行分配。而海外事业部是亏损的，但属于长期战略性投入部门，可能需要 5—10 年才能实现盈利，那么就在海外事业部分配 20%，80% 由集团公司进行分配。橱柜业务部属于希望盈利，但是短期盈利能力不强，却又要进行引导的部门，因此 60% 由事业部分配，而集团照顾性地分配 40%，并会逐渐加大在自己事业部分配的比例。具体的比例每两年进行一次讨论。此外，还设有奖金制度，每年年中和年底进行两次考核，这与年终奖挂钩，如果考核得 C，就没有资金；得 B 是 2 个月的工资，即 14 个月的薪水；得 A 是 4—5 个月的工资，即 16—17 个月的薪水。

目前方太的员工已经实现包括社会保险、住房公积金、"身股"分红、带薪年休假、工作补贴在内的五个全员全覆盖福利。

经过三年的运行，身股制的效果显现，李祖国介绍道："2013年方太的业绩增长达46%，身股制的效果对中高层的激励是最好、最有力度的，因为部长的收入已经比较多了，可能占到他们年收入的30%左右。其次，这两年身股的奖金涨得很快，如果我们的利润好的话，分得就比较多。2012年可以达到2 100多元一股，而以前只有1 000多元一股。如果利润再到10亿元，那就是1万元一股了，就有点力度了，因为公司的承诺是不变的，就是5%。只要长期坚持，员工就会有更强的感受，每年都会有分配的时间，强化员工对公司整体利润的关注。"

茅忠群表示：儒家思想中的"仁者爱人"，就是要为员工考虑，替员工着想。在中国，贫富差距很大，真正需要钱的、真正缺钱的是最基层的员工，他们也为公司创造价值，为什么不能享受身股？

总裁儒吧

如果你见到茅忠群，一定觉得他更像一个学者而不是商人，清瘦的脸上始终挂着平易近人的微笑，面对提问，他总是先沉思几秒，然后缓缓道来。2005年起，茅忠群在北大、清华修读国学班，开始把国学的思想引入方太的日常管理中，希望另辟中国式管理之道。2008年，他在方太新主楼的一楼建立了一间200平方米的古色古香的孔子堂，竖起了孔子像，让企业的员工和中层领导在这里通过学习儒学，吸收中国古代文化的精髓，来讨论企业的变革及自我变革之道。每天早晨八点十五分到八点半，全公司（包括管理层和车间员工）的一天是从诵读《三字经》和《弟子规》开始的。新员工的入职培训也安排在孔子堂，诵读经文。茅忠群相信，像《论语》这样经典的书，读百遍以后，人的气质就会改变。如果家人一起看，家庭会和谐。现在社会中的很多人没有道德底线，读《论语》能先让自己的员工有道德底线。茅忠群认为，方太的思路正是通过儒家管理模式，来实现企业的卓越和践行社会责任。

思想道德的教育模式与科学技能的教育模式是完全不一样的，不能灌输，也不能强制执行。所以，方太建立孔子堂，采取不考核、不要求员工写学习心得的方法。方太在孔子堂中讲授的并不是如何工作，而是如何做人、如何教育孩子和经营一个和睦的家庭这样的问题，因为一种文化需要的是在"潜移默化"中推进，形成个人的修养与行为习惯。而且儒家"仁爱"思想的前提就是不能给员工施加压力，而是要让员工从内心深处乐于接受，这实际上会让员工对企业有一种认同感。

茅忠群在方太的内部报刊《方太人》上，开辟专栏"总裁儒吧"，自己写文章向员工传授"仁、义、礼、智、信"的国学文化。他觉得：中国现在特定的这种阶段和环境，不正当的竞争比较多，表面上看是有冲突的，但是事实上，如果做到最高境界，真正为顾客着想，从产品到销售服务各个环节都真心为顾客着想，最终一定是胜利者。从这个终结来看，是没有矛盾的。有员工的母亲说："在这样的企业，我们会特别放心，这是一个特别让人信赖的企业。"江毅今年接待的一位新加坡的经销商客户来之前也听说方太是一家很特别的企业，企业文化做得挺好，对方太很好奇。最后一天这位客户说："我从下飞机开始，一直到结束的那一刻，都特别感动。从细节上讲，这里的人特别有礼貌、特别专业、特别职业和敬业，从接机开始，到每一个行程的安排，再到通过新品发布会展示方太的产品和形象，等等。你们那么多人说出来的话怎么都和茅总说的一样呢？"

当然，儒学思想不可能成为企业管理的唯一宝剑，适当的规章制度依旧是企业发展的重要框架。方太的日常管理是如何做到儒法并行的呢？也就是要在儒家经典思想优势（首重道德教化、以仁义立制度）的基础上，适当吸取法家思想的精华。

第一，管理效果既要来自羞耻心，也要来自畏惧心，因为羞耻心在处理重大利益时可能会不够可靠。所以，方太把错误分为A、B、C三类。A类即严重错误，B类即中度错误，C类即轻度错误。一般来说，方太的C类错误可以用羞耻心来管理，A类错误还得用畏惧心附加羞耻心来管理。

第二，处罚根据错误的轻重采取不同的方式，即C类错误主要用教化方法，A类错误主要用重罚（如开除甚至法办）手段（重罚也有预防效果），B类错误可以采用轻罚措施（如罚款加行政处分）。

第三，监督方式应当自我监督、群众监督、专门监督并重。

第四，严格按照制度进行处罚，如果制度不合理，则立即修改制度，但不可以此为由而不遵照处罚。

总之，在方太看来，以儒为主、儒法并行是当前企业管理的最佳途径。西方的法制思想与中国的法家思想比较接近（当然也不完全相同）。茅忠群一直说，儒家为体，法学为用；中学为体，西学为用。从这个意义出发，如果中国企业纯粹学西方管理，肯定不可能达到一个很高的境界[①]。

在茅忠群看来，孔子堂是"仁爱"的体现，是方太儒家文化教育的一小部分。除了孔子堂等显性的做法外，方太还专门成立了相关的推进小组，计划用流程化的做法，把儒家思想打造成一种模式、一种管理制度去实施。茅忠群一边推行儒学思想教育，一边归纳总结制定规范，希望建立一套中国的儒学管理模式。他认为如果只是让儒学停留在企业文化层面，那依然是虚，只有真正融入管理，并形成可以延续和实施的制度，才能成为管理模式。

创新之路

创新是方太成立的原动力，所以在方太传承发展的时间里，茅忠群一直没有忘记创新才是方太的生存之本，只有不断创新，企业才有继续存活和发展的可能。方太的创新之路大概可以分为三个阶段：从1996年企业成立到2001年的5年是方太打基础的阶段，这个阶段的重点是产品创新，只有凭借过硬的产品才能在市场上站稳脚跟；第二个阶段是从2001年开始的管理创新，具备一定规模后的方太需要更好的管理模式来帮助企业稳定发展；而2006年后，茅忠群带领方太在文化创新上又做了诸多尝试。这三种创新是方太整体创新的三个不

[①] 茅忠群.(2010).以儒治企.北大商业评论,(8),44-57。

同层面，并不是割裂的，而是相互联系的。管理创新会推动产品创新，文化创新也会促进管理创新，但无论是管理创新还是文化创新最终都要落实到产品创新上，并体现在客户体验上。

方太是高端厨电的领导者，首先源于技术创新和产品创新。在技术上，方太在厨电方面有400多项专利，其中发明专利48项，在行业内遥遥领先。在产品方面，无论是第一款产品A型吸油烟机，还是最新推出的云魔方/风魔方吸油烟机，都是技术创新、概念创新、质量与功能创新的典范，都在当时引领了厨电行业的潮流。

在茅忠群看来，产品创新并不难，真正难的是技术创新和概念创新。因为将别人的产品拿来修修改改，也可以算是创新，现在许多企业正是这样做的，但修修改改总是难以持久的，因为顾客的需求总是在不断变化的。经过深入思考，茅忠群发现方太之所以一度陷入产品创新的困境，表面上看是技术能力的问题，但实质上是管理问题，是公司的战略、体制机制、管理体系、人才与产品创新不匹配，使得方太失去了创新的方向和动力。持续的产品创新必须以管理创新为前提，管理制度上的创新，可以为产品创新注入新活力。而通过创新明确了企业的战略方向后，砍掉了不符合方太战略的产品，建立了集成产品开发流程，也缩短了产品开发周期，从而降低了开发成本，最终落实了产品创新。后来，茅忠群逐步认识到，只有高素质和有文化内涵的员工，才能生产出高质量的产品，塑造有文化内涵的品牌。既然中国古代不仅有灿烂的文化，还有四大发明，那么，在创造性和创新能力上中国人至少不比西方人差。作为一家企业，关键是打造一个适合创新的环境；而作为一个企业家，则是要为企业注入它独特的灵魂，这便是企业文化。这就是茅忠群提出"中学明道，西学优术，中西合璧，以道御术"管理思想的原因所在。在企业内部推行儒家管理思想，使儒家文化深入人心，成为公司的灵魂[①]。

---

① 茅忠群 . (2013). 方太之道——从产品创新、管理创新到文化创新 . 清华管理评论 (3), 22-30.

退出多元化

对于许多20世纪90年代开始创业的企业来说,多元化是大部分企业家的选择,但是方太多年来一直知名的是厨具业务。其实方太也曾有过小小的尝试,但茅忠群仅用了两年,就决定将其砍掉。他说自己是一个专注的人:"其实我这个人同时干多件事情,是干不来的。我读书的时候,不自觉地用了这个策略,我数学、物理特别好,也感兴趣,我对自己的要求是在班级里,这两门课一定要得第一名,但是我很讨厌语文,就有意识地把它放弃了。所以我的性格也决定了我干不了多元化。"

2008年,方太制定了"多品牌专业化"战略,推出柏厨品牌,定位于"专业运营高端集成厨房业务";2009年,推出米博热水器,定位在"致力于为高端消费者提供家庭热水系统解决方案";2011年,米博热水器业务被砍掉,这是继2006年方太砍掉饮水机和电磁炉项目之后,茅忠群又一次做减法。

他说:"做了一两年,后来反复考虑,还是决定砍掉。这期间肯定有激烈的思想斗争。首先有一家咨询公司建议我们砍掉,说你应该专注于方太厨房电器。开始时,因为刚刚热火朝天地干了一年多,说要砍掉,一下子接受不了,后来静下心来,慢慢思考,想了半年左右,终于下决心,真的砍掉了。后来想明白很多事情,一是中国的市场发展到今天,其实留给你创新品牌的机会基本上没有了,各行各业都比较成熟,竞争比较充分,有几大品牌在消费者心目中已经根深蒂固,再想创新品牌,不大可能了,或者投入回报根本不合理。二是可能当时动机也不是很对,纯粹是为了扩大规模,没有完全想明白为什么要做这件事情,做这件事情的意义在哪里。同时,也在反思动机到底纯不纯。三是从热水器行业的发展来看,会朝空气能、太阳能这个方向发展,但这两个方向上都有很强的企业。在空气能上,有很强的空调技术,在技术发展上基本上看不到什么机会。而且我们当时做热水器也没有建立一个独立的组织,还是方太的销售队伍在带着做,也做不好,还要让他们分心。"

从这次的经验后,茅忠群不再考虑快速并购发展,而是决定踏踏实实地打造方太高端厨具品牌。

国际化之路

海外事业部总经理江毅于 2007 年到海外研发部，开始参与海外战略的探讨。但开始时茅忠群对海外业务的关注度并不高，他经常说："我了解不多的东西就不会去乱插手、乱指挥，我对海外业务并不太了解，所以就多听多看，没有参与太多的讨论。"每年的方太战略会议都在讨论海外业务战略，一直讨论了三年，直到 2009 年，茅忠群重新对方太的企业文化、价值观、使命和愿景进行梳理，才非常坚定地把海外战略确定下来，他表示："我为什么要做海外业务？是因为这有助于方太成为受人尊敬的世界一流企业，如果仅仅在国内，还是比较有局限性的。如果是这样，我们就不需要去做 OEM，而是要很坚定地做自主品牌，而且还要做高端品牌，这和国内的市场定位是一致的。"

2009 年的战略会议后，方太果断地砍掉其 OEM 业务，包括一些赚钱的 OEM 业务，按照方太的战略管理模式和推广方式去做。江毅表示："我们用这样的方式走到海外，在中国是很少见的。因为家电行业中像美的、海尔等，要么是靠规模，要么是靠销量，要么是靠给别人贴牌取胜。但是美的、海尔等的定价都不高，即便是自主品牌定价也很低，放在商场里，形象不好，定价不好，口碑也不太好。所以我们方太就不能用这种方式，并且这种方式也不是我们所擅长的。我们没有办法和他们拼规模和速度，所以选择了一条自己的路，那就是精耕细作，先不求规模，但是要求质量。"

方太首先走向的是东南亚市场，因为那边有许多华人，和中国有着相近的餐饮习惯和厨房文化，更加能够突显方太的产品优势。尤其马来西亚已经成为方太海外的标杆市场，占据了该国高端品牌中的第一位。方太正在开拓印度尼西亚与越南市场，并成立了海外研发中心，根据当地消费者的心态和需求建立品牌。2013 年，方太在巴基斯坦实现了 100% 的增长。

江毅说："方太先在这些国家站稳脚跟，再慢慢渗透到其他的国家。虽然很慢，但是很扎实，也希望可以获得这些市场的尊重。我们前三年非常难，属于在培育，去教育，去获得信任。在我们去的这些国家，我们都是和欧洲品牌直接竞争。这些国家曾经都被欧洲列强殖民过，越南被法国殖民过，马来西亚被英国殖民过，我们都是在跟这些欧洲品牌去竞争，所以是挺难的。茅总对这个战略很坚持。我们的整个战略就是以产品带动品牌，靠产品本身去打动消费者。通过认同产品，最后认同品牌。而产品就是我们的吸油烟机，这是方太独有的优势，是世界上独一无二的。

2008年，方太的外贸销售额是1亿元左右，2009年砍掉了OEM业务，只做品牌的国际化推广，海外销售额有所下滑。至今，方太的外贸销售额从来没有超过2008年。2015年，方太的整体销售额达到66亿元，而海外业务仅占2%。

茅氏家族治理

方太在创立时的股权结构为：茅理翔35%，女儿茅雪飞14%，太太张招娣16%，儿子茅忠群35%。2010年，茅理翔把自己35%的股权转给茅忠群，包括原先给企业里高管的2%。女儿茅雪飞在方太持股，担任董事，但不参与经营。夫人张招娣在方太创立之初是副董事长、副总经理，生产、财务、管理都是她在管，但因为"淡化家族"理念的提出，张招娣退出了经营层，目前担任监事长。除此之外，再无茅氏家族成员任高层管理职位。

茅理翔有一个关于家族企业股权结构的"口袋理论"。这个理论有三层含义：一是家族控股。二是接班人控股。三是家族内部股权要清晰，若兄弟姐妹都是强人，可以在一个企业中相互参股，但不要在一起经营；钱最好放在一个口袋里，否则会给企业埋下"定时炸弹"，最终将导致家族和企业的分裂。

茅理翔的"口袋理论"并不是把全部资源都放在仅有的一个口袋里面，而是将最核心的资源放在最核心的口袋里面，以保证企业的传承；同时，需要建造另外一些口袋，用来保障其他利益方的利益。譬如，儿子茅忠群在答应出任方太集团总经理时，提出了重新搭建自己的管理团队，独立运作经理层的条件，这就意味着一批老臣子需要退出。对于自己的老部下，茅理翔又造了另外的"口袋"：在方太外围创立了六个协作厂，分别由以前的战友和部下掌管。这些厂家直接参与市场竞争，与方太只有业务上的联系，没有产权上的联系。

茅理翔的这个"口袋理论"用现代企业制度来解释,就是产权清晰,既避免了传统家族企业的家族矛盾以及排斥人才的弊病,又保证了家族成员、创业元老和功臣的利益。

茅理翔说:"股权安排有一个原则,就是接班人一定要控股。为什么'富不过三代'?因为从第一代、第二代到第三代,可能原来是100%,后来是1/3,再到后来可能就是1/10了,接班人的权威性在股权上体现不出来了。所以我一定要考虑到股权的安排。"

茅理翔曾跟女儿讨论过自己的想法。因为方太是儿子和他共同创立的,女儿占有14%的股份,她有自己的企业。他认为接班人一定要控股,这样对儿子来说,积极性会更高。

"如果我把我的股份给儿子一半、给女儿一半,对儿子实际上是不公平的,所以我就把我的股份全部给了儿子。他妈妈的事呢,以后他妈妈自己去考虑。我基本上已经彻底放权了。提前做好这样的打算和准备,两个孩子心里都有底。"

现在茅理翔书面上规定每年开一次家庭议事会,其他家庭聚会原则上是一个月聚餐一次,一个季度聚会一次。

茅理翔说:"我们也经常开一些家庭会议,儿子、媳妇、女儿、女婿都参加,大家统一思想,可能这个也有关系。公司里面的一些大事通报一下,每个人自己的情况,也进行一些沟通,谈谈每个人的养生、第三代培养等问题。"

而飞翔和方太的管理、投资等问题,也会在家庭会议上讨论。比如在投资杭州湾跨海大桥的问题上,之前曾考虑以飞翔而不是以方太的名义进行投资,因为方太当时不想去搞其他方面的投资。但后来在开家庭会议的时候还是决定以方太的名义去投资。因为女儿有方太的股份,没有飞翔的股份,若以飞翔的名义去投资,女儿在大桥上就没有股份了,所以最后统一思想,决定由方太去投资。

家庭会议是茅理翔非常重视的。他认为："家庭会议的目的首先是要在家族成员间统一思想，不要把家族中的不同看法，拿到企业里去抱怨，否则对家族的威信也不好。有时思想上有分歧，要在家庭会议上把它消化掉。所以我提出应该是三层治理，公司层治理、经营层治理、家族层治理。"

提倡家族层治理的目的就是要防止家族矛盾进入企业。很多企业都存在这个问题，家族的矛盾就在企业里面，有的是父子争吵，有的是夫妻争吵，使下面的经理人感到这个企业没有希望了。所以在治理当中，家族治理是非常重要的。

茅理翔第三次创业——家业长青接班人学院

自1999年开始，许多国内高校请茅理翔做兼职教授，他跑遍了北大、清华、人大等近30所大学，讲了700多堂课。而在这个过程中，茅理翔发现家族企业传承问题的严峻，从2002年开始，他开始逐渐退出方太的日常管理，一边讲课，一边写书，提出了"具有中国特色的现代家族企业管理模式"，提出了中国的传统家族企业应该转变成现代家族企业的观点。

在研究和交流的过程中，他发现中国家族企业所面对的传承问题太严峻了。中国有一点规模的家族企业有500万家，其中有300万家要面对接班的难题。许多一代企业家已经在55岁到75岁之间，但是交接班很不顺畅，一代有一代的抱怨，二代有二代的不满，问题很多。

于是，2006年，茅理翔第三次创业，创办家业长青接班人学院，决心要把它创办成中国民营企业接班人的黄埔军校。2007年，茅理翔创办国际家族企业论坛，每年设立论文奖和研究专著奖，颁发给从事家族企业方面研究的人士。

未来——富能否过三代？

2015年，由茅理翔一手创办的国际家族企业论坛已然进入第九个年头，而

"茅理翔家族企业研究优秀论文奖"暨"茅理翔家族企业研究专著奖"也颁发了七届。我由衷地钦佩这位老一代企业家对于事业的坚持与热忱,如今年逾古稀的茅老在台上仍旧慷慨激昂地致辞,完全脱稿的演讲风采正是因为他从本心出发对于家族企业传承事业的专注研究和热爱。我更喜欢用青出于蓝而胜于蓝来形容他的儿子茅忠群,作为一个成熟的二代接班人,在历经20年的企业发展沉浮后,他的国学气质早已沉淀蜕变成一种"无为而无所不为"的淡定气魄。对于战略决策的清晰规划,以及企业文化的纯粹追求,始终没有脱离他"中学明道,西学优术;中西合璧,以道御术"的管理信念。茅理翔称自己是"坚定的家族企业的维护者"。他曾经说过:"家族企业传承,一代一定要大胆交、坚决交、彻底交。一代倘若不愿、不敢放手,对于二代承担企业责任来说有百害而无一利。"

茅理翔也常把外孙带到工厂和展示厅。他的外孙俞昕源今年20岁,17岁时就在第三届国际家族企业论坛上用英文发了言;三年前,他在上海发起了一个"富三代"组织,希望推动三代的社会责任感;他还成立了未来企业家社会责任联盟,虽然现在会员还不多,但茅理翔鼓励他先不要着急扩大规模,应该先做一点事。所以他们去云南贫困地区资助了一所小学,用他们自己的零用钱、压岁钱等买了图书和学习用品送到学校,还做了有关低碳经济方面的活动。这些策划都是他们自己做的。俞昕源不太喜欢提到自己富裕家庭的背景,因为他觉得自己和方太的成功无关,对于别人讨论"富不过三代"的话题,他会感到有压力。

茅理翔觉察到现在的年轻一代和他那一代有很大的不同,他们知道更多网络经济和投资工具,对于传统的行业可能没有兴趣,有更多的机会接触新事物。相比二代,三代可能更不能体会一代的艰辛了。二代还看到过父母苦和累的过程,而三代们大多数只关心读书就行了。茅理翔认为首先要解决"富三代"的方向问题。这些孩子要是辨不清方向就会很麻烦。首先要在方向上把握好,而且要启发他们的自觉心。从初中到高中这个阶段的引导,是非常重要的。到了大学,他们的思想已经基本成形,这时更多地要把握未来的职业生涯,以及事业发展的方向。

要成为传承几百年、上千年的家族企业，一定不可缺少创业精神和值得延续的家族文化，而家族文化中也包括家族企业的责任与担当。我从方太茅氏父子的传承中看到了文化的传递、精神的坚持和社会责任的担当，传统企业的突破变革和古老文化的升华利用在方太身上得到了完美的结合。

与其成为500强企业，倒不如成为500年企业，茅理翔一直希望家业长青，虽然俞昕源还在学校读书，茅忠群的孩子还只有10岁，但茅氏家族已经开始思考：到底应该如何培养第三代？如何探索一条代代相传之道？如何让方太品牌成为世界高端厨电百年品牌？

方太的发展和传承已是一个典型案例。茅理翔思想开明，该放就放，并且愿意听取二代的意见，自己逐步退出后，专注于从事传播家族企业传承理念的教育工作。这种收放自如、功成身退的精神，值得许多一代企业家学习。

家族共同协议

如果说方太茅氏父子的交接班可谓顺水推舟，一代在企业瓶颈期有二次创业的想法，二代又正好有着转型发展的愿景，所以共同创业的交接班道路在父子俩共同信念的支撑下相对顺畅，那么，同样来自浙江的宁波华茂集团的父子两代人之间的传递就没有那么幸运了，可谓是逆流而上。不仅没有像茅忠群那样有父亲茅理翔带三年、帮三年、看三年的一路扶持，华茂的少东家徐立勋刚刚毕业回国就因为家业危机瞬间接过了父亲手中的权杖，成长之路颇多艰辛。在儿子接班后，两位一代大家长对于家业产权的思考和分配处置也完全不同。茅理翔选择了主动分裂，自创了"口袋理论"，帮助儿女分产、分权，以明确茅忠群作为接班人的核心地位，希望避免因为产权分散而导致"富不过三代"的可能。徐万茂则是设定家族"宪章""分家不分产"，确保华茂一直是徐氏家族的财富并可以代代延续，而儿子徐立勋只是家业的第二任掌舵人。两个同样扎根于浙江宁波地区的家族企业在传承之路上有着明显不同的选择，让我们一起来看看华茂的特色所在。

2000年，宁波华茂集团陷入一场跨国官司中，因为该集团驻美公司——美国华源控股有限公司的秘书转移公司资产，并将董事长徐万茂告上法庭，徐万茂不得不赴美处理十几场官司。徐万茂从1978年开始创业，经历了三次战略转型和三次体制改革，使企业从集体制企业转变为家族企业，历经了那一代企业家的艰辛之路。这次，徐万茂遭遇到从业以来最大的一次危机，内忧外患下，他衡量再三，决定让26岁的儿子徐立勋回来接任副总经理。当时回国仅一年的徐立勋临危受命，开始了接班之路。

最早见徐立勋时，他还是一个刚刚坐稳接班椅的二代，现如今已然是气度不凡的少当家。一般的家族企业交接班过程中，父辈在培养下一代接班时，通常是让其先从职能部门的一定职位做起，再一步步地熟悉企业业务和经营状况，经过几年的过程，再慢慢授权。但徐立勋没能经历这样的过程，在父亲徐万茂面临危机的时候，他被推上接班之路。年轻的徐立勋更加偏爱金融，或许在他心中曾无数次勾画过自己无忧无虑像鸟儿一样自由地在蓝天飞翔的画面，然而面对不得不承担的家族重任，他经历了六年痛苦挣扎的接班考验，最终成为华茂集团名实俱至的总裁。

2008年8月10日，徐氏家族全体成员正式签订了《徐氏家族共同协议》，遵照"分家不分产"的家族财产处置原则，成为国内首家签署家族协议的家族企业。"分家不分产"的家族协议是否能让徐家控制的华茂集团家业长青？徐立勋作为家族代表的管理人，该如何面对个人和家族的发展？

徐万茂的早期创业之路

华茂集团创办了1971年6月，位于长三角南翼经济中心的文化名城——宁波。四十多年来，华茂集团立足教育之本，逐步形成了以教学具、基教仪器装备及科普产品的研究和生产以及民资办学为中心，并兼营国际贸易、房地产、金融投资、酒店旅游、能源科技、铁路设备、环保等的综合性产业集团。拥有华茂集团股份有限公司、宁波华茂文教股份公司、宁波华茂外国语学校、美国华源控股有限公司等30家全资和控股子公司，现有教职员工2 300多人，跻身于"中国工业企业500强"。

1978年成为农民企业家

1971年，宁波鄞县云洲公社靠山吃山、就地取材，成立了云洲乡竹编工艺品厂，这就是华茂的前身，当时称为"社办企业"。徐万茂当时只是这个小厂的第一代工人和设计员、业务员，凭借他的创新产品，逐渐在厂里崭露头角。1978年，他开始接手这家工艺品厂，开始了创业之路。

应该说，徐万茂就是一只目标精准、颇具魄力的雄鹰。就在竹编业务蒸蒸日上的时候，一次偶然的机会，徐万茂看到一篇关于中国学生和外国学生之间比较的文章，提倡中小学开展劳技教育，他敏锐地觉察到了教育事业未来的发展前景。于是，华茂进行了企业的第一次转型，从工艺品生产转向教学用具。1981年，他开始构想将工厂转型为劳技教育用品的工厂，成立了云洲文教科技器材厂，商标定名为"七色花"，寓意为少年儿童是祖国的花朵，工厂以设计、生产中小学生劳技教学具和教辅材料为主业。1982—1989年，是华茂历史上最艰苦的八年，教育产品亏损，完全靠竹工艺品支撑。1985年，浙江省工艺品进出口公司邀徐万茂赴澳大利亚考察，他因此成为宁波市第一个出国考察的农民企业家。他看到国外的教育器材品种丰富，多达成千上万种。这次考察为他极大地打开了眼界和思路，他也深感国内的学具教具和国外存在巨大差异。徐万茂带人六进国家教委，直到1989年，华茂从四明山的山区迁移到宁波西郊望春，最终得到了教育部的支持，"手工制作材料"获得教育部的认可，"七色花"获得"全国通行证"。1991年，华茂集团的学具"七色花"开遍中国，全国销量约2亿元，市场占有率达70%。

1992年，"七色花"牌系列学具开始告别亏损的历史，徐万茂也开始构建教具企业集团，决定从深度和广度上实现产业延伸。他先是在1992年投资80多万元，创建"宁波劳动技能教育器材研究所"。此后，又先后成立了北京七色花教育科技发展中心、北京华茂教育软件有限公司、上海华茂文化教育用品有限公司等分支机构，投资了节能灯项目以及和凯都酒店的合作项目，进行各种产品的研发和销售。

第二次转型是一次产业的转型，徐万茂的主观意愿是要把企业推向"有主业深度的多元发展"的产业形态，但是两方面的努力都没有成功。徐万茂分析其主要原因是没有进行与战略转型相匹配的人才储备，为此付出了昂贵的学费。

第二次转型失败的历程使徐万茂明白，教育产业是一个可以深度开发、前景广阔的市场。利用"1+1>2"的原理来带动经济效益的思路，徐万茂1998年开始进行第三次转型，创立宁波华茂外国语学校，又先后创办衢州华外和龙游华外，逐步形成"产、学、研"一体化并进的产业形态和"有主业深度的主题型多元发展"的企业形态，围绕"教育"主题进行多元化发展，从一个主题衍生出教育房地产、教育产品进出口、教育旅游业等多元的边缘产业。华茂教育集团成立于1999年8月，开办资金1亿元人民币，由华茂集团独家投资，为华茂集团旗下的二级集团，采取事业部管理模式，研究和制定华茂教育事业的总体规划，指导和督促所属各类教育机构实施教育管理。

2000年面对华茂美国危机

1996年，华茂集团在美国洛杉矶设立"美国华源控股有限公司"，进行资产投资。1997年，公司秘书哈某，冒用徐万茂的签名，伪造文件，慢慢把公司的资产转移到自己名下。2000年徐万茂发现问题，并派出财务人员去美国进行调查。而哈某以徐万茂伪造股份证据为名，向美国洛杉矶法院提起诉讼。徐万茂作为主要证人需要去国外出庭作证，原本以为十几天就回来了，但是却没料到情况远非如此简单。对方开始时先是为了干扰美国官司的进展，到国内相关政府部门告状，说徐万茂有往海外转移资产的意图，有违法行为，企图在国内拖住徐万茂出庭的计划。后来经过徐万茂多方努力，终于出国出庭作证，但因对当地法律等条款情况不明，又有人蓄意干扰，不得不往返于中美之间，经历了连续十几场官司。

当时国内谣传徐万茂卷款外逃，华茂现金流断裂，面临倒闭的境况；华茂内部群龙无首，形势危急。在这个紧要关头到底谁能临危受命，出来主持大局？是跟随徐万茂多年、立下汗马功劳的华茂老臣子，还是从20世纪七八十年代起便跟着徐万茂创业的大女婿张国民和二女婿汪乐平，抑或是年轻气盛、刚刚回国一年的儿子徐立勋？

徐立勋——临危受命接班路

1999年，徐立勋从美国莱斯大学学成回国，开始时并没有决定回华茂总部工作。当时的徐立勋满心想着做自己喜爱的金融,做一只轻松自在的小鸟。但是,徐万茂希望儿子可以尽快丰盈羽翼,为自己分担危机下的重担。如果说此时的徐立勋还只是一只雏鹰,那么对他来说即将到来的六年的磨炼可谓相当艰辛。

徐立勋说:"我当时很纠结。犹豫着是进入还是不进入?做企业不是我所喜欢的,这个行业也不是我所喜欢的。我这个人内向,不善于交际,人太傲,让我去为了做成某件事情而去开口求助人家,我宁可不做。"

回国后,一开始,徐立勋在北京处理华茂北京一家公司破产的资产处理事务。华茂美国危机出现后,徐万茂得在美国处理官司,26岁的徐立勋成为父亲的指定授权人和代理人。

"那时候开董事会,最终是由我们的政府拍板决定的。我刚回来,从资历、背景等方面,都无法跟我爸爸的那批老臣们相提并论。每个人都想要权力,最终因为政府力挺,我才在2000年4月30日正式进入华茂。"徐立勋指着他坐着的这间会议室,也是他现在的专有办公室说,"就在这间会议室开的会。"

当时徐氏家族成员有12名在华茂工作,家族股权占公司全部股权的79.63%。公司老臣们主要集中于华茂早期起家的产业,即文教产业板块,大姐夫张国民担任总经理职务,还有几位远亲在一般的中层岗位。

时任文教公司学具分公司采购的毛增辉,也是徐立勋的婶婶毛苏珍的弟弟,回忆当时的情形时说:"创业的时候大家比较团结,但是到公司有了一定的资金实力以后,可能很多人会有不同的想法,特别是小徐总来了,会有一些不爽的,毕竟老一辈跟着老徐总风风火火干了二三十年,对老徐总的人格魅力是心服口服。老员工对小徐总是有一些想法的,不是说大家对他不服,而是怀疑他能不能管好。毕竟是这么大的一个集团公司,要别人服气,你必须有某方面的特长或者做出成绩。"

虽然子承父业看起来顺理成章,但因徐立勋刚从国外学成归来,大家对他是否有能力掌舵华茂还是心存疑虑。从公司整体利益考虑,不少老臣当时抱着"只要你不动我这块蛋糕"的心态,姑且看看这位少东家是否能独自撑起一片江山。

前六年接班路的磨炼

2000年开始，徐万茂一面处理美国的官司（大半时间都不在国内），一面开始让徐立勋逐步接班。徐立勋经历着人生中最大的磨炼，"整整六年的时间，作为我的人生经历来说，是地狱般的煎熬"。

徐立勋一上任就面临各方给的下马威。首先，遭遇行业下滑。当时华茂的一个主要教育产品——学具，正赶上教育部的减负政策而被终止，公司业绩一年比一年差。到2005年年底，华茂面临成立三十多年来历史上的首度红字。其次，公司存在内耗，各方势力林立。徐立勋明白原因所在："内部不和谐，最关键的因素是什么呢？是因为我无法把他们整合起来、统一起来。我在公司里的掌控权不够，没有办法掌控公司的很多资源，下面也不愿意听我的话。"同时，徐氏父子之间也有很多比较微妙的时刻，在整个华茂集团内，一些矛盾常常提交到徐万茂那里，他也情不自禁地会做出一些判断。甚至曾经一度有一年半的时间，因为老臣子的反响比较大，徐万茂总想把管理决策权收回来。

父子关系的摩擦

在华茂，大家都称徐立勋为"小徐总"，而称其父亲为"老徐总"。

徐万茂说："我对下一代的培养是采取慢慢放权的方法。比如在用人权、财权的额度上慢慢放权。你成熟一点了，我就多放点权，一直到你成熟，我的权也就放完了。或许儿子对父亲还是存在依赖思想的。如果儿子真的成熟了，父辈也是会放手让他们去做的。"

徐万茂和徐立勋之间的关系曾一度紧张。在徐立勋的记忆中，最长的一次有三个月的时间，他和父亲不说一句话。"我们有一个习惯是回到家里从来不谈公事、不交流。那时也因为我自身的一些原因，我跟我父亲之间的沟通不够。所以也曾经出现我做出的决策，他觉得是错误的，让下面的人去改进的情况。"

然而，作为父亲，徐万茂也深深地明白要想让儿子独立地展翅高飞，就必须放手让他独自面对逆风。后来徐万茂意识到，他在公司正常上班是徐立勋真正实施决策最主要的障碍。于是他开始刻意地回避，主动地离开华茂文教，把更多的时间花在美国的事情上。在他对华茂文教"不问、不听、不理"之后，他发现徐立勋每天晚上回来开始默默地看文件了。

2002年，徐立勋正式接任集团总裁。即使父亲徐万茂开始采取放手的方式和态度，这条接班路仍不顺畅。

在掌控华茂后，曾经每隔半年我都要和父亲吵一架。有的时候，我和父亲交流，就是希望他能给我一些肯定的话，哪怕是一句。但他看到的永远是问题，这让我很有挫败感。

比如徐立勋一直对金融市场有着天然的敏感和喜爱，2004年他准备投资股市。而从实业起家的徐万茂，对于虚拟经济本能地排斥，认为徐立勋对于教育产业实业的投入总是不够。父子之间产生了较大的分歧和矛盾。毛增辉描述说他们父子俩的个性比较强、性格都比较硬，各有各的思维方式、工作方式和观念。从处理大的事情的角度来讲，父子俩是异曲同工，只是处理事情的风格和方式不一样。徐万茂没受过多少教育，凭借的是丰富的经验；徐立勋是莱斯大学和复旦大学毕业的，比较懂得先进的管理方式。

徐立勋也了解父亲在华茂的地位："父亲在整个集团里面像'神'一样，毕竟公司是他一手做起来的。但是这六年父亲大部分时间留在美国，目的就是不要让我背靠他这棵大树，让我在实践中尽快地成长。所以这六年为了培养我，为了华茂浴火重生，无论在财力还是人力上，父亲都花费了大量的心血，我们付出了常人难以想象的代价。但有失才有得，培养一个合格的人才，需要巨大的成本。当时教育产业进入大的市场调整期，如果那时候我父亲在，我们的转型会快一点，但我的转型就会慢一点。"

凭业绩说话

徐立勋发现传统行业在下滑，而自己作为新掌门人要在华茂站住脚，就要凭业绩说话。

徐立勋采用了最直接的方式："我也没有做什么，很简单——赚钱。我赚的钱给他们分。士兵打个胜仗，杀敌多少就是战功。做企业的经营者也是一样，不是用嘴巴说，而是要实实在在地赚钱。只有这样，才能彻底地让他们信服。"

2004年，徐立勋开始涉足资本市场，借宁波银行股份有限公司改制的机会，投资1.61亿元增持，持有1.62亿股和25亿元信贷额度，2005年又受让1 700万股。2007年7月，宁波银行上市，为华茂带来了丰厚的利润。仅2007年，投资板块就为公司创造了80%的利润。"仅就宁波银行上市这一点，华茂30年赚的钱，还不如宁波银行。"徐立勋得意地说。初始时因为许多老臣子是跟随老徐总办实业起家，不谙金融投资，对小徐总的做法都表示疑虑和担忧。但后来随着小徐总在投资领域的一系列小试水的成功，他终于得到认同。此后，徐立勋在资本市场上频频出手，入股宁波建工、宁波联合通信等。

招才纳贤建立制度

有了强有力的利润业绩为自己撑腰后，徐立勋开始对公司的人事架构进行调整。在华茂的创业元老中，许多是和徐万茂一起出来创业的农民，文化水平不高，过去凭借着吃苦耐劳的精神为华茂打下了很好的基础。徐立勋接班后，开始进行公司新型人才培养。

"现在的企业管理，不是说凭信任，凭对父亲的忠诚，就可以来完成的，我们需要一个由懂管理、具有各种才能的人组成的团队，来治理和管理公司。"

因此，华茂迎来了一批高学历管理人员。如他为集团本部招纳了李江春和傅政骥两位副总裁，分管集团的财务及市场营销。李江春是毕业于复旦大学的硕士，傅政骥则是毕业于伦敦大学英皇学院的博士。

徐立勋认为："一个舵手，要把握华茂这艘船运行的方向，需要很多人的支持。如何把这支团队组合起来、发挥最大的功效，是我的责任。我是各个部门之间的润滑剂。这几年我做的事情，就是提供平台，创造好的环境。我提拔干部，不看人，不看资历，就看重能力。"

同时，徐立勋又根据集团本部的部门设置，招纳了毕业于浙江大学国民经济管理系的黄一峰担任集团投资督察部部长，毕业于浙江大学软件工程系的覃高则被聘为集团信息管理部部长。他不只是为集团本部招贤纳士，同样关心着集团的下属公司。2003年，他就为集团2002年收购的华茂东钱湖酒店招聘了一名大专毕业的职业经理人——忻国利，担任酒店的总经理。

徐立勋也开始梳理企业制度，在公司执行"制度大于总裁"的精细化管理，包括清理公司的资产，处理华茂股权不清、有些资产没有入账等问题。

徐立勋说："华茂发展的速度太快了。在中国的民营企业发展中，肯定有一些不规范之处。比如企业因为发展得快，很多的问题都可以被掩盖掉，就像晚上霓虹灯一亮就把街道阴暗的角落都遮盖了。华茂整整冲刺了10年，带来很多的内伤。我要把这些内伤一一治好。"

姐夫们、叔叔及老臣子们的离开

梳理过程中遇到的最大阻力和挑战是老臣子们固有的工作方式和思路，而纠结之处在于老臣子们对企业充满了深厚的感情。最纠结的决定是，徐立勋的二姐夫汪乐平高中毕业之后就进入华茂工作，2002年离开华茂总部，成立了浙江华茂置业发展有限公司，领导华茂的地产板块；大姐夫张国民，1984年便跟着老徐总创业，后来成为被员工们称为"总司令"的文教公司总经理，2005年赴广东成立了广东华新教育发展有限公司，开拓新项目、新市场；姑夫翁国民后来也成立了上海明州教育用品有限公司。

而在有些老员工看来："一个是从文教板块的角度出发，一个是从整个集团的角度出发，在企业的发展上可能是有意见相左的地方，总体来讲最后总得有一个人退让，一个是小舅子，一个是姐夫，从某种意义上说，是张总成全了小徐总总裁的位置。"

在公司这么多年的发展中，离开的还有徐立勋的叔叔，徐万茂把一家公司以较低的价格卖给他。而徐立勋的婶婶就一直留在文教公司做财务工作。毛增辉表示："我们的老徐总跟我说过这么一句话，如果我出去自己当老板，他也支持我。这是老徐总的方式,他不是给你多少钱,而是给你一个发展的平台,所以汪乐平他们都相当成功。老徐总是高瞻远瞩的。这样小徐总在管理上会更轻松些,家族企业是会有制约的,否则会弄得家里鸡飞狗跳的。家和万事兴,我跟老徐总是同一个村的,过中秋节每年聚在一起喝酒吃饭,大家都是相当开心的,没有必要为了公司的事搞得谁都不好。" 而其他一些老臣,一部分原本就是退休后到华茂任职的,年龄大了,自然离开;还有一部分更换了新的岗位,比如原集团总部财务部经理陈继伦,后调任东钱湖酒店财务总监。毛增辉在华茂已有19年,而像他这样的老员工还有很多:我们二三十年的老员工有很多,企业发展到某一个程度,一些老员工包括我自身,不管文化素质也好,各方面的条件也好,很难适应现在公司的一些新的管理办法。小徐总在老员工的处理上能从大局出发,做得比较面面俱到。比方说有人倚老卖老,觉得自己在公司又立过功,不能把我怎么样,小徐总还是有办法的,包括开除过两个。"

经过六年的浴火历练,徐立勋终于在华茂确立了其二代掌门人的地位,开始真正意义上地掌管华茂:"对我来说,改变最大的一点就是过去是各个集团军,下面各个板块的一些老总,对我们说一套做一套。自2006年以来,我们的公司变得更有凝聚力、更有战斗力,这是我们六年时间付出代价的最好的一个结果。"

同时,徐立勋也跟董事会说得很清楚:"董事会的成员不要去干涉我下面公司总经理的事情,有问题来找我。"

徐立勋现在和父亲的沟通也很融洽:"我们现在的关系非常好,很坦诚。爸爸进行一些大的决策前,都会先来征求我的意见。而现在一般的事情,我就不向他汇报了,但是公司有大的变革举动的时候,我会向爸爸请示,我定的事情,他还是会尊重我的。同样,如果他坚持一定要做,哪怕我不愿意,也会服从。因为我已经明白,在一家公司里,只能有一种声音。我和我爸爸之间的目标是一致的。"

徐立勋这只曾经的雏鹰在诸多历练后终于羽翼渐丰,搏击长空。后来在华茂集团的一次经济工作大会上,徐立勋当着全体参会人员的面向徐万茂深深地鞠了一躬,感谢父亲对自己的培养与关爱。这一躬,让徐万茂的脸上露出了欣慰的笑容。

华茂的战略发展

推动华茂"三三一"战略

2006年1月,华茂集团对自己35年的发展历程进行盘点,徐立勋向董事会提出了"三三一"发展战略,以及为它配套的《"三个一工程"发展规划纲要》和《制度导则》。

经过35年的发展,华茂形成了"三个独特"的企业文化、建设了"三个一工程"的战略任务、打造了"百年华茂"这一企业目标。

- "三"个独特:独特的经营理念,核心是"以社会效益带动经营效益";独特的产业结构,核心是"教育产业与教育事业相互促进";独特的管理机制,核心是"制度大于总裁"。
- "三"个一工程:打造中国最有实力的教仪装备生产基地,打造中国最有特色的民办学校,打造中国最有影响力的国际教育论坛。
- "一"个目标:百年华茂。

《"三个一工程"发展规划纲要》是为此制定的近五年的规划纲要,于2007年2月8日由董事局第一次会议通过,并颁布实施。

成立华茂商学院

2008年,华茂成立了华茂商学院,徐立勋亲任院长。学院是企业内的"黄埔"型培训基地,旨在以企业商学院的内训形式,发掘和培养"忠诚于华茂、有作为、能独当一面推动企业发展的人才"。华茂商学院使华茂的企业内训由散乱的"应需而训"的模式走向整合,搭建了常规化培训平台,使学习成为一项常规化而不是一次性的活动,有利于华茂内部知识的沉淀、管理、传播,从而有利于更快地将受训员工塑造成公司所需的"华茂人"。每期培训,都有一些表现出众的员工被提拔到不同的岗位任职，更有许多学员成了日后部门的中流砥柱。

华茂的多元化发展

华茂集团的多元化发展从 2002 年就已经开始，包括房产、投资、贸易等各行业。房产板块包括浙江华茂置业发展有限公司和宁波华茂房地产开发有限公司。2005 年成立浙江华茂国际贸易有限公司，致力于作为教育领域的辅线和服务配套企业，包括货物进出口及国内贸易等业务，重点产品包括教学仪器及设备、机电产品、化工原料及产品、金属材料、建筑材料等。2006 年收购宁波曙翔铁路设备制造有限公司，主要经营铁路钢轨扣件，产品已在沪昆线、京广线、黔桂线、襄渝线等线上使用。

2008 年，华茂集团投资 2 000 万元受让宁波建工集团有限公司股票 1 000 万股，占其总股份的 3.326%。2010 年 12 月，宁波建工上市。2008 年 1 月，华茂集团成立上海奥润投资有限公司，和之前的上海华源投资公司和浙江中昊投资有限公司形成投资板块。截止到 2010 年年底，几家投资公司的净收益达 3.11 亿元。至此，华茂集团形成了以股权投资和二级市场证券投资为主的投资产业链。

"东钱湖国际教育论坛"项目于 2010 年破土动工，定位于以教育和文化为主题的国际教育论坛，参考博鳌论坛的发展模式，包括论坛会议中心、教育博物馆和五星级会议酒店等，整合教育和文化资源，带动休闲度假及观光旅游等各种周边产业的共同发展，成为国内外大型教育文化论坛的举办地。"东钱湖国际教育论坛"通过"创建一流的国际教育论坛"而构成"三个一"工程，支撑"三个一"战略。

2010 年，华茂集团与中国林权交易所和北京环境交易所合作，成立了华东林权交易中心有限公司和宁波环境能源交易所有限公司，参加联合国气候大会等，初步梳理出在低碳经济领域进行探索的工作思路，在未来三到五年内，有选择性地寻找具有市场前景的节能减排技术和产业化项目以及人才、项目和资源储备。

2012年，华茂集团开始启动科普体验馆项目。2014年2月，位于宁波华茂外国语学校内的华茂科技馆开业，包括史前生物馆、科技进步馆、地震消防馆、科学实验室等，致力于打造专业的学生科普教育基地。这也是徐立勋非常重视的新项目，希望能借鉴国外的成功模式。科技馆是徐立勋在产业发展上寻求突破的领域，他认为现在华茂集团处于瓶颈期，希望走出以前仅依赖于在教育领域招投标的模式。但是由于缺乏专业的从业人员和专业管理团队等原因，该项目有所放缓。

毛增辉回忆："我们经历了中间复杂曲折的过程。十几年下来，通过努力，公司发展得越来越好。我虽然比小徐总年长，但是我对他的人格魅力、处事方式、行事风格相当佩服。现在'富二代'在外买名车，爱玩的很多，但是，他在这方面很自律，他不去，我们也不好意思去。作为'富二代'来讲，他真的很敬业，是下班最晚的那个。"

《徐氏家族共同协议》

《徐氏家族共同协议》的源起

多年来，徐万茂一直有收藏之好。华茂美术馆有徐万茂收藏了二十多年的珍品，且已经表明属于华茂资产，只进不出。最早这批珍品是放在家里的，徐老太太和儿女们并不太理解，但等到徐万茂要把它们拿到美术馆时，儿女们都说："这个东西都是我们的，老爸却又要拿过去。"徐老太太也反对说："你要去捐就去捐，我也不管你，但给子女和家里还是要留几幅吧。"于是，徐万茂开始思考关于家族财富的问题，他找到律师事务所，但律师们都说没有经手过这样的业务。经过两年时间的探讨，他聘请WTO法律委员会成员、国际法律师、中国社会科学院的专业律师黄东黎撰写了《徐氏家族共同协议》。

徐万茂有两个弟弟、一个妹妹、三个女儿和一个儿子。儿子徐立勋作为华茂的主要接班人，两个女婿各分管华茂广东公司和华茂房地产公司。徐万茂对家族企业中的"家族干预企业"、资产分散、继承人的能力等三个核心问题，用协议的形式进行了明确和清晰的约定。2007 年徐万茂在集团管理读书会上说："我怕的就是我的家人倚富卖富，成为'八旗子弟'，到时候，'富不过三代'的谶语应到我们家族，那才是我最大的罪孽和报应，也是我一生最大的不成功。为父为兄的一生既然有此机会能开创华茂的一番事业，如果我的兄弟子女能够真诚地支持这番事业，使它长治久安，就是对我最大的孝悌。正确处理好家族与华茂的关系，大家都没有非分之想，那就不会再发生历史上那些富裕家族骨肉相残的悲剧，我们的家也就和谐了，家和才能万事兴。"

作为家族制企业，华茂建立以股东会为最高权力机构、以董事局为领导的总裁负责制，并设置战略管理委员会作为重大经营决策的参谋机构，监事会对华茂企业的运营管理承担审计、督查职责。集团层面各职能部门和各产业板块总经理由集团总裁直接领导。

《徐氏家族共同协议》中规定："徐万茂拥有的华茂集团全部资产所有权，永归由华茂集团将创设的信托基金所有。在中国信托制度尚未完善，或者中国信托制度不利于企业发展，导致华茂集团信托基金尚不能成立的情况下，华茂集团第二代法定代表权与经营管理权合法继承人徐立勋，以及徐立勋之后的各代徐氏合法继承人必须保证徐万茂拥有的华茂集团全部资产所有权最终永远归由华茂集团将创设的信托基金所有。在该信托基金成立之前，必要之时，这些股份可暂时登记在长子徐立勋名下，待华茂集团信托基金成立之后，转归基金所有。"

根据《徐氏家族共同协议》的约定，徐家的子女可以继承分红权和经营权，但没有财产所有权。如果经营继承人的能力受到质疑，将聘请职业经理人来代替。企业的红利可以分配，但是企业的股权不能拆分稀释，企业资产不能动用。《徐氏家族共同协议》还规定，家族后人具备哪些条件可以接班，具备哪些条件不能接班。徐万茂将此定义为以徐氏家族制度为企业制度配套的第三次制度改革。第一次是在 1993 年，企业转制成为合作制企业。第二次是在 1995 年，企业改制为集团型的股份有限公司，成为以徐万茂为主控股的家族制企业。这次则是第三次制度改革，是以徐氏家族制度为企业制度配套的改革。

"我会对华茂的长治久安绝对负责,安排好交接班,站好最后一班岗。这就是徐氏家族为'百年华茂'的事业做出的破釜沉舟的决定。"

《徐氏家族共同协议》的要点

2008年8月10日,徐氏家族遵照"分家不分产"的家族财产处置原则,全体成员正式签订了《徐氏家族共同协议》,主要针对家族企业的三个焦点问题:

第一,如果家族股东进入管理层或者干预管理,对企业的处理会不会以家族利益至上,缺少公正性?

第二,家族持有股份会不会因为婚嫁和生育,而导致企业资产的分散化?

第三,如果继承人的选择仅限于家族成员范围内,择优选才会不会受到阻碍?

协议的要点包括:

(一)华茂是有社会责任心的徐氏家族企业,徐氏家族对华茂的成败兴亡负有无限责任,但对华茂的权利却是有条件和有限制的。华茂的资产归华茂集团所有,徐氏家族代表华茂集团掌管这份资产。徐氏家族成员"分家不分产"。

(二)徐氏家族只享受华茂的红利分配权,此外无其他特权。徐氏家族成员不在华茂供职的,不能干预华茂的经营管理;在华茂工作的,必须严格执行集团的各项制度,在自己的职责范围内做出表率,绝不能超越权力和要求特权。

(三)华茂的继承人只继承资产管理权和企业经营权,也就是企业法人代表与企业主持人(总裁),而不能以个人身份继承资产;如果继承人因企业管理的素质和能力受到质疑,则聘请职业经理人主持企业,行使董事局和法人代表监督下的企业管理权。

(四)作为对等条件,华茂员工无权干涉、评论徐氏家族的内部事务。尤其是高级管理人员,更应该严格执行华茂的各项制度和董事局代表的徐氏家族的集体意志,而不是执行由徐氏家族个体成员提出的非企业组织的要求,否则以丧失原则论处。

（五）全体华茂人都应对华茂企业负有创建和谐氛围，树立企业正气，打击歪风邪气，共建百年华茂的共同责任；都应对华茂的新发展做出自己的努力和贡献。

（六）华茂内部的产业板块和事业板块应当相互支持，推动两者的发展都是华茂的责任。如果因无法抗拒的原因，华茂的资产万不得已破产清算，清算后的剩余资产，归宁波华茂外国语学校所有。无法抗拒的原因包括以下两种情况：

（1）华茂集团确定无合乎本共同协议约定的继承人。

（2）华茂集团因不可抗力宣告破产，且经清算后尚有剩余资产。

签署家族协议的徐氏家族成员包括：徐万茂先生的全部子女及其家庭成员，两个弟弟及其家庭成员，一个妹妹及其家庭成员。《徐氏家族共同协议》经公证后每户一份，另一份由宁波华茂外国语学校存入档案。

在华茂任职的具体人员为：

张国民，集团董事局副主席，广东华新公司董事长（徐万茂先生的大女婿）；

汪乐平，集团董事，浙江华茂置业发展有限公司董事长（徐万茂先生的二女婿）；

翁国民，集团监事，上海明洲教学用品有限公司总经理（徐万茂先生的妹夫）；

毛苏珍，华茂文教公司财务（徐万茂先生的二弟媳）。

徐氏第三代未来之路

徐万茂在家族内部统一了意见："我们经历了两代人的奋斗，已经获得了一定的财富。但财富是一把双刃剑，理财也是一项复杂的智慧运动，如何正确对待财富、处理好财富，是牵涉人的一生和下一代福与祸的关键。徐氏家族对于华茂，相当于大海中的水手对于船只，是相互依存的关系。华茂是船，家族是水手，船只安全才有水手的安全，反之水手操作正确，船只才有正确的航向。"徐万茂从考虑家族协议到现在，一直在向儿女们包括孙辈们灌输这样的理念。

徐万茂为这艘船定了水手，也就是儿子徐立勋。徐万茂对女儿、女婿们说:"你们在公司,只是公司管理者,到外面创业,我也不反对,都是一样的,何必在一个地方?不一定只有华茂公司。你们在外面做得越大,相互之间的互补、交流作用越大。唯一的要求是不能损害华茂的利益,要堂堂正正地经商。如果在华茂工作,可以'参政议政',但没有特权。既然定位为家族企业,家族和企业就必须要形成合力。"

最初,徐氏家族内部对于这个协议有不同的声音,尤其是徐万茂的夫人:"我的股权不并入基金里,我要自己来支配。"但最终经过徐万茂和儿子的说服,从大局出发,徐夫人还是同意了。而女儿们慢慢也接受了:"我们姓徐的,只有一个弟弟。"

徐万茂的思考:"我究竟传给下一代什么?传承不是只传承财富,现有的财富传给他们会导致各方面的后遗症。于是,我确定了华茂资产'分家不分产'的原则。协议的制定,一是打破了他们的依赖思想,增强了他们的独立思想。二是减少了家族内部的纠纷。这份协议主要是在我过世之后起作用,在我还健在或者神智还清醒的时候是不起作用的。它可以管好几代人,因为我不想做糊涂祖宗。"

作为唯一的儿子,徐立勋认为父亲"做了一件最正确、最英明的事情":"其实说实在的,我对这个真的不在意。一来以我的个性,钱多了有什么用?钱多,反而滋生了腐败堕落的想法。二来我在意的是公司是不是由我在经营管理,是不是由我在进行决策,公司是否按照我所设想的路去推进。我不在乎股权分给谁。说实在的,如果我哪天离开华茂,我会更轻松。所以,我不觉得委屈。"

在徐立勋看来,这样的家族协议,只能是由父亲制定,也正是在合适的时机上制定的:"因为只有父亲能够做这件事情,现在也只有父亲能够镇得住,镇得住兄弟姐妹和叔叔等人。我也很清楚很多家族的破裂其实都是内耗造成的,而父亲把这些内耗在萌芽之时就消灭掉了。所以父亲做得最英明的决策就是制定了这份家族企业协议。从制度上、根本上,保证了'分家不分产'。让华茂永远只能有一个主人、一个声音,不管以后换成我也好,换成其他人也好,都一样。这就是这份协议最主要的一点。"

第三代的培养已成为徐万茂的生活重心之一，外孙在他的鼓励下，考取了哈佛大学的 MBA。他也一直给孩子们灌输自己的想法："我始终说，这些财富都不是你们的，只会给你们带来压力。如果你们没有本事，给你们再多的财富也没有用。"

对于目前 13 岁的独生儿子，徐立勋还没有想过是否让儿子以后接班，"时代背景不一样，采取的方式肯定有所区别。我现在还没有想好，但是有一点，我肯定不会让他一开始就进入华茂，而是要让他到外面去锻炼。除非我身体吃不消了、累了或老了，我才会丢给他管。我可以用 15—20 年的时间对他做一个总体的成长道路规划，再跟他去对接。"

对于第三代的传承问题，徐立勋尚未把它列入目前主要考虑的范围，家族协议及家族信托是否能让徐式家族企业富过三代，它是一种动力还是一种制约，对于华茂未来的发展而言还是未知数。

家族财富——分家和分产

改革开放三十余年以来，中国经济快速腾飞。其中，作为中国经济发展的重要支柱之一，民营企业做出了相当大的贡献，不但吸纳了超过60%的就业人口，同时也为社会创造了大量的物质财富。家族企业是这中间的佼佼者，社会物质财富的快速积累，也同时带动了其背后的企业家们个人财富的递增，中国社会创造财富者的人数和规模也迅速增长。面临传承和交班问题的家族财富拥有者们在经历了财富积累的过程后，已经开始步入财富管理和规划的时代，他们开始意识到必须厘清财富价值，方可有效利用并福泽后代。当财富已经远远超出个人的消费和享受之后，它的拥有者将如何分配，是一个比创造财富更为艰难的命题。

由于中国大部分家族企业都相对比较年轻，在过去三十余年的时间跨度中，在中国发生了一系列巨大经济社会转型和独生子女政策实施的背景下，中国的"创一代"如何以自己的方式确立并培养接班人，将财富传承给子孙，都呈现出具有中国特色的家族企业继承路径。无论是方太还是华茂，这两个家族在传承的过程中都聚焦在家族二代创业与继任问题的解决上，茅氏家族（方太厨具）和徐氏家族（华茂）都生根于浙江，这里是中国民营经济最为昌盛的区域，两者在法律法规、制度发展与文化规范等领域的挑战都具有一定的相似性。这两个家族都选择了中国文化中挑选继承人的普遍方法：子承父业。他们还有一个共同点：两家公司都不是上市公司。现今社会，不去追逐资本逐利特性的人太少，而这两个活跃在中国民营经济第一线的家族恰恰就是其中的代表。这与目前很多希冀借助资本市场大展拳脚的企业有着显著的不同，归根结底，作为家族企业，这两家的大家长都不愿意因为引进资本而丧失对于企业的控制权，太多的利益回报要求会扰乱企业的战略方向。而且，家族企业存活的时间可以更长，日本最古老的家族企业金刚组已经有 1 000 多年的历史，究其原因，是因为家族企业这种体制比上市公司更有利于企业文化的传承。

但是，在帮助家族企业培养继承人、将财富传递给下一代以及完善家族和企业的治理的过程中，这两个家族却采取了截然不同的路径选择，尤其对于家族财富在子女后代间的分配问题，家业继承人的选择和家族财富聚散的抉择存在很大的差异，让我们一起来看看。

家族财富的分配

方太集团可以说是两代人共同创业的成果，浙江企业家茅理翔为儿子茅忠群和女儿茅雪飞打造了一份量身定制的继任计划，开创了其创业生涯，我们可以看到整个家族和每个成员对于家业的拓展与传承都倾注了巨大的心血，其间的家族和谐与沟通对企业继承有着非常正面的影响。1992 年，茅理翔安排女儿茅雪飞进入点火枪公司——飞翔集团，并支持她创办企业，为飞翔集团提供配套部件。1996 年，在 27 岁的茅忠群的要求下，茅理翔和他一起创办了中国第一个高端吸油烟机品牌——方太。2014 年，茅忠群全面接管处在高速增长阶段、盈利颇丰的方太，并成为公司大股东。对于如何将财富顺利交接给茅忠群的独子和茅雪飞的独子，茅理翔提了很多建议。要让家族企业"代代相传"，茅理翔和茅忠群用心规划，为继任者"铺好路、搭好桥"。茅忠群精心栽培多年的方太品牌致力于成为来自中国的国际高端品牌，实现基业长青，这是他们家族共同的决定和使命。

华茂的继任远没有方太顺畅，同为浙江企业家的徐万茂将一场危机转化为给其独子徐立勋定制的"领导力新兵训练营"，在六年炼狱般的日子里，徐万茂自己也在不断摸索如何放手赋权，让儿子获得历练。华茂对于中国家族企业传承最大的贡献在于他们探索出了《徐氏家族共同协议》，对家族凝聚力、将来的继任问题以及企业未来发展的影响进行了深度的探讨和规范，这在目前的中国家族企业中是走在前端的。

徐氏家族在2008年签订的《徐氏家族共同协议》中确立了"分家不分产"的原则。2014年，徐万茂教导孙辈共同协议背后的理念："这些财产不属于你们。他们只会给你们带来压力。如果你们能力不济，它们就毫无意义。"徐立勋很快要把自己13岁的独子送到美国学习。假设未来有一天，他要把衣钵传给儿子，他就必须为下一代的继任选择一个合适的方式，《徐氏家族共同协议》是重要的指导原则。

家族企业的传承，通常是指将家族企业的所有权和管理权从上一代传给下一代。从广义上说，也包含其他元素的传承，比如家族价值观和承诺（家族动力）、创业精神、社会资本和知识（社会和经济影响）以及社会情感财富（绩效）。

茅忠群在这方面没遇到太大的困难，他渴望"接过父亲的衣钵"，也乐于开创一番事业。更重要的是，他非常清楚自己想要什么，对未来充满信心。不过，正因为如此，茅理翔在企业发展方向与个人情感上面临两难的选择。一方面，茅理翔深知点火枪业务已风光不再，他亟须开辟全新的蓝海领域；另一方面，茅忠群提出发展抽油烟机，这与地方政府的意愿相悖，这令茅理翔在二次创业伊始左右为难。此外，他对自己一手创办的第一家公司——飞翔有着特别深厚的情感，要他放弃着实很难。对于如何安排女儿、亲戚和公司元老，他也放心不下。由于茅忠群"发展高端吸油烟机"的理念极富挑战性，茅理翔在争取地方政府的支持、激励员工认同茅忠群的目标上最初并没有把握。而且，中国文化"以父为尊"，茅理翔希望茅忠群能在亲戚、公司元老和朋友面前给自己面子、听他的话，可是茅忠群偏偏要让茅理翔听他的话，这让茅理翔的心里好一番挣扎，以前完全是"自己说了算"，现在和儿子一起办企业，需要从"我"的思维转变为"我们"的思维。

父子二人最后达成一致，其中家族动力和家族企业的角色功不可没：茅理翔是个开明的父亲，不同于传统的中国式家长，他放下身段，选择放手，并不认为这是失了权力、身份和面子；父子二人聊得很多、很深；茅理翔的妻子扮演着家族首席情感官的角色，负责促进家人间的沟通，维护整个家族的和谐平稳。

"口袋理论"

让我们用"三环"模型来分析茅理翔到茅忠群的交接(见图6.1)。从1996年的第一天起,茅理翔就将茅忠群置于"区域7",将女儿茅雪飞置于"区域4",这是为了给茅忠群接班腾出空间,让交接变得简单,保持家族和谐。茅忠群与父亲约法三章,将进入新公司的亲戚和元老数量降到最低,他们分别处在飞翔的第5、6和7区域。为了打造专业化的管理队伍,茅理翔的妻子从区域7移至区域4。茅理翔同茅忠群一起创办方太时,他处在区域7。2002年,茅理翔退出方太公司管理层,移至区域4,使茅忠群成为区域7中唯一任高层管理职位的家族成员。2010年,茅理翔将自己的股份转给茅忠群,进一步转移到区域1,茅忠群成为大股东,掌握集团全部控制权,将未来发生股权稀释的可能性降到最低。虽然方太有利润共享机制,但员工不持股。诚如在案例中茅理翔所提到的,赋权给茅忠群的另一作用在于对他的鞭策,激励他让家族企业走得更远、更长久。

图6.1 家族企业"三环"模型

茅理翔用"口袋理论"[①]来区分和界定家族的控股权与治理权。第一个口袋是家族企业与外部的股权要清晰分开,同时保证家族控股;第二个口袋是家

---

① 茅理翔.(2008).家业长青——构建中国特色现代家族制管理模式.浙江人民出版社.

族内部的股权区分要清晰，避免家族内部纷争；第三个口袋则是家族内部的经营要分开。应该说，口袋理论的重心就在于家族财富的划分。

在企业创办伊始，茅理翔就和妻子约法三章：两人的兄弟姐妹、亲戚可以进入方太工作，但不能担任车间主任以上的职务。当年茅理翔下岗待业的四弟要求进入方太担任干部时，极重亲情又不能破坏企业管理制度的茅理翔曾向老母亲跪求理解。

茅理翔认为自己、夫人以及儿子属于同一个口袋（也就是嫡系），不会有利益上的冲突；女儿和女婿（也就是所谓的旁系）属于另一个口袋。所以，茅理翔就把儿子和女儿分开，拨出一笔资金让女儿自己创业。茅理翔解释说，这并不是受到了传统观念的影响，而是考虑到了家族企业在发展过程中可能遇到的产权问题。家族企业的家族成员可以共同持股，但不适合共同经营。茅理翔的做法是不给儿女们留下后遗症，而是根据他们各自的能力和特长让其独立地去创业。茅理翔认为，即使是家族制企业，也要明晰产权。在茅理翔看来，儿子和女儿的口袋其实都是茅氏家族的口袋。

如今，茅理翔已将自己名下的所有股份都转给了儿子茅忠群，在他眼里，接班人一定要控股，不能因为代际传承就将家族股份不断分散，否则会使家族控股权逐渐减弱，最终削弱家族对于企业的影响力。

但口袋理论也有缺点，就是在企业中任职的家族成员可能不会使未任职的家族成员的利益最大化。因此，需要采取完善的治理结构，让后者进入管理委员会（由独立的非家族成员董事组成），发挥监督作用，施加影响力。

对许多中国家族而言，和谐共处是重要目标。诚如上文所言，茅理翔和儿子茅忠群在交接班期间开诚布公地聊了很多，他的妻子负责观察并调和父子俩的情绪冲突。此外，茅理翔经常组织家庭会议和家族聚会，加强家族成员间的沟通和交流。整个家族都认识到凝聚力的重要性（家族动力），以同一种态度来对待家族企业（家族企业角色）。最后，茅理翔选择从集团全身而退，投身于社会事业，创办"宁波家业长青民企接班人专修学校"。

站在二代的立场上，茅忠群对于继承父业的方式选择可谓可圈可点，将父亲的夕阳产业转型为一个具有更大增长潜力的朝阳产业，无疑是正确之举。而且，追逐自己的梦想也很重要；更重要的是，他为自己营造了非常有利的环境，将有可能对新公司指手画脚的人，比如亲戚和公司元老，排除在外。茅氏父子对新公司很满意，方太的财务业绩也很理想，这两点足以证明这一方法的有效性。

论及企业传承，茅理翔要求遵循"以和谐为主的指导方针"。此外，茅忠群还应该考虑外部环境（社会与经济影响）、公司现状（战略和业绩）、人际问题（家族企业角色和家族动力），以及他儿子的梦想和能力。除了栽培儿子，与他分享自己的梦想外，茅忠群还应考虑培养更多非家族成员的高管作为储备力量。

"分家不分产"

我们再来看看徐立勋的接班过程。临危受命在中国是非常常见的一种接班模式，大多是因为中国的"创一代"很少早早就思考和规划家族企业的传承问题，他们大多还挣扎于企业的转型与拓展中，这就导致了很大一部分二代是在完全没有准备的情况下被赶鸭子上架，这无论对于企业的整体发展还是和一代以及老员工之间的相处都颇有难处。对于徐立勋来说，接班之初，除了担心和父亲在企业经营上发生矛盾，他同姐夫们和其他公司元老之间的关系也极其复杂。这些人从小看着徐立勋长大，经验和视角与他截然不同，要树立自己的威信，做好企业掌舵人并不容易。此外，他意识到必须打造专业化的管理团队，将自己的现代化西方管理理念注入这家老式的企业，在此过程中，遇到困难和挫折是难免的。因此，他多措并举，成功扭转了不利局面：他放弃执掌核心教育业务，避免同姐夫们和公司元老们发生冲突；他坚持学习企业经营之道，用心打造自己的管理团队；他告诉父亲，亲戚和公司元老们的干涉，让他的掌舵之路布满荆棘，因此必须保证自己的绝对掌控权。最后，他用丰硕的投资成果证明了自己的能力与贡献。

在2014年的一场演讲中,他解释说,自己在2002年被提拔为公司总裁的真正原因是,他的儿子出生了。在中国文化中,老一辈认为年轻一代只有在"为人父母"后才算真正"长大",而这一改变似乎也影响了姐夫们和元老们对他的看法。

在2014年的一场电视采访中,徐立勋也提到,在接掌华茂的最初几年,他与父亲沟通得并不好。直到自己后来也当了父亲,有了切身体会,两人之间的关系才逐渐改善。因此,他建议年轻的二代,要学会尊重自己的父母,和他们好好沟通。

我们同样用"三环"模型来分析华茂的转型,徐万茂对于财富的规划可以归纳为"分家不分产"。危机发生前,徐万茂是华茂集团的大股东,位于区域7。徐立勋接掌后,徐万茂逐渐移至区域4。徐立勋在演讲中指出,当时,徐万茂还没有把公司股份转给他。彼时的徐万茂虽然处在区域6,但他希望自己能移至区域7。如果不把徐万茂在学校的工作计算在内,当他正式把股份转给徐立勋后,他将移到区域1。据我们所知,徐氏家族的成员几乎不持有华茂的股份。徐立勋指出,他正在计划让他的两个姐夫的公司与集团分开运作。一旦信托基金成立,徐立勋将获得股息分红,在其他家族成员间进行分配。家族成员不得为一己私利分割及出售家产。

"分家不分产"的好处之一是可以维护家族的和谐安定;另一个好处是,可以保证企业所有权全部掌握在家族手中,并代代相传下去,不被任何个人主导,也不会因同代及跨代间的冲突、争斗、成员人数的增多、离婚以及财富管理不当等原因,造成家族所有权被稀释。

"分家不分产"的弊端表现在对家族员工的激励和留任上。除了继承管理权的法定接班人(区域7),其他家族成员可能对企业缺乏强烈的认同感和责任心。外部职业经理人更是面临这样的问题,他们有可能取代法定接班人,却拿不到任何公司股份(区域3)。如今,徐立勋挑起华茂这副重担,用他的话来说,是出于对父母的爱,以及对家族的责任感(这是家族动力的结果)。但第三代不一定还会对经营家族企业有兴趣。因此，徐立勋不仅需要培养儿子的管理能力，还需要培养他对经营华茂的兴趣。此外，如果选择从外部聘请职业经理人出任总裁，徐氏家族就需要拿出除公司股份以外的方法，让他感到自己是家族的一分子，与其共享家族的梦想与传承。

华茂的家族企业理念有两个不可撼动的信条：一是徐万茂时代就已达成的共识——华茂永远不上市；二是由徐氏家族成员共同签订的《徐氏家族共同协议》。徐万茂坚决要求起草一份独特的协议，并想方设法说服其他家族成员接受这份协议，哪怕这一做法在当时的中国并不普遍。徐立勋也积极促成这份家族协议的起草与签署。在徐立勋的眼中，父亲徐万茂起草家族协议的决定非常明智。他认为，只有父亲才能在大家族中一呼百应、力排众议，也只有此时就明确各自的使命和分工，才能确保家族巨轮的航行不会偏离航线。徐立勋之所以愿意促成父亲拟定《徐氏家族共同协议》，出发点很简单，他有三个姐姐，他们都不希望家族成员未来因为分割家产而六亲不认，也不希望华茂由于被后代分割股权而最终传不过三代。

2008年，徐氏家族成员共同签订了《徐氏家族共同协议》。协议确定，成立信托基金管理家族成员在华茂的股权[①]。其中，徐万茂占总股份的近80%，徐立勋及其三个姐姐，以及其他家族成员分别只占10%左右。协议确立了"分家不分产"的原则，保证了徐氏家族近80%的股权永远不会被子孙分掉，家族成员拥有红利分配权，每年都会给每个家庭分红。这种机制一方面保证了家族成员几代人衣食无忧，另一方面从根本上解决了家族财产传承的纷争问题，以及企业经过数代传承之后，由于股权过度分散而导致控制权丧失的问题。除此之外，这份协议还确立了长子、长孙继承制，甚至涵盖了企业出现风险、破产情况时，剩余财产的分配方式。

《徐氏家族共同协议》的内容足够明晰且全面，能够对家族与企业的愿景及

[①] 王丰.（2015）.华茂集团CEO徐立勋：从被动接班到主动转型.哈佛商业评论（中文版）.（10）.

两者间的关系、家族成员的决策权、家族成员的贡献和期望、资产的所有权以及继任者的选择做出约定。我们可能还需要一段时间去观察《徐氏家族共同协议》的执行情况和成效。在代际传承之后再去看大部分家族成员（就算不是全体成员）是否认同并严格遵守这份协议？这份协议是否增强了家族的凝聚力？这份协议是否增进了家族成员对彼此及企业的信任？这份协议是否能确保企业的可持续发展？

其实，起草协议的过程也是相当重要的。签署协议前的协商和谈判是家族成员间一个很好的沟通机会，大家可以围绕家族价值观、企业的核心业务以及家族与企业的关系展开讨论。签署协议其实是展示或强化家族一致性的一种姿态。这份家族协议实现了"家族、企业经营及所有权"层面的全覆盖，也是中国家族企业传承的开创先河之举，"分家不分产"的约定更是权衡了企业发展与家族传承两方面之后的一个承诺。徐家希望可以通过这份协议完成基业长青、富过三代、传承百年的梦想。

当然，这份家族协议还需要不断完善。《徐氏家族共同协议》开国内之先河，协议的法律约束力与道德约束力之间还存在矛盾。所有年满18周岁的家族成员均签署了《徐氏家族共同协议》，但这份协议对当时尚未成年的徐立勋的儿子不具有约束力。所以，徐氏家族还需要去处理尚未制定完毕的条款，或是对意想不到的事情的发生做出预案。

在中国，家族企业继任的人选顺序一般是儿子、女儿或女婿、外部职业经理人。重申一下，徐万茂和徐立勋固然可以把家族价值观传递给徐立勋的儿子，培养他对教育产业的兴趣，但他的儿子能否继承企业，最终还是要看他自己的雄心和能力。徐立勋曾表示，他已看到儿子的潜力，为他取得的进步感到自豪。他还表示，如果儿子拒绝出任华茂总裁，他也接受。但是，徐万茂希望法定继承人能捍卫家族财产，使其代代相传。徐立勋也表示，希望儿子至少能在他退休后出任集团董事长。

鉴于家族成员和外部职业经理人对待家族企业的态度可能不同，比如保存好家族的社会情感财富并将其发扬光大的意愿，徐立勋或许可以考虑聘请外部职业经理人的可能性，但同时要小心处理诸如激励和留任等诸多问题。由于无法提供股份作为激励，徐立勋得考虑采取其他方式激励并留住外部高管，让他们有更多的促进华茂发展和建功立业的机会。

茅理翔与儿子茅忠群的交接按部就班、平稳顺畅，相比之下，华茂的交接班则更具挑战性和复杂性。徐立勋面临来自同代和跨代的冲突，茅忠群则有幸免于处理家族矛盾。茅理翔和茅忠群是师徒关系，徐万茂对徐立勋则完全放权。可以说，两位父亲都善于放手，不贪权、不恋位，与那些控制欲极强、让继承者苦不堪言的父亲截然不同。此外，茅理翔和徐万茂同许多中国人一样，都将家庭的和谐摆在第一位。

家族财富——两条不同路径

茅理翔与徐万茂的家族和企业情况截然不同，两家对于家产的处理和分配方法也大不相同，这不仅取决于家族价值观等因素，还取决于家庭人员数目、结构，以及家庭成员在创业过程中各自的贡献。茅氏家族和徐氏家族结合自身的情况，采取了不同的财富传承方式，但是两种方法的目的都是实现家族的和谐稳定和家族财富的安全传承。两个家族都将家族的和谐视为重中之重。

公司价值观阐释了组织重视的元素，既扮演指南针的角色，为组织指明立场和应该采取的路线，又起到筛子的作用，将可能导致组织偏离轨道或破坏组织的想法和行动排除在外。作为组织文化的一部分，公司价值观由所有者、创始人、最高管理层和员工根据商业环境的变化创造并重塑。组织的愿景、使命、目标和战略也是如此，伴随公司的发展应运而生。

过去三十多年来，中国经济和社会发生了巨大的转型，不同代际的人们有着迥异的体验和价值观。由于"文化大革命"的关系，中国家族企业第一代掌门人受教育的程度普遍较低。中国经济逐步从计划经济向市场经济转型，中国企业家的管理理念和做法比起西方同行标准化程度低，也不够先进。此外，第一代创业者最关心的是养家糊口的问题。创业是迫于生计的选择，而非出于主观意愿。无论是与政府、员工还是社会互动，他们都崇尚集体主义。此外，第一代创业者大多没有留洋工作和生活的经验，但许多人选择把孩子送出国，使其接受更广阔、更有深度的国际体验。因此，第二代接班人更崇尚个人主义（关注自己的喜好），在商业模式、管理理念和实践举措上往往能迸发出更多的新点子。例如，茅忠群喜欢高端市场、产品开发以及品牌建设，徐立勋则喜欢金融投资和低碳经济。

方太的茅忠群没有出国留学或工作的经验，华茂的徐立勋虽然在美国读过四年书，但未留在那里工作。可以说，在这两个家族中，第二代传人的海外经验对其思维、视野和价值观的影响是极小的。这全然不同于那些子女在国外留学、工作五年以上的家族。这些拥有长时间留学背景的孩子重返中国后，常常面临严重的文化冲击，他们发现自己很难重新适应中国社会，工作中与父母的沟通也成了难事。

方太和华茂的两位一代掌门人都把创业精神传承给了孩子。茅氏父子秉持谦逊和善良的处事原则，喜欢与人分享知识，从事社会公益活动，都是踏踏实实、持之以恒的人。徐氏父子都是渴望胜利的斗士。徐万茂的人生仿佛坐过山车般，经历了数次的起伏，因此，他希望儿子也能从容应对生活的磨难。在徐立勋接管华茂的最初六年，他采取"不闻不问"的态度，完全放手让儿子自己去闯。教育业务和宁波华茂外国语学校对徐万茂来说特别重要，他想把这项事业长久地做下去。虽然一开始徐立勋对教育事业兴趣不大，但经过徐万茂的一番劝说，他最终认识到教育不仅是家族的核心产业，更是家族精神所在。徐立勋后来曾说过，第一代的核心产业很重要，建议大家不要对抗，而要保护。

茅理翔早年为了生存而打拼，后来转型成为一名社会企业家，成立"宁波家业长青民企接班人专修学校"。茅忠群推崇儒道管理，切实肩负"要追求全体员工物质和精神两方面的幸福"的使命，这是其作为社会企业家的表现。甚至还有人认为方太是一家社会企业，诚如在之前的案例中茅忠群所表示的："方太是一家使命愿景驱动的企业,不是简单的利润导向。"但是,在竞争白热化的中国家电市场,也有行业观察家批评方太"闯劲不够"。

徐氏父子都认为金钱并不是最重要的财富。徐万茂表示,他之所以对教育事业如此热爱,是因为他有一个未竟的梦想:接受正规教育。而且,徐万茂的父亲在临终前也嘱咐他,一定要为教育事业继续奋斗下去。因此,虽然教育产品和教育服务业务为集团贡献的利润很有限,徐万茂依然希望将教育产业作为华茂的支柱产业。他深信社会福祉会推动经济效益,而不强调传统资本主义的绩效衡量指标。他还认为企业是社会的财富,家族的财富最终应回归社会。通过创办宁波华茂外国语学校,徐万茂渴望"教育事业长青,精神永存"。可以说,徐万茂是社会企业家的典范。

随着徐立勋日渐成熟,他慢慢体会到教育事业对父亲的重要。他还投身于低碳经济公益项目。2013年,他发起以缩小贫富差距为宗旨的"彩虹行动"。这是由华茂教育基金会组织的为期7天的夏令营,来自宁波富裕家庭的孩子和农民工子弟结成80个对子,齐聚宁波华茂外国语学校,共度暑假。这些农民工子弟上学期间与祖父母留在家乡,暑假时来到在城市打工的父母身边。徐立勋计划将这一计划推广到浙江的其他城市乃至全国。徐立勋跟随着父亲的脚步,也成了一名社会企业家。

家族财富的拥有者们往往也是第一代掌门人,如今已经面临家族财富如何安全传承、家族企业如何基业长青的问题。纵观方太茅家和华茂徐家的传承选择,无论家族财富是"聚"还是"散",其核心都是保证家族接班人的绝对控制权,只不过对于财富的分割和享有形式有所不同。财富传承需要运用智慧进行长远规划,明确传承给谁、传承什么、何时传承、如何传承,从而使得家族财富传承达到财富安全、基业长青、家族幸福的最终目的。关于家族财富的传承对象,是涉及财富永续安全、亲情绵延和睦的基础问题。

在处理家族财产方面,你更倾向于选择茅理翔还是徐万茂的方式?这种选择取决于家族价值观等因素。茅理翔与徐万茂的家族和企业情况截然不同。茅理翔只有两个孩子，而徐万茂有四个子女。茅理翔把多数股权和全部控制权交给儿子是合情合理的，因为茅忠群和他一起创办了方太；他对女儿茅雪飞也很照顾，奖励了她对飞翔的贡献。相比之下，徐万茂是和两个女婿一起创办的华茂。如果不让家族成员签订《徐氏家族共同协议》，将来势必会在家族内部掀起一番腥风血雨。而且，教育服务业务和宁波华茂外国语学校对徐万茂来说特别重要，他想把这项事业长久地做下去。这两种方法都是为了实现家族的和谐稳定。

当然，没有哪个家族协议是完美无缺的。徐氏家族协议的缺点除了当时信托基金尚未建立，还包括协议的法律约束力与道德约束力之间的矛盾，比如规则和家族价值观之间可能存在的冲突。所有年满18周岁的家族成员——包括徐立勋的妻子，但不包括他的儿子（未来的法定接班人，当时还是未成年人），均签署了徐氏家族共同协议。因此，现在，这份协议对徐立勋的儿子不具有约束力。那么未来如何就取决于徐氏家族有没有决心和能力去处理尚未制定完毕的条款。因此，徐氏家族应该要求徐立勋的儿子及其他年轻一代的徐氏成员在年满18周岁后接受并签署这份协议。在此之前，徐氏家族应同年轻一代分享家族的价值观和家族协议的精神。在当今中国社会，大多数年轻人都认为父辈的财产就是自己的财产。此外，徐立勋或他的法定继承人应该受到其他家族成员的监督，以确保信托基金的建成，以及在中国制定并实施相关法律后，将华茂的资产——暂时注册在徐立勋名下——注入信托基金。

家族企业的财富往往与公司股权的分配紧密相关，财富的传承模式从某种程度上来说也是家族企业股权分配的方式选择。以下三种方式是目前较为常见的对于是否分权或者是否分产的处理方式：

1. 股东合同式的分权（见图6.2）

- 不得各自变卖股权。
- 在股东会上投票一致。
- 其他。

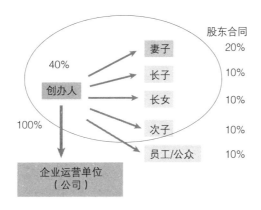

图 6.2 股东合同式的分权

2. 家族控股公司（见图 6.3）

家族控股公司需要形成明确的"宪章"：

• 不得各自变卖股权。

• 所有分歧在控股公司层面上解决，以大多数票权为准，然后在企业运营公司的股东会上投票一致。

• 其他。

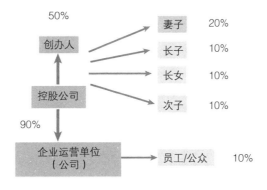

图 6.3 家族控股公司

3. 家族信托基金（见图 6.4）

从财富创造到财富积累，当前中国富有阶层的目光已转向财富管理，而财富管理的核心是财富的安全保障和传承。财富要做到安全保障和传承，相应的法律工具就越来越受到关注，包括遗嘱、家族信托、家族基金以及人寿保险等。

• 创办人把股权完全转给信托基金，在名义上不再拥有股份。家族所有人只能得红利，没有股权。

• 由家族代表组成信托团，每人一票 vs. 控股公司以所拥有股权为准。

家族信托是基于《信托法》的综合财富传承架构的安排，是一种特殊的财产权结构，需要与其功能相适应的配套法律法规。目前，中国相对滞后的信托财产登记制度和税务制度会导致非交易过户的税负产生，从而限制了信托标的财产的范围。家族信托并不是万能的，无论在大陆法系还是英美法系的国家，成立家族信托都不能把避税和避债作为目的，而只是一种可能的结果。这种可能的结果建立在以善意传承为目的、高度专业的信托设计和管理的基础上，家族信托的设计和管理必须做到合情合理、合法合规，同时更需要家族信托的利益相关者（包括委托人、受托人、受益人以及保护人等）对各自的责任、义务、权利、收益达成充分的了解和共识。

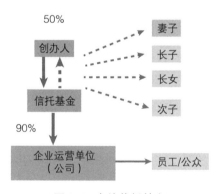

图 6.4　家族信托基金

"企业接班"包括两个层面：一个是承受股权，成为股东；另一个就是承接企业的权力，成为决策者和管理者。但无论是哪个层面的"接班"，都要把好"选拔关"。因为财富本身容易传承，但创富才能和守富才能却不能物理性传承。与此同时，如何兼顾亲情、平衡能力和道德，使各方受益、家族稳固和谐，必须全面审慎地予以考虑。如何有效地培养"富二代"使得后代更好地承接企业的权力，成为优秀的企业决策者和管理者，如何使得手中的财富稳健地走向下一站，如何最终达到企业长青，绘制更美好的家族财富蓝图，成为中国"创一代"们迫切想要得到的答案。

除了股权和管理权的传承，家族及家族企业价值观念的传承在企业接班中也非常重要。组织需要价值观，家族也是。组织价值观与家族价值观有多少共同点因企业而异。除了起到指南针和筛子的作用，共同的价值观更是家族企业的竞争优势来源。秉承一致的家族价值观至关重要，因为这是家族动力的一部分，决定着家族及企业的盛衰。孔子曰："水能载舟，亦能覆舟。"相较于其他国家家族企业长达百余年的历史，中国家族企业的发展史不足四十年，传承较少。家族企业的成员们要认真对待这一主题，为将来的发展奠定基础。

从"去家族化"到"筑家文化"

家族式管理从民营企业起步初期到现在发挥着重大作用,甚至可以说没有家族的投入,就没有中国民营企业的今天。但是,随着企业规模的扩大,家庭和企业两个系统的价值导向偏差必然会带来一些发展管理上的困境。对于中国的家族企业来说,走到一、二代交接班以及企业转型的路口,"去家族化"真的是家业传承发展并走出困境的必然选择吗?中华文明源远流长的家文化对于家族企业传承的影响不能一概否决,"去家族化"或许是家族企业壮大到一定程度后必须面对的一个问题,但是家族文化的保留和传扬也是一种选择。如何平衡这中间的关键点就需要每一个大家长认真思考,子承父业现如今也确实面临许多选择和实际条件上的限制。传给儿子难,传给职业经理人也不那么容易。如何解决对职业经理人的监管和信任问题?解决职业经理人的信任度问题是"去家族化"规范管理的关键步骤。信任和能力孰轻孰重?这并不是一个容易简单回答的问题。

中国这些正在进行交接班的两代人大多面对着比较单一的家庭结构,但是我也接触到了一些比较特别的大家族。他们成长壮大于改革开放的春风里,因为浓厚的家庭感情和事业牵绊一直相互依靠、同甘共苦。在这样的家庭中成长起来的二代对于家庭和企业的荣誉感及投入感都会特别强。在这里我向大家介绍一个有趣的家族——现如今还保持着一大家三十几口人同吃同住的新光集团虞周家族。看看亲密浓厚的"家文化"下的"去家族化式"管理如何推进,在职业经理人几起几落之后,家族中的二代又是如何肩负重任打造团队,昂首阔步地助推家族集团前进的。

在过去的近40年里，周晓光和她的丈夫虞云新从走街串巷的卖货郎，成为新光控股集团有限公司的创始人。截止到2015年，新光集团的总资产超过300亿元人民币。2008年，他们23岁的大儿子虞江波从伦敦留学7年回国。由于对正处在转型升级过程中的饰品主业的担忧，以及对职业经理人团队的不满，"中国饰品女王"周晓光希望虞江波从银行辞职，加入新光饰品有限公司。为了分担父母的重任，虞江波终于决定回到家族企业中。他从市场副总助理开始做起，到2011年被任命为新光饰品总经理，开始进行一系列的激烈改革，例如把非核心生产环节进行外包、建立高端多品牌战略等。这些改革措施取得了良好的效果。他不仅扩展了公司的现有业务，还进行了全新的电子商务业务的扩展，开拓了三种垂直整合业务。淘趣建立了网店，网仓科技的主要业务是物流仓储和多元化服务，淘赐科技则定位于电子商务软件供应商。

虞江波还担负起凝聚30多位家族成员的重任，和父母一起开始建立家族委员会，制定家族"宪章"。时不我待，他的弟弟虞江明和一些兄弟姐妹正在国外学习，届时将面临全新的抉择，需要尽快确定家族委员会等的细节。周晓光在2014年2月的员工会议上宣布，要在10年内使新光的销售额翻两番变成千亿级的企业，新光的未来在代际传承间努力向前推进。

新光的源起

新光的名字显而易见，新字取自虞云新，光字取自周晓光。可以说，新光是他们夫妇俩共同的心血和成果，既见证了他们风雨同舟一路打拼的艰辛历程，也是他们琴瑟和鸣以及其乐融融大家庭的缩影。新光是一家以流行配饰为主业，集投资、地产、贸易等多元业务于一体的大型民营企业集团，拥有20多家全资及控股子公司，员工4 000余人。其中，新光饰品多年来稳居国内流行饰品行业龙头地位，产品设计新颖、款式繁多，产销量高居行业榜首，拥有厂房建筑面积16.8万平方米的流行饰品生产基地，市场网络遍及全球；集团旗下有以万厦为核心的房地产业务板块，已成为当地行业龙头企业，累计开发完成建筑面积达 800 多万平方米,正在开发建设的也达 700 多万平方米。此外,由新光牵头,联合其他多家行业龙头企业,通过整合区域和行业优势,系统地构建了商业、产业和资本平台,运作了收购上海美丽华、重组新疆新天集团、参股大连百年人寿保险等多个震动产业界的重大项目。

1978 年:走出大山跑遍大江南北

1962 年,周晓光出生在浙江诸暨的一个偏僻山村,她的父母都是农民,那个时候种田基本上一分钱都没有,只有靠一年养一头猪来维持一家人的生计。虽然父母长年辛勤劳作,却依然难以解决一家人最基本的温饱问题,童年在周晓光的记忆中只有饥饿。周晓光有五个妹妹和一个弟弟,作为老大,她从小就懂得帮父母分担家庭的重任,就连下雨天也没有一天在家里待着的,总是想着,今天最后一堂课上完,要到哪个地方弄猪草啊,或者是到哪里弄点柴火。虽然只有几岁,但她已经会操心家里,照顾弟弟妹妹的生活了,整个家庭时刻都装在她幼小的心灵里。

1978 年,中国改革开放,也许是出于女性天生的责任感,年仅 16 岁的周晓光毫无怨言地用自己稚嫩的肩膀挑起了解决家庭温饱问题的重担,踏上了远赴东北卖绣花样的道路,成为全村 3 000 多人中唯一一个出外闯天下的人。那时,东北比较富裕,但要坐三天四夜的火车才能到。回忆起当初这个决定,她的语气中没有怨天尤人的无奈。"因为家里有那么多的弟妹,一家人都在等米下锅,温饱问题还没解决。那个时候,前面哪怕是刀山火海,你也没有回头路,没有其他选择,只能去面对。因为如果你面对了,就可能给家里人带来一个生活上的转变。"

周晓光笑称,当她从家里走了 4 个多小时的山路来到东阳火车站,平生第一次坐上火车时,那种兴奋感竟盖过第一次独自出外打拼的茫然。时隔多年,周晓光坐飞机从地球这端到那端犹如家常便饭,但当回忆起当时坐火车的心情时依然激动不已。

当时周晓光的本钱就是向母亲借的几十元。为了不耽误时间,她就白天摆地摊，晚上坐车赶路。就这样，拿着一本《中国地图》、挑着跟她体重相近的货，夕发朝至，春天北上，秋天南下，周晓光在数年内跑遍了大半个中国。虽然辛苦，但这样卖货数小时，就等于在工厂里工作一个月的工资，周晓光只能坚持下去。这些走南闯北的历练为她攒下了日后发家的资本，打下了以后创业的基础。她说："那个时候让我积累了很多很多。特别是当时，我们到云南、广东、贵州，或者是到东三省、西北地区，每个省区的文化、风俗习惯都是不一样的，我们在这个过程当中了解到不同的地方有不同的风俗习惯，以及我们应该用什么样的方式跟他们交流，懂得了很多的这种文化背景。那个时候别人都还没有开始做生意，我们就开始做生意、开始了解这些情况了。"

1986 年：扎根于义乌商场

1985 年，跑过三江六码头的周晓光嫁给了同样卖绣花样的浙江东阳人虞云新。生下大儿子虞江波后不久，周晓光对丈夫说想安定下来了。于是，1986 年，两人拿出几年来所有的积蓄，在义乌第一代小商品批发市场里买下了一个摊位。那时，小商品市场刚成立不久，只有 700 个摊位。在东北卖绣花样的时候，周晓光也试着卖过饰品，看到东北女子喜欢戴花花绿绿的头饰，她就选定了从事饰品经营。于是，丈夫到广东等地进货，她和家人在义乌加工、练摊。那种生意人的潜质渐渐地发挥了出来，几年下来，他们在义乌最好的住宅小区买了新房，也在市中心朝阳门买了店铺。事实证明，周晓光的眼光很准，没过多久，朝阳门成为义乌市中心的商业黄金地段，他们也富裕了起来。出来闯世界时想要的几乎都实现了，孩子也出生了，似乎该满足、该停下来歇歇了。但此时的周晓光好强的性格却丝毫没有改变。

1992 年，周晓光被台湾一家知名饰品企业选为代理商，并开设了义乌第一家饰品零售店，售卖进口商品和自制产品。这家店不单生意好，亦令周晓光接近消费者，了解了她们的喜好。由于常常出现供不应求的现象，再加上当时地方政府鼓励民营企业办实业，周晓光和丈夫产生了自己设厂的念头。

1995年：投资建厂——从小买卖到大企业

1995年7月，夫妻俩毅然拿出700万元投资办饰品厂，并以夫妻俩名字的最后一个字取名为新光饰品有限公司。当年的这个决策做得非常艰难，因为那是夫妻俩数年打拼的所有身家，一旦失手，都可能危及温饱。但当时虞云新给了周晓光莫大的支持，他说得最多的一句话就是："当初就是一无所有，大不了再重新开始。"周晓光说："我们1986年刚到义乌做生意的时候，只有15 000元钱，可以说是一无所有，以后的资产也都是从自己手上创造出来的。到1995年我们准备办公司的时候，已经买了很多的住宅店铺，完全不需要开工厂。而且，开工厂不是我的强项，我只是懂得做市场。于是，我跟我先生讲，我们如果去办工厂，万一亏掉了怎么办？他说，凭我们两个人的人品和经验，输掉了我们可以重新再来，一定会有朋友帮我们。就是这么几句话，我们就开始起步了。"

1995年10月，新光饰品厂房建成投产。当时，450多名工人是从广州饰品企业招来的熟练工人，40多名技师和管理人员是在台商饰品企业工作过的资深人员。此外，周晓光亦要求团队加紧推出8 000多种款式的饰品，使得新光以款式多、款式新为特征，迅速在市场上打开局面。

1996—2008年：渠道为王——扩展与改善批发和零售网络

不久，周晓光又在广州饰品一条街开办了分公司。当时广州的女士都爱佩戴丝巾扣，分公司发现后立即将信息发回总公司。仅三天时间，公司就组织人员设计生产了几十款不同颜色和形状的丝巾扣投放市场。结果，新光饰品在广州一炮打响。翌年春节，周晓光在义乌小商品市场旁边开设了市场分部，率先推出丝巾扣，又引发了义乌的丝巾扣销售热潮。后来，她又指派公司销售人员挥师北上，在沈阳设立分公司，以打开东北市场，并收集当地的潮流咨讯。

此后的两年内，周晓光采取总代理制，在上海、北京、西安等全国13个城市找经销商成为总代理，迅速开拓了国内市场，年销售额达到数千万元。但随着市场的扩展，这种模式显示出弊端，总代理们的保守、拒绝扩张成为制约新光发展的障碍。1998年，周晓光开始撤回总代理权，建立直营门店，令销售额在一年内就翻倍达到上亿元，同时直营店也可以直接收集销售信息供总公司用作市场分析。但相应地，库存也增多了，加重了运营成本，并制约着现金流，因此必须有完善的管理来保持周转率和利润。而且，撤回总代理权无形中将这些经销商变成当地的竞争对手。对于新光饰品而言，在一个不尽熟悉的地方跟本地经销商竞争无疑是不利的。

周晓光从2000年开始将以批发为中心的销售模式向终端零售模式转型。这个转型是因为她发现新光饰品的零售价是批发价的五到十多倍，其中经销商占了大部分利润。所以，她试图开连锁零售店，但因为过往批发渠道并没有为新光饰品建立品牌，零售效果并不理想。虽然开始时并不顺利，但2005年10月，周晓光在新光战略研讨大会中重申，新光饰品要从制造商和批发商向零售商与品牌运营商转型。此后，新光饰品开始一边鼓励经销商和他们合开直营门店，以维护批发商渠道；一边建立专卖店体系，推出了新光精品、新光密友、逗芙、天女至爱、希宝高等专卖店品牌，向高端提升。截至2008年，新光在全国县级市以上城市的零售店达到近400家。

1997—2007年：十年布局国际市场

从1997年开始，周晓光和她的设计人员走出去，参加世界各地的饰品展销会，不断更新对于世界饰品流行款式和新材料的认知，以及对新工艺的掌握。1998年，周晓光拿着自己生产的首饰前往中国香港地区参加珠宝展，这是新光饰品首次面向世界市场。在与香港客户打交道的过程中，她感觉到自己多年来在饰品行业里摸爬滚打，对这个行业已经了如指掌，完全可以将新光饰品的版图扩大。回忆这次香港之行，周晓光说道："我第一次带着自己的产品参加国际展览，获得空前的成功，大大增强了信心，我觉得自己完全有能力将产品打入国际市场。我不但要做中国的第一，而且要做响中国的品牌。"

于是，1999年年初，周晓光第一次去欧洲寻找合作伙伴。同年，也因为要放权给第一任职业经理人，她到美国考察了1个月，深入了解海外客户的需求。2000年，周晓光胸有成竹地再赴香港参加珠宝展。当时也因为中国即将加入世界贸易组织，新光饰品吸引了来自亚洲和欧美50多个国家的70多个客户，应接不暇，并成为首家可以打破由韩国和中国香港地区称霸饰品市场局面的境内工厂。因为参展后订单数目大大增加，周晓光开始反思企业在生产运营上的瓶颈。

2001年4月，在周晓光的努力下，世界饰品材料巨头奥地利的施华洛世奇公司（Swarovski）正式与新光饰品合作，从采购施华洛世奇水晶原材料和其他材料，到合办饰品时尚发布会、共同开设水晶工艺品专卖店。

2005年，周晓光调整海外市场策略，安排四妹周玉霞负责新光饰品在全球新兴市场的开拓和海外分公司的建立。截至2008年，新光先后在中国香港地区、阿联酋、莫斯科、西班牙等地建立了共7家分公司和直营门店。此后，新光饰品也与捷克的宝仕奥莎公司开展合作，新光饰品香港分公司成为其在中国唯一的总代理商。

新兴市场的开拓及国内零售渠道的调整，使得新光饰品的年销售额在2006年、2007年分别得到50%和30%的增长，即使处于金融危机的2008年，销售额的增长率也有15%。2008年，新兴市场的销售额达到总出口额的80%，而欧美市场的销售额却从80%降至20%。

引进职业经理人

1998年，当周晓光开始建立直营门店和打造国际市场时，她觉得自己的管理知识已经跟不上企业的发展了，例如，公司并没有ERP内部信息系统。意识到企业经营中人才的重要性，她聘请了专业的管理咨询团队，进行全面管理的变革，启动了从家族式管理向现代企业制度的转变。此后的十年，她共引进了三任职业经理人。

第一任职业经理人是从台湾来的蒋兴中。1999年，他担任公司总经理，也是义乌地区引进的第一位职业经理人。上任两个月后，蒋兴中提出从组织结构、管理制度到企业文化建设的一整套改革方案，但遇到了创业元老们的阻力。于是，周晓光告诉蒋兴中："你只管大刀阔斧地去做，我给你 3 个月的时间去'流血'，唯一的底线就是销售额不可下滑超过 40%，除此之外的任何问题，你都不必有顾虑。"

她补充说："那时我就做出一个决定，和我先生花 1 个月的时间去美国考察。在此期间，我把公司的管理权全都交给这位职业经理人，并只与他保持联系。这样，他可以有空间去排除一切干扰他建立权威的障碍。"

蒋兴中建树不少，包括专业化管理制度、标准化生产流程、开设直营门店和增加销量，以及建立 ERP 内部信息系统，以帮助公司管理生产和销售。然而随着公司基础管理框架构建完毕，新光开始步入一个快速发展的时期，蒋兴中在伴随新光运营管理了 3 年之后，由于其对饰品行业本身的了解不够深入，无法跳出固有的管理模式，对于市场趋势的判断不够精准，也就无法适应处在市场快速增长时期的新光。

2002 年年末，周晓光请来了第二任的职业经理人刘清坤。他毕业于清华大学，在美国留过学，曾是德尔福汽车配件广州公司的总经理，拥有良好的外资管理背景。尽管之前对于饰品行业并不熟悉，但他做足了行业研究，也善于协调各部门之间的关系，在经营规范化上很有成效。在任期间，他开设了很多直营门店和零售店，员工人数一度达到 6 500 多人。

新光店铺扩张量剧增，市场拓展非常快。但与此同时，库存也相应增加了许多。然而这种拔苗助长式的经营方式也让新光承受着内伤。对于职业经理人来说，任职期间的业绩是硬指标，但过于注重眼前的短浅利益和业绩往往会对企业产生长期的负面影响。新光早期采取的是在各地联合经销商进行产品分销的方式，而刘清坤采取的策略则是在各地大规模地开设自营店。于是无形中取代了当地的经销商，进而将他们全部变成新光在当地市场中的竞争对手。而对于新光饰品而言，在一个文化、消费者和市场都不尽熟悉的地方和本土经销商竞争无异于事倍功半。相应的库存增加也势必大大加重了新光的运营成本，无论是店铺成本还是库存成本的增加都极速挤占了新光原有的利润率，并且制约

了企业的流动资金和周转率。这些因素都使得新光在规模扩张的同时却承受着市场竞争力急剧下降的压力。

所以，即使有着相对漂亮的业绩——刘清坤任期内新光的年销售额保持了30%—50%的增长，但与此同时，6 500多人的人员成本，4—5倍的库存增加以及门店扩张后的经营成本上升，使得刘清坤在4年任期届满之后离开时，留下了一个负荷过重的新光。

第三任职业经理人陆晓忠于2006年走马上任。陆晓忠是内部人，1998年就进入新光，一直负责生产相关事宜，并已晋升为厂长，比较注重生产效能。但是他对于市场、客户和消费者的灵敏度不够，在决策方面不够果断，导致了产销之间的不对等。这些缺陷不仅限制了市场发展，如建立品牌和开发电子商务，也令部门之间的协调不顺畅而引起员工不满。陆晓忠接手时的新光饰品负荷过重，产能极弱，成本过高，市场竞争力严重下降。与此同时，企业内部对于效益的大幅下滑，以及部门内部、部门之间的协调合作不顺畅等问题也有诸多不满。陆晓忠偏向生产的许多理念严重地制约了新光的发展，当时从营销到生产及整个供应链都推行得很不顺畅，进而导致营销策略的阻滞，业绩也止步不前。

对于三任职业经理人，第一任职业经理人期间，周晓光和虞云新夫妇对于饰品部分的倾注较多，职业经理人主要侧重于企业的规范化管理建设，而实业的运营决策大多还是由周晓光夫妇决定；第二任职业经理人期间，周晓光在短暂的磨合期后充分授权，给予了职业经理人极大的信任和权力，也使得职业经理人在扩张方面做出的决策几乎畅通无阻；最后一任职业经理人是新光多年的老员工，周晓光对他的信任度较高，但也正因为如此，沟通管理方式相对而言会强势一些，当然，这和当时新光业绩下滑的特殊性也不无关系。

周晓光总结她的体验，"只要职业经理人敢于去承担，新光也会让他拥有所有权。职业经理人有一些专业的东西是很好的，也是企业所需要的，但我发现职业经理人还是缺乏一份担当、缺乏一种企业主人翁精神。有一些职业经理人的能力是可以的，但德行不一定能达到。然而，有一些职业经理人德行不错，但是他的能力、意识和态度总是不行"。

那时，不仅仅是流行配饰行业，中国的整体情况就是非常缺乏德能兼备的本土职业经理人去配合国家急速的经济发展，也欠缺有效的法律来制约职业经理人可能有的不道德的行为。这令企业家十分纠结。周晓光认为对于职业经理人的运用，最好的模式应该是在自己的管理体系范围内让职业经理人去发挥优势，而不能让他们去经营一套体系或搭建一个平台。

虞江波是危机中的选择

早在2008年的金融危机爆发前，周晓光就感觉到危机的前奏。以前新光主要针对欧美发达国家市场出口产品，薄利多销是其主要竞争手段。国外圣诞礼物订单最集中于每年的八九月份，往年有800万美元左右的订单额，但2007年少于300万美元。于是，周晓光专门去了美国调研，发现那里的市场已经变得非常萧条，客户数量大概减少了一半，人均购买量也至少减少了一半，一算下来，市场总量竟不到往常的1/4了。而新光有40%的产品都靠出口销售，周晓光感到压力非常大。新光的销售额从2007年9月到2008年3月同比下降了10%，加上国内批发和零售网络带来的负荷以及整个团队的不稳定，周晓光意识到职业经理人的局限性。

实际上，新光当时已经是一家非常多元化的企业，但虞云新、周晓光夫妇对于饰品部分有着特别的情结。因此，饰品板块的下滑无疑最让周晓光感到焦虑。

2008年10月，周晓光夫妇23岁的长子虞江波回国，在北京的瑞士联合银行集团（简称"瑞银"）实习。他在16岁那年被父母送到英国留学，考入英国帝国理工大学，获得数学与应用数学专业学士学位，又以"甲等荣誉"取得伦敦政治经济学院的人力资源管理硕士学位。回国后，因在实习期中的优异表现，他顺利地拿到瑞银的录取通知并准备在这家世界500强企业中工作。他原本计划在外企积累一定的工作经验，然后再回到新光接班。当时受金融危机影响的新光，已显示出危险迹象，周晓光希望儿子尽快回来接手家族企业，帮助企业走出困境。虞江波那时面临两个选择：一是留在瑞银，朝着自己喜欢的投资方向发展；二是回归家族企业，靠近企业管理。考虑再三，虞江波决定回到新光，担任新光饰品的营销副总助理一职。他说："那时刚好是金融危机，我觉得在危机中也会有很多机会，而且中国经济快速发展，相对来讲也会有一个周期。所以在这个过程中，与其去外企学做一颗螺丝钉，不如就在本土企业中进行锻炼，因为在外企工作需要非常长的时间去沉淀，再回本土企业也会有一些瓶颈。其实我的专业和兴趣点更偏向于投资，但是要做一个好的投资人，一定要先懂实业，要先懂得怎么才能经营好一个企业。虽然比较累，但是最锻炼人，所以就在这个产业先锻炼起来。"

两载磨炼厚积薄发

回到新光后的最初两年，虞江波主要是对市场和生产进行了解。基本上从全国省会城市、一线城市，到四五线城市，以至海外，只要有新光的客户，虞江波都会去走访。在了解市场期间，虞江波特别关注经销商及消费者的诉求，思考如何更好地服务他们，同时也了解行业的市场分布。虞江波也进入每个车间实习，了解饰品的生产流程和工艺。

虞江波说："我觉得首先还是要了解这个市场，另外还有一点很重要的是，在这一两年的过程当中，我形成了一些战略性的思考，包括接下来公司该怎么定位、怎么来做，然后也做了很多验证和尝试。"

在美国拉斯维加斯参加珠宝展期间，虞江波发现新光饰品当时的产品构成在面对海外消费者时有很大的局限性。譬如，海外消费者由于所受的教育及媒体效应相对成熟，他们对于品牌有着清楚的认识和自我偏好的选择。相反，在中国，单从上海市中心到莘庄这样的距离，消费者的品牌偏好已存在一些差异，更别提一线城市和三线城市甚至五线城市的区别了。虞江波开始酝酿重新制定新光饰品的品牌策略。虞江波表示："我们现在基本上是多品牌的策略，有两个品牌现在主要在一线城市，像上海的久光、正大、新天地等，更多的品牌还是定位在二三线城市。还有，我们还要开饰品集成店。"

在担任营销副总助理一年之后，虞江波的上司、外聘的营销副总离职，虞江波升任他的职位。这位营销副总在任时和虞江波在工作上配合不错，但由于一是自身之前从事的是家电行业，对于饰品行业不够熟悉；二是作为空降兵很难在一个十几年积累下来的企业中去做推进；三是当时的总经理陆晓忠更为重视生产，引致市场导向和生产导向管理的冲突。当虞江波担任营销副总之后，他得开始思考如何改进产销方面的矛盾。

在独立带领营销团队期间，虞江波开始尝试自己的管理理念。他手下逐渐形成了一批认可他的管理理念及风格的员工。而且他们也很希望去推动公司的改革和发展，和他在一起达成目标，如通过3个月或者6个月的努力一定要达到什么样的目标。

此外，因新光饰品成为2010年世博会参展企业，虞江波被周晓光任命为工作小组的负责人，以此积累经验、展露才华。例如，在世博会中国民营企业联合馆的核心展厅出口区，有一面长18.5米、高2.6米，名为"闪耀矩阵"的水晶展示墙。它是全球最大的水晶墙，共镶嵌了3.5万颗水晶，每一颗水晶上都镌刻着一家民营企业的名字，这是虞江波团队的作品。在世博会期间，虞江波策划的饰品时尚潮流发布会和"新光日"两场大型活动亦非常成功，令其为世博会专门设计的产品成为焦点，品牌名字引人注目。

情理法还是法理情

2009年，新光筹谋上市，考虑到投资者等对于高管层稳定性及公司发展的考量，2010年年底，周晓光决定撤换总经理，把虞江波推上了这个位子。可以说，上市战略的推进加快了董事会对于当时的总经理陆晓忠业绩发展能力的不满以及虞江波接班的速度。周晓光说："最明显的就是职业经理人永远都把自己当成职业经理人，不会把自己当成是企业的主人。但从江波的角度，不管我能力有多大，我都是这个企业的主人。最难能可贵的是，他敢于担当，愿意去承担这个责任。这一点是职业经理人所不具备的，所以我有很强的底气。在这个过程当中，如果我们整个老员工的团队对江波的认可度都比较高，那么他哪怕是从副总助理开始做起，也能够脚踏实地，一点也不浮躁，不炫耀什么，扮演好自己的角色。"

但是在决策之前，周晓光预料到内部的异议，便和新光中层以上的管理人员简单地开了一个会，在会上提出："公司在交接班的过程中，作为公司中层以上的管理人员也好，或者是我们的元老也好，只有培养我们的下一代，企业才有未来，才能更好地发展。跟我们创业的时候一样，希望大家全力以赴地支持、配合，以及去培养我们的下一代。大家要有这方面的心理准备，并且要有这样的胸怀。"

2011年年初，虞江波成为新光饰品的总经理，对于只来了公司两年多的他而言，尽管在营销方面小有业绩，但对于全盘接手企业，他的压力也不小。他觉得许多问题都是领导自身的理念问题所导致的。原有的团队都是父母管理理念的忠实捍卫者，所以不仅要去改变他们，还要培养新的团队，建立新的机制和文化，这是非常长的一个过程。

人事方面的变动，是虞江波在接班过程中和母亲产生最多分歧的地方。虞江波认为她的管理模式是按"情理法"的次序，他却是按"法理情"的次序。但跟着新光做了十年甚至更多年的中层以上的老员工对他的管理模式很不习惯，情绪上有波动，不断向周晓光投诉或求援。但虞江波会继续进行调整，该整顿的地方整顿，在原则上绝不妥协。虞江波认为要确定总经理的决策范围，在相互尊重的基础上进行沟通。每当意识到自己与团队的分歧时，虞江波就会选择积极沟通。一年后法和情两方面开始有所平衡。新光营销副总肖瑞栋表示："周董最大的管理特征就是具有极强烈的包容性，是通过人治来实现的。江波在这一点上还需要进步，他是一个比较遵循规则的人，希望业务通过法治来完成。这可能是海外归来跟本土创业的企业家比较大的区别。江波是从零开始的，需要有更多的积累，在整个领导的成长性上能够让人看到很鲜明的变化。他的管理风格从最初的学习型导向，有一部分观点介入，到最后有很鲜明的观点介入，更具有融合性。从整个团队的驾驭上来说，江波有更强的倾听的能力。对于他是周董的儿子的身份,在管人方面没有什么影响,要看的是他个人的人格魅力和领导模式。

新光饰品内部也称虞江波的改革为二次创业。如何在一些新兴的领域开始?因为无论是做传统零售,还是做电子商务,这些改变对于原有的团队都是非常大的突破。负责研发生产的副总经理杨云雄说:"江波一上来带入的就是务实的管理风气和工作作风,建立自己的管理体系。而且因为他是老板,企业都是他的,所以他不会卷入某一个帮派或圈子中去。他既是总经理又是董事会成员,既要考虑当前,也要顾及企业长远的发展,所以思考问题的角度就不一样。那两年我们砍部门、砍人、砍项目,引起很多反弹,遇到的困难也很大,有时大老板、他的妈妈都跳出来了,但是我们也顶着压力砍,清除的力度很大。那时,经理这一层我们大概撤掉了1/3,部门该合并的合并,有些东西该撤掉就得撤掉。以前有些人是什么领导的亲戚,便弄个部门、弄个项目给他,像这种的得全部拿掉。"

仅以生产和研发部门为例,从2010年年底开始,通过合并和撤销部门、采取循序渐进的考核方式,把以前副科级以上近百人的干部,在不到一年的时间内减至只剩下28人。

对于一些老员工的处理,内部只要有好的机会,虞江波会优先给到老员工。同时,他也提供给中层以上的老员工很多学习的机会,让他们去不断地提升。虞江波要求老员工要有一种拥抱变化的心态,如果他们不愿意接受改变,那么他就会做出调整。

周晓光充分地授权,让虞江波自由发挥。她认为越少干预越好,可以通过其他方法去糅合。此外,周晓光自己也在调整心态去放权,她清晰地知道现在的市场是"80后""90后"消费者的市场,自己并不十分了解这些年轻人,而虞江波作为"80后",更知道同一代人的需求。经过一年的磨合,虞江波的绩效得到了母亲的认可。"他比较淡定,很成熟,很有思想,最重要的是可以冷静下来脚踏实地地去做,不浮躁,不急躁,自我控制情绪的能力很强,不被太多的东西干扰和诱惑。一年来,他让团队以结果和绩效说话,精神面貌也有所改变。此外,他比较柔性,对一些长辈和老人有恭敬心。其实他担任总经理以后,我们两个之间的碰撞倒不是很多,反而是他当总经理以前碰撞会多一些。"

少帅改革,转型升级

虞江波认为金融危机带来的经济不景气的阶段,正是很好的行业整合的机会,于是开始进行全方位的改革。

改变生产管理模式,进行生产外包

虞江波的战略转移方向是"向品牌转变,淡化生产"。从 2011 年开始,新光饰品进行生产研发和供应链管理改革,加强核心工艺的研发;除了核心工艺,其他的生产程序逐渐通过建立外协体系而外包,以支持义乌当地的小工厂,并利用外地,包括广州、深圳等地的优势,甚至计划在越南等新兴劳动力市场外包,以降低人力成本和解决招工难的问题。至 2014 年年初,新光饰品已经有 30% 左右的产品是外包生产。

其他改变包括加强生产流程标准化、监控体系,建立绩效评估体系和改善激励方式。新光饰品的生产手工密集型特色非常强,以前的工序多达十多道,尽管每道工序都规定了 99% 的合格率,但经过十几道工序之后,总合格率仅有80% 多。例如,以前的电镀程序是由五六个小工序组成的,可能有些人的责任心会不够,但无法追溯是什么环节的问题。虞江波便改成团队计件,再在团队内部进行分配,每天进行统计和公布,以便追究责任。虞江波还按照不同的人群建立不同的激励方式。例如,将以前给予员工固定收入的方式改成全计件模式,多劳多得。

此外,新光饰品以前采取的是现货销售模式,但因为饰品单品数量极大,造成大量制成品库存,成本极高。由于装配环节是整个生产环节中投入成本最大的,高达总生产成本的 60%,因此虞江波探索半成品库存模式。在新的模式下先完成前面的环节，等需求明确后再快速进行昂贵的装配环节，而半成品库存还可以被回收改用。这种模式节省了60%以上的成本，可以有效地控制库存。这些改革在他任职总经理一年后就收到了成效，新光饰品从高峰时的6 500名员工减少为2 000名员工，产能增加了40%，而销售量也保持了35%—40%的增长。

品牌营销战略调整

虞江波建立了两个重要的中心，亦是孵化器。2011年成立的战略发展中心，旨在对未来的业务模式和渠道进行创新。而2012年建立的品牌中心，则旨在进行品牌创新。同年，正式对外发布新企业标识，并把品牌中心、企划和设计转移到上海。新光饰品营销副总肖瑞栋表示："江波不是一个传统的管理者，而是非常接受创新的人。从品牌战略方面，最大的变化是品牌家族的探讨。两个孵化器对新光饰品的战略转型亦有所支持。"

品牌营销战略的变革有四项：

一是优化多品牌策略。新光饰品扩充和强化品牌体系，推出近十个不同定位的品牌，包括一些高端和中国原创品牌。例如，新光饰品于2011年收购了中国原创品牌"SU素"，使之成为旗下第一高端银饰品牌。此外，2013年，新光饰品与浙江卫视主持人、"eve伊芙银饰"创始人兼设计师伊一合作，支持品牌重新定位。同年，新光饰品更与国际知名的比利时卡通品牌THE SMURFS（蓝精灵）合作，按蓝精灵形象开发饰品、全球发行。

二是多渠道策略。除了用批发和OEM模式，以及商场专柜、集成店、网店等零售板块，新光饰品亦拓展电视购物和企业定制礼品等新渠道。2011年，新光饰品覆盖了全国21家大型购物电视台，并在2012年实现了3倍的增长。2012年，通过与卡当等定制礼品网站合作，新光饰品可以让企业和个人消费者在网上定制礼品。2013年，tofü店正式在上海开业，它是一家专注于时尚配饰的品牌集合店，不仅是一站式购物店，也是产品体验平台，实行线下和线上的配合。至2014年年初，新光饰品已经开了6家tofü店。新兴渠道占了新光饰品2013年总销售额的30%左右。

三是和国内外时尚品牌进行跨界合作。例如，新光饰品与施华洛世奇、爱尔兰的蒂珀雷里（Tipperary）等国际水晶品牌建立战略合作，为H&M、美特斯邦威等服装公司提供配饰，提供从服装设计稿开始的一体化解决方案，提高产品的附加价值。

四是优化海外销售渠道的布局，包括在英国、俄罗斯、阿联酋、美国、墨西哥的购物中心开设直营零售店，与H&M、Zara、杰西潘尼、沃尔玛等零售商合作。此外，2013年，新光饰品并购了美国"法圣爱仙"饰品品牌。它是全球防过敏耳环的销售冠军，有助于新光饰品拓展美国和南美地区的业务。虞江波表示："这些客户是通过这几年的合作积累下来的。跟他们合作不是说为了去赚多少钱，更多的是学习他们怎么来管理供应链、怎么来做零售，同时在这个过程中能跟国际的这些时尚趋势接轨，这也是一个比较大的国际业务上的突破。"

电商撞上转型

2009年，在虞江波的推动下，新光饰品在淘宝和QQ商城等网络平台上开设官方旗舰店。2010年，虞江波发起成立了义乌第一家电子商务协会——江东街道电子商务协会，并担任了该会的首任会长。虞江波通过进入电商生态系统为新光饰品的未来开拓了新的营销和发展模式，帮助企业转型升级。他解释道："浙商是整个民营经济最活跃的一部分，除了要传承好企业，更重要的是要传承老一辈浙商的创业精神。在这个过程中，他们也面临企业的转型升级，要借助互联网，为此我们进行了很多领域的摸索。"

虞江波的布局可分为三个阶段：

第一阶段，是针对电子商务的产业链布局。在这一阶段，虞江波一共主导成立了三家企业。第一家成立的是侧重于营销端的一站式营销服务公司——浙江淘趣网络科技有限公司。该公司除了帮助新光饰品开展线上销售之外，还为一些浙商知名品牌提供电子商务代运营服务。第二家成立的上海淘赐网络科技有限公司，从产业链属性来说，是电商销售端向第三方营销和广告服务的延伸。它已与日本的研发团队合作，开发出"情报通""新干线"等销售数据收集和分析的软件。第三家公司更是在电商产业链上的一次突破。在国内第三方电商仓配服务还在萌芽阶段的时候，虞江波力主投资 2 000 万元成立了浙江网仓科技有限公司，为电商提供全数字化的后端（仓储、物流和信息系统）服务。网仓科技 2012 年被评为第九届网商大会全球十佳电商服务商，2014 年正式获批成为国家高新技术企业，市场估值 4 亿—5 亿元人民币。

第二阶段，是针对跨境电子商务的布局。目前，新光的跨境电商业务已经拥有英语、俄语、葡萄牙语、西班牙语等专业人才近 30 人，在阿里巴巴全球速卖通、亚马逊（美国站、英国站）、Ebay（美国站、英国站）、敦煌网等平台开设二十余家店铺，并拥有自己的独立电商网站，还在考虑设置网仓海外仓（承接跨境电商物流配送）和收购巴西的一家电商企业。

第三阶段，是针对企业平台化的布局。2014 年，虞江波启动了中国流行饰品供应链优化项目，利用移动互联网，让人工密集、低效、灰色交易弥漫的配件采购变得简单、高效、透明，并打破原有由配件厂家、成品厂家、经销商、外贸公司和门市等组成的利益分配格局，重塑价值链，甚至"去中间化"，令成本更低、效率更高。虞江波希望重塑中国流行饰品生态圈，改变目前饰品行业"劣币驱逐良币"的畸形格局，最后让生产高品质、高性价比的配件厂家轻松挣钱，专注于提升生产能力，并让有一定专长的成品厂家在外贸公司及海外终端客户面前"站着挣钱"。虞江波准备了充分的预算，希望这个新项目能够成功，从而延续他父母开创的新光饰品在中国流行饰品行业的领导地位，帮助行业发展。

大家族系统

在集团总部的一幢办公楼里，第一层至第五层是办公室，第六层和第七层是新光家族的生活区域。周晓光一家、她的父母，以及妹妹和弟弟的家庭，三代家族成员共三十多名，吃住都在一起。周家和虞家为世交，周晓光的母亲年轻时向虞云新的父亲拜师学绣花手艺。周晓光共有五个妹妹和一个弟弟。虞云新家也有六兄弟。这两家除了虞云新和周晓光结为夫妻外，周晓光的三妹与虞云新的六弟也成为夫妻,儿子为虞江威。近几年,周晓光每年暑假都会组织全体家族成员去旅行。2012年,全家人便一起去东北重走他们当年的创业之路。周晓光说道:"我儿子曾经讲过一句话让我很感动,他说我们这个大家庭就是一个大家都付出爱、做出很多奉献的储蓄罐。当每个人都为这个家庭付出一点点时,这个储蓄罐储备的正能量就会越来越大。每个人存一分钱,这样每天积累一点点之后,这个储蓄罐就会储存满了。"

大部分周家成员都在集团任职,周晓光担任集团董事长,主管制定公司宏观战略、参加社会活动及负责投资考察等;虞云新担任集团副董事长、总裁,从2003年开始转向房地产业务;虞江波为集团董事、副总裁、新光饰品总经理;周晓光的父亲之前曾主管过财务;四妹周玉霞负责过新光饰品海外业务的拓展,后来到国际商贸城经营饰品,仍是新光饰品的副董事长;弟弟周义盛是新光集团董事、战略投资中心常务副总,负责投资;六妹周丽萍负责国内原材料贸易;三妹周晓芳和五妹周蕙萍也均在集团内任职。

目前集团的股权结构是周晓光和虞云新共持70%以上的股份,剩下的股份分散在各个家族成员手中。而2012年新光饰品开始筹备上市时进行了股份制改造,集团占到76.73%,8%左右的股份被用于实行员工持股激励,而虞江波的股份也在其中。

新光内部还成立了一个基金,专门针对在集团中已打拼多年的老员工,帮助他们的子女接受教育,或者回到新光就职,甚至支持老员工进修深造,令他们觉得自己是大家族的一分子。新光也设立了终身成就奖等,让这些非血缘关系的人,也能够参与到他们的家族当中来。

由"去家族化"到"家文化"

早在开始聘用职业经理人后,周晓光就曾频繁地向国外知名的家族企业取经传承问题。2006年,周晓光率领新光访问团前往重要合作伙伴施华洛世奇公司总部时,与之探讨的一个重要问题就是家族企业的传承。在此期间,周晓光了解到,施华洛世奇家族在创业伊始就将家训家规、企业愿景都制定好了,后面的一代代只是在此基础上进行细微的调整。同时，在企业管理上，施华洛世奇又有一个很强的独立董事团队，由这个团队去平衡家族企业领导人抉择、交接的问题，去发现家族成员不同的专长。周晓光说："2006年，我带着家庭成员和公司高管去施华洛世奇家族企业学习，正好经历他们从第四代到第五代的传承阶段。虽然当时第五代老板已经上任，但接见我们的仍是第四代老板，他们交班的过程需要5—8年的时间，要慢慢地培养新的接班人，而且他们没有狭隘地认为企业只能由儿子传承，而是挑选家族企业中最适合的那一位来接班，像第五代老板，就选择了女婿。"

周晓光主要的收获有三点：一是他们进行了很好的家族规划，施华洛世奇创始人有3个儿子，每个儿子分管一块，合作性和执行力都非常强；二是传承过程很有序，交接的过程有几年的过渡期；三是聘请没有任何血缘关系的外部独立董事，站在很客观的立场，发挥了很好的作用。周晓光补充道："世界500强企业当中，175家是家族企业，这些家族企业并没有通过血脉传承，而是通过家族控股、外人参与等方式才得以保持家门兴旺，施华洛世奇就是这类企业的典范。在通过与施华洛世奇家族的探讨后，我欣喜地发现，原来我们家族'家文化'的根已经深深扎在了下一代的心里，而这个，其实正是家族企业传承的'基因'所在。家族的第三代成员，从小就感受到了来自团队合作精神的重要性，而家族的责任感、勇气、爱心和奉献精神也在他们身上得到了很好的体现。"

虞周家族委员会和家族"宪章"

周晓光于是有了建立家族委员会的想法，她聘请了香港中文大学研究家族企业的范博宏教授做顾问，从第三方中立的角度进行设计，并由虞江波从2010年起开始推动这件事。他说："我父母之前也有这种想法，但是没有非常好地推进下去。这些年我也觉得，我们这一代已经成长起来了，我非常不希望将上一辈的一些问题留给我们这一代人，希望尽可能地在上一辈还在时就把这些问题解决掉，所以希望由我来推动这件事。"

家族所有成员都要参与讨论家族委员会的法则，对每一个条款都达成共识。新光家族委员会具体的组织架构和任务还在讨论中，可能会再细分为家族议会和家族委员会。家族议会需要全员都参与；而家族委员会则初定由七名家族成员组成，即周晓光姐弟七家每家派一个代表，讨论家族内部的事情和发展的问题。而企业的问题更多的还是由股东会、董事会去讨论。

此外，2013年，周晓光开始制定家族"宪章"，最早的想法是基于一代、二代之间的沟通问题，特别是在企业层面，希望能够通过家族"宪章"将议事规则明确下来，包括协助二代的个人发展规划，以及设立二代创业发展基金。周晓光明白二代们有各自的想法，所以他们可以向艺术等个人兴趣方面发展，并非必须要创业或进入家族企业。但是对于创业发展基金的获得也并不是毫无犯错成本的，家族成员要拿相应的企业股权做担保，假如创业失败了，股权有可能就要被没收。而对于希望进入家族企业发展的家族成员，也会通过家族"宪章"来明确进入企业的程序和规则，比如二代们要从基层岗位开始做起，能胜任的才可被提升。

虞江波还有一个重要任务就是为二代们制定学习和就业规划。家族二代中共有13个孩子，虞江波是最大的一个，从小就照顾弟弟妹妹们。他是第一个去英国留学的，不单帮助弟妹们进行留学规划，还照顾其中7个同是去英国留学的。除了虞江波，已有3个弟弟回到新光实习：堂弟虞江威在集团房地产部，表弟金江涛在集团财务部，亲弟弟虞江明已经在美国读大学，并在暑假回来实习。

在制定家族"宪章"的时候，周晓光也会让非血缘关系的人加入新光的大家族中。对于聘用职业经理人，虞江波也观察到许多问题。比如职业经理人相对来说比较不敢做决策，很多事情都会让董事长决定或者会请示很多，把自己的责任推卸掉。他们有怕做错决策的惯性思维，更多的是求稳，希望只扮演一个执行者的角色，把老板的脾气摸透，然后迎合他。对企业不是进行积极的推动，而是既不突破也不创新。当然，职业经理人背负着业绩指标的考核，在决策时更加看重眼前的利益而不是企业的长远发展。所以，虞江波希望为优秀的职业经理人设立终身荣誉奖，包括给予其股权。他希望摸索出一条"情理法"或"法理情"更好地融合的道路，建立更好的体制，让卓越的、敢于担当的职业经理人通过拥有和家族成员一样的待遇而承担更多的责任。

把所有权和经营权一点点地剥离开来，是虞江波一直努力的方向，因为如果家族的情感和企业的事情搅在一起，两边都无法健康发展。而关于家族的财富规划，虞江波介绍道："基本上现在是大家想花多少钱，就取多少钱的模式，当然也是在合理的范围内。大家都是领工资的，年底会有一小部分的奖金，纯粹的分红到现在为止还没有。买房子、买车也是这样，基本上每户都有房子和两三辆车，满足大家的基本需求。决策是由我父母来定的。这一次我们在梳理时也针对这一块更加细化和明确，包括分红制度、第二代创业基金，以及在全球资产上的配置。"

虞江波的梦想是"新光能成为中国最和谐的大家族企业、全球家族企业中的典范"，而周晓光的梦想是"在十年内使新光的销售额翻两番变成千亿级的企业"。现如今，虞江波俨然已成为家族第二代的掌门人，饰品公司的锻炼让他愈发沉稳，在管理方面的能力也愈发卓越。他开始更多地参与集团决策，为父母分忧。2015年，虞江波不但成了家，也升级当了父亲，有了自己可爱的儿子。他的岳母和周晓光是多年的挚友，两家年轻人的喜亲也让这个大家族萌发出更多的生机。虞周家族四代同堂其乐融融，年轻一代都开始显露才能。作为大家长，周晓光和虞云新夫妇也需要开始思考各个家庭间的平衡，他们应怎样吸引与甄选其他的二代和职业经理人来配合集团的发展？虞江波应怎样推动家族委员会的成立和运作？

从希望"去家族化"走向专业化管理，在经历了三任职业经理人之后，新光最终又转了个弯回到"重筑家文化"，希望把自己打造成中国新一代的家族企业，并使其建立在雄厚的"家文化"基础上。到底家族企业应该任用家族CEO还是职业CEO，在学界也是一个争论不休、见仁见智的问题。

家族 CEO 还是职业 CEO？

有学派认为，企业和家族这两个体系应该分开，企业应该职业化、专业化管理，家人尽量不要参与。偏好职业经理人的专业化企业制度是建立在所有权和经营权分离的基础上，通过专业分工和委托代理关系，实现企业组织内部的是专业能力提升和人才甄选上的瓶颈突破。这个模式的缺点则是，可能发生职业经理人与家族价值观不一致，从而导致利益导向差异、信息不对称、信任不足、代理问题等风险。

在中国，很多家族企业尝试过走向职业化的管理，但最终失败了，这跟整个中国的职业经理人市场还不够成熟有很大的关系。家族企业要保持基业长青，就必须直面接班问题带来的严峻挑战。任命家族里的继承者和职业经理人（即非家族接班人）各有利弊，学术圈对此争论不休。早期的研究文献比较主张将所有权与经营权分开，在企业发展壮大后，以职业化管理取代家族管理被视为必然选择。有些家族企业研究者则提出了家族企业的发展分为不同阶段的观点，他们发现随着家族企业的成长，聘用非家族经理人的可能性与必要性会不断增强。规模与增长的驱动成为家族企业走向职业化管理的主要促进因素，做不到这一点的企业最终会在生存竞争中败下阵来，这也是家族企业淘汰率居高不下的原因。

有几项研究对家族接班人与非家族接班人进行了比较分析，发现后者在卓越的绩效指标上的表现更为亮眼[1][2]。任用管理能力出众的职业 CEO，确实可

---

[1] Smith, B. F., & Amoako-Adu, B. (1999). Management succession and financial performance of family controlled firms. Journal of Corporate Finance, 5(4), 341-368.

[2] Morck, R., & Stangeland, D. B. Yeung. (2000). Inherited Wealth, Corporate Control, and Economic Growth. In Concentrated Corporate Ownership (NBER Conference Volume, University of Chicago Press, Chicago, IL).

以帮助公司提升绩效。不过，也有些学者重点探讨了引进外部职业经理人的风险，因为他们可能会采取投机的行为，危及家族的控制权。正因为各有利弊，家族企业面对接班问题，往往陷入到底该选用自己的孩子还是职业经理人的两难境地。

家族 CEO vs. 职业 CEO 的优劣势

究竟该任命家族后代还是职业经理人呢？我们来看看各种理论所分析的其中的风险和好处。代理理论[①]是解释企业所有权和经营权关系的一个主流理论。有些代理理论研究者指出，股东与职业经理人之间存在先天性的利益冲突。职业经理人接班的话，会面对众多利益侵占的机会，往往会顺势捞取好处，从而可能对企业的绩效造成不良影响。相反，任用家族成员接班可以有效地降低代理成本，因为自家人不太可能去损害家庭的利益。同时，交易成本理论[②]也指出，交接班中有许多无形资产是很难转移的，家族内部继任者能够分享家族企业的一些"特殊性财富"[③]，譬如家族姓氏、家族的社会关系和社会声誉，等等。这些无形资产却很难被外部接班人继承。同样，资源基础理论[④]研究者认为，任用家族接班人的动因，是因为他可为公司提供关键性的战略资源和独特的社交政治网络，拥有这方面的渠道，能帮助企业发现机遇，推动企业发展。

不过，也有人批评这种特殊的家族纽带有其不利的一面。家族成员搭便车或逃避责任的行径会导致道德风险和投机行为，家族接班人也可能会引发家族内部的委托代理问题。即使就家族纽带有利的一面而言，有时家族为了维护其

---

① Klapper, L. F., & Love, I. (2004).Corporate governance, investor protection, and performance in emerging markets. Journal of Corporate Finance, 10(5), 703-728.

② Williamson, O. E. (1989). Transaction cost economics. Handbook of Industrial Organization, 1, 135-182.

③ Sirmon, D. G., & Hitt, M. A. (2003). Managing resources: Linking unique resources, management, and wealth creation in family firms. Entrepreneurship Theory and Practice, 27(4), 339-358.

④ Habbershon, T. G., Williams, M., & MacMillan, I. C. (2003).A unified systems perspective of family firm performance. Journal of Business Venturing, 18(4), 451-465.

"社会情感财富"[1]，保持家族对企业的控制权，家族CEO会不惜牺牲企业的经济绩效。

对于家族接班人存在两种不同的观点，它有阳光的一面，也有阴暗的一面。一些研究者看到的是家族CEO的优点，例如极度敬业、深度掌握企业特有的隐性知识、具备治理优势、坚定维护家族的社会情感财富等。任用家族成员是避免代理问题的一个有效方法，这一观点得到了代理理论强有力的支持。由此可见，家族后代继任是家族企业的一个明智选择。资源基础理论的观点也对家族CEO持支持态度。这一观点从超越经济私利的角度，指出家族企业通过拥有的一系列核心资源，可在竞争中长期占据优势。借助这些独一无二而又弥足珍贵的无形资产——诸如家族声望和政治关系、社会情感财富等，家族企业可采取和实施其他企业无法效仿的战略。因此，任命家族CEO能更有保障地维护和传承此类无形资源，保持企业的竞争优势和家族世代的控制权。

另一方面，也有学者[2]提出了截然相反的观点，着重阐述家族后代继任的阴暗面。他们同样以代理理论为依据，指出家族企业决策机制的个人自主性过高，且缺乏自律，往往会形成各种内部障碍。利他主义容易诱发感知偏差、自利行为、搭便车和合同执行难等问题，从而给家族企业带来内部代理成本。他们认为这种特殊的家族纽带会诱使家族成员滥用机会，因此家族内代理关系也面临风险。有研究表明，家族成员可以利用特权额外捞取各种好处，例如特殊津贴、假公济私或通过非财产方式获得利益。此外，那些通过家族裙带关系招聘进来的人员即使不合格、不胜任，也无法将其辞退，这给人力资源管理带来了严重挑战。许多能力突出的职业经理人往往因为意识到自己晋职加薪的空间不大，从而不愿进入家族企业中工作。除此之外，因为不是以业绩和才能作为

---

[1] Gómez-Mejía, L. R., Haynes, K. T., Núñez-Nickel, M., Jacobson, K. J., & Moyano-Fuentes, J. (2007). Socioemotional wealth and business risks in family-controlled firms: Evidence from Spanish olive oil mills. Administrative Science Quarterly, 52(1), 106-137.

[2] La Porta, R., F. Lopez-de-Silanes, and A. Shleifer. (1999). Corporate ownership around the world. Journal of Finance, 54, 471-517.

晋升考核标准，更可能引发管理团队的矛盾和冲突。

对于任用职业经理人接班也有两种不同的观点。家族企业之所以不愿任用外部人才，是因为他们会带来较高的风险和威胁，其中一个就是众所周知的代理问题。[1][2][3] 一些研究得出的结论指出，任用职业经理人可能会造成"创造性破坏"的严重后果，即职业经理人在促进企业高速成长的过程中，自身权力可能急剧膨胀，最终导致家族失去对管理和财务方面的控制权。正因为害怕失去控制权，家族股东反过来就会常常阻止职业经理人的创新举措，结果反而压制了企业的增长。家族企业文化的相关文献也显示了家族企业存在超越金融方面的考虑。[4] 对于家族企业所有者而言，家族价值观与团结非常重要，不容破坏与挑衅。职业 CEO 经常遭诟病的一点是，他们漠视家族文化，往往在不知不觉中严重背离了家族的核心价值观。

但任用职业经理人接班也有其积极和阳光的一面。从人才来源的角度来看，家族继承者选自范围非常有限的家族人才池。然而选择职业经理人可以在更广阔的外部人才池中去选择最优的人才。因此家族继承者的办事效率和能力可能比不上职业经理人。与家族继承者相比，职业经理人往往受教育程度更高，经验更丰富。有学者[5]认为，任用职业经理人对家族企业解决困扰它的裙带关系和家族冲突问题也是个理性的选择。职业经理人一般受过正规的培训和良好的教育，可以带来新的管理规范和战略，推动企业发展和扩张。相较于那些子承父业的人，职业经理人客观、理性行事的倾向性更高。研究表明，职业经理人通常具备高超的管理技能，能帮助企业取得更好的财务业绩。Bertrand 与

---

[1] Berle, A., & Means, G. (1932).The Modern Corporate and Private Property.McMillian, New York, NY.

[2] Anderson, R. C., & Reeb, D. M. (2003). Founding-family ownership and firm performance: Evidence from the S&P 500. The Journal of Finance, 58(3), 1301-1328.

[3] Demsetz, H., & Lehn, K. (1985). The structure of corporate ownership: Causes and consequences. Journal of Political Economy, 93(6), 1155-1177.

[4] Astrachan, J. H., Klein, S. B., & Smyrnios, K. X. (2002). The F-PEC scale of family influence: A proposal for solving the family business definition problem. Family Business Review, 15(1), 45-58.

[5] Dyer, W. G. (1986). Cultural Change in Family Firms. Jossey-Bass.

Schoar[①]认为家族继承者的表现之所以不如外部专业人士,是由于裙带关系的破坏性作用,而 Caselli 与 Gennaioli[②]则认为原因在于家族企业未能有效地推行英才制度。图 8.1 可以表示出家族 CEO 和职业 CEO 的优劣势比较。[③]

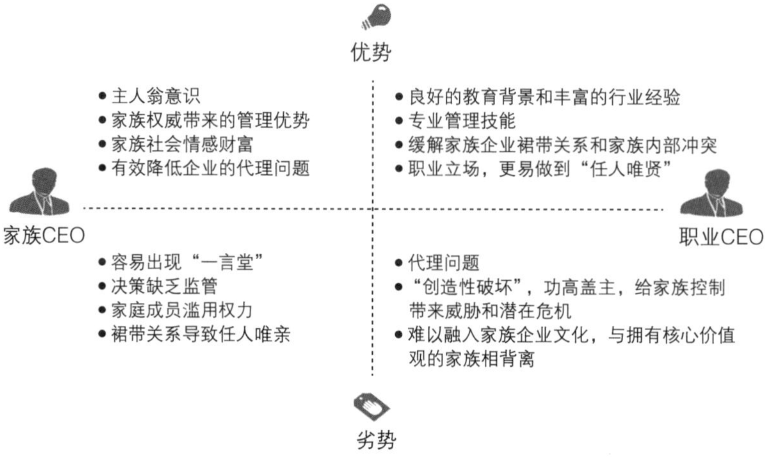

优势

家族CEO
- 主人翁意识
- 家族权威带来的管理优势
- 家族社会情感财富
- 有效降低企业的代理问题

职业CEO
- 良好的教育背景和丰富的行业经验
- 专业管理技能
- 缓解家族企业裙带关系和家族内部冲突
- 职业立场,更易做到"任人唯贤"

- 容易出现"一言堂"
- 决策缺乏监管
- 家庭成员滥用权力
- 裙带关系导致任人唯亲

- 代理问题
- "创造性破坏",功高盖主,给家族控制带来威胁和潜在危机
- 难以融入家族企业文化,与拥有核心价值观的家族相背离

劣势

图 8.1 家族 CEO vs. 职业 CEO 的优劣势比较

未来需要更多的职业 CEO

我在过去的调研中发现[④],绝大多数的一代企业家都希望自己的企业能够传承下去,只有 5% 的一代接受在后继无人的情况下减持、转让或在退休后关闭企业。但是,他们并没有一边倒地希望将企业交给家族的第二代继承,愿意考虑由职业经理人接管企业的占了半数以上(55%)。

这个趋势和《福布斯》2014 年的家族企业调研[⑤]结果不谋而合。它们的研

---

① Bertrand, M., & Schoar, A. (2006).The role of family in family firms. The Journal of Economic Perspectives, 20(2), 73-96.

② Caselli, F., & Gennaioli, N. (2013).Dynastic management. Economic Inquiry, 51(1), 971-996.

③ 李秀娟 .(2015). 富二代不再是接班主力 . 哈佛商业评论(中文版).(7-8),110-112.

④ 李秀娟,芮萌,陆韵婷,崔之瑜 .(2014). 继承者的意愿与承诺——中国家族企业传承白皮书 . 中欧国际工商学院家族传承研究中心 .

⑤ 毛婧婧 .(2014). 破解传承僵局——家族企业调查报告 . 福布斯(中文版).(9),50-57.

究数据显示，在中国 A 股市场上市的 747 家家族企业中有逾 400 家已有二代进入，人数为 700 多人；担任高管或董事会职务的二代占所有二代的 56%，无任职但持股的占 41%；另有 3% 的二代不任高管也不持股，仅为基层职员。其中，CEO 为家族成员的占 54.4%，而 CEO 为职业经理人的占 45.6%。由此可见，职业经理人接班的比重已然上升，和家族成员几乎平分秋色，职业经理人已经成为家族管理权接班的新趋势和新兴力量。

对于希望由二代继承的一代企业家来说，所有人都认为二代应继承股权。但是对于是否需要同时继承和行使管理权这个问题，近三分之二（62%）的人持较为灵活的态度，即二代以持股股东身份拥有企业，一般情况下聘用职业经理人管理企业，若企业遇重大危机或职业经理人不称职，则由二代亲自管理企业。这也从另一个方面印证了整体而言，一代企业家们对于由家人还是外部人接管企业，并没有压倒性的倾向。

不同年龄段的企业家对由谁来接班持有不同的看法。年龄较大的一代更加坚持由二代继承；相对而言，新生代的创始人（50 岁以下）则对于企业的未来由谁来管理持更为开放的态度。同样，在二代是否应行使管理权的问题上（见图 8.2），新生代的创始人同样持有更为开放的态度。他们中的绝大多数都认为二代可以不必行使管理权，可以视情况对企业进行管理或者仅仅作为股东，以持有股份的方式掌控企业的所有权。

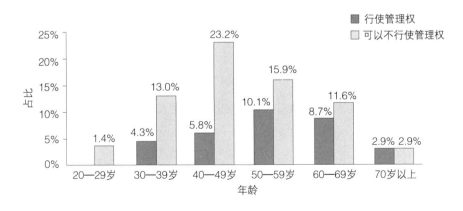

图 8.2　一代的年龄对交班方式的影响

此外,一代的学历越高,对于二代是否需要行使管理权的态度也愈加开放。在一代学历较高的情况下,认为二代需要行使管理权的比例要远远低于认为二代只需要继承股权的比例(见图8.3)。

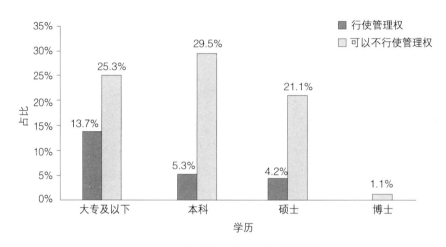

图8.3 一代的学历对交班方式的影响

由此可以得出的一个推论是,未来10年内,随着一代企业家进入退休年龄,继承企业的主力军还将会是家族的二代。但是,与此同时,我们也可以看到,随着时间的推移,当目前尚年轻且学历较高的一代逐渐步入交班高峰期时,一代可能会更加倾向于让二代继承股权而不是管理权,届时,职业经理人管理家族企业将会是大势所趋。

二代的顾虑

中国家族企业的传承刚刚进入第一波交接班高峰期内,尽管二代仍旧是一代企业家继承者的首选,但绝大多数的二代都刚刚进入社会,而且受到中国特有的独生子女政策的影响,接班二代的选择范围非常有限。家族企业的交接班如果仅从家族内部筛选接班人,则势必受到家族成员自身能力的局限。

同样,作为可能是家族里"唯一"的候选人,二代要如何面对家族使命与自身兴趣的冲突？二代们在考虑接班时往往会有三大顾虑：一是跟随父母当年一起打江山的老臣们尚在，他要如何服众；二是父母治下的企业存续的时间往往和自己的年龄差不多，无论业务还是人员都呈现衰退的状态，企业亟待转型；三是如何让做了一辈子企业家的父母彻底放权。现今，二代大多接受过海外教育，留学的背景对他们对于家族传统实业的接受度也有所影响，尤其是面对企业转型升级的压力和市场快钱诱惑的冲突，很多二代选择进入金融、投资领域另辟战场。这也使得一代不得不面对挑选合适的外部人选管理企业实业主体的问题。

可以说，独生子女政策给中国家族企业接班提供了一个极为特殊的背景，很多一代企业家担心唯一的子女因没有兴趣或是能力不够而导致无法接班，自己创业多年的心血即将付之东流。在目前家族接班人选择范围受限的情况下，一代企业家势必要考虑子女的兴趣、意愿和能力因素，权衡企业发展与家族传承的双重课题。与其强迫二代全面接班，不如慎重考虑如何引入外部人才壮大企业专业人才管理队伍。所以，目前尚年轻的一代企业家需要思考和学习如何培养及寻找适合自身企业的职业CEO，他们应既能保证企业发展，又能稳固家族控制权，即能够平衡双方关系以期实现家业长青。

家族企业的延续发展并不一定要由二代接过管理权和所有权的双重权杖，培养二代成为优秀的股东也不失为一个明智的选择。所以，职业CEO的选择和培养对家族企业的传承就变得格外重要。未来有没有职业经理人愿意到家族企业，或家族企业如何吸引适合自己的职业CEO将会是一个重要的课题。如何选拔和培养合适的职业经理人以及如何选拔能延续家族企业精神的CEO，是家族企业走向专业化管理，由"家族企业"转为"企业家族"的最大挑战。

不管是因为二代的兴趣存在偏差或者能力不足，还是企业自身发展的需求，家族企业需要职业经理人的加入是未来发展的一个趋势。但是，起用职业经理人目前对于国内的家族企业而言仍旧是一个极为微妙的选择。职业经理人的经验和管理才能或许能使企业躲过家族内讧这一劫，但职业经理人是否可以视家业为己出又是需要担忧的问题。同时，家族企业对职业经理人的考核也往往局限于业绩指标,即使采取股权激励的方式也很容易使得职业经理人追求短线业绩的快速增长而损伤企业的长久发展能力。

一些家族企业开始向多元化发展,或者开始走向国际市场,为满足企业拓展的需求,引用外部人才成为家族企业发展的大势所趋。但要让家族成员认为"外人"可以成为"自己人",安心地交出企业管理大权,却是一个非常复杂而漫长的过程。这不仅需要企业创始人的耐心、规划和度量,也考验着职业经理人的能力、道德和智慧。然而,在中国,许多第一代企业家都是等到六十多岁的时候,才开始着手考虑企业的传承问题。这个时候如果发现子女的实际理想和家业并不吻合,而企业内部也没有合适的职业经理候选人,就容易导致继承过程的不顺畅,进而直接制约了企业发展的延续性。

另外,如果企业创立者遇到不可抗拒的因素,例如死亡、丧失生存能力或突发意外事件,继承者仓促上阵不可避免地会对家族企业的发展产生不利的影响。许多研究者发现,家族企业缺乏继任计划是许多第一代家族企业没有继续生存下去的主要原因之一。在目前诸多的"80后"接班人中,无论是"子承父业"还是"女承父业"似乎也都面临这个不可忽视的难题。如浙江闰土股份有限公司前董事长阮加根意外过世后,其年仅27岁的独生女阮静波临危受命,一夜之间成了A股市场上最年轻的女董事长。而在没有明确规划的情境下,创始人如果遭遇意外,家族对企业极易失去所有权和管理权,企业的继承权往往会引发非常激烈的斗争与冲突,使得企业分崩离析。如山西海鑫钢铁集团有限公司创始人李海仓遇害身亡,其子李兆会在接班过程中就引发了家族内斗。现如今,李海仓曾经一手创建的钢铁王国也已然倒塌,令人唏嘘不已。

备选的传承路径

中国家族企业目前面临两难困境:"富二代"可能缺乏强烈的意愿或能力接班,而职业经理人的素质和动力又很难符合"创一代"的要求。这种内部和外部都青黄不接的情况可能还会持续一段时间。希望随着时间和经验的累积,中国家族企业传承问题能逐步找到出路。

除了在国内可以不断总结经验之外,我们也可以从国外借鉴经验。

路径Ⅰ:培养家庭接班

如果选择家族内部接班,我们总结出三种路径选择:一是传统的子承父业,如华茂集团;二是父子创业式接班,如方太集团;三是联合管理接班,即由有经验的职业CEO和二代联手管理,如新希望集团。我们的研究发现,二代接班的意愿,家庭的价值观和家庭关系往往起到关键性的决定作用。换句话说,如果一代希望二代接班,那么培养核心的家庭价值观和维系和谐的家庭关系是很重要的,而且必须从娃娃做起,持之以恒。更具体地说,有如下几点:

- 培育清晰的、有吸引力的家族目标和方向;
- 增加家庭的聚会和交流,一起分享温馨的家庭时光;
- 建立开明、信任和沟通的家庭氛围;
- 拥有共同的愿景及目标,并一起工作;
- 培养对于家族历史和传统的分享及尊重;
- 参与家族慈善,承担社会责任;
- 引入"导师制",为二代找个可信赖的教练;
- 设立家庭委员会,邀请德高望重的长者为家族提供建议。

路径Ⅱ:走向专业管理

而对于不愿意接班的二代,一代需要及早筹划接班人的筛选和培养问题。第一种做法是一代企业家可以选择将企业关闭或是卖出,由二代继承财富,二代则可以根据自己的兴趣重新创业。这一做法尽管不能视为传统意义上的家族企业传承接班,但是家族财富同样能够得到延续。第二种做法是由二代继承股权,但委派职业经理人接管企业管理权,如美的集团。美的搭建了"所有者、董事会、经营层"三者分离的架构,对中国的其他民营企业有重要的借鉴意义。

即使决定用职业CEO，也需要长时间、系统化地培养，创业者必须投入许多时间和耐性。内部培养的职业CEO与外部空降的CEO相比会有更多优势，外部空降的CEO在家族企业中往往容易水土不服。而在企业内部工作多年的老臣对于企业发展的各个阶段以及企业特性都较为了解，能够很好地进行内部协同管理。同时，因为和一代企业家有多年的磨合，内部培养的职业CEO在企业中更能找准自身的定位，有效地平衡企业与家族之间的关系。更具体地说，有如下几点：

- 培养与创业者有共同愿景和价值观的职业经理人；
- 建立去家族化的企业文化；
- 制定明确的商业决策规则和透明的财务管理计划；
- 制订企业发展及多元化的计划；
- 明确企业红利及资源的分配；
- 明确每个成员的角色、权利和义务，以保证人人感到被公平对待；
- 有效的物质和精神激励机制是保证人才与企业同时成长的重要养分及土壤；
- 设立一个能有效平衡家族利益、企业利益和社会利益的董事会，为企业的长远发展把握正确的方向；
- 制定家族财富及企业发展的战略规划。

一代为传承需要做的准备

无论是选择哪条路径完成企业的交接班和家族财富的传承，"创一代"一定要提前准备。一方面，中国目前的执法力度（正式制度）不够，很难对非家族高管做出的不道德或违法行为进行管制；而且社会诚信水平（非正式制度）相对较低，更是让家族企业领导者疑虑重重。此外，中国管理人才短缺的现状也束缚了这些企业家们的手脚。另一方面，非家族高管经常抱怨家族企业所有者对他们缺乏信任或期望过高。他们认为，如果自己想成为像老板那样的企业家，早就出去自立门户了。他们觉得工作和生活应该界限分明、达到平衡。所以，在未来的10年，继承家族企业的主力军可能还会倾向于家族的二代。

但是，随着时代的转移、经济的不断发展、人才市场的成熟以及国际化的需要，家族企业可能会更加倾向于让二代继承股权成为股东和董事，而不是企业经营者，届时，有能力和才华的职业经理人管理家族企业将会是趋势所在。

尽管家族企业走向职业化管理是未来的一个发展趋势，但基于国内现在对于职业经理人的培养和约束、激励机制的不完善，如何找寻适合企业的职业经理人接班任重而道远。

首先，一定要提前准备接班思路。家族企业的传承，必须提前制订系统的计划，绝不能等到一代即将交班时才开始考虑或做出安排，一代企业家至少应预留10年时间进行接班人的培养，如同美的集团那样。培养继承人需要一个过程，未来的接班人必须为掌握企业的权力和经营做好充分的准备，家族企业创始人应当有规划地对继承人进行培养，在实战中锻炼接班人的能力。

其次，培养接班人（不管是家族后代还是职业经理人），必须投入时间和耐性。内部培养的职业经理人和外部的空降兵相比有着更多的优势：第一，在企业内部工作多年的老臣对于企业发展的各个阶段以及企业特性都较为了解，能够很好地进行内部协同管理。第二，发现企业内部合适且有才干的人选有利于职业经理人忠诚度和企业荣誉度的培养。第三，和一代企业家多年的磨合，有助于内部职业经理人在企业中找准自身定位，有效平衡企业与家族之间的关系。

再次，坚持不懈地打造职业化管理体制和企业文化。美的集团创始人何享健先生提出的"集权有道、分权有序、授权有章、用权有度"的授权体系值得借鉴。这样的授权体系有利于在内部培育出优秀的职业经理人团队。当然，有效的物质和精神激励机制更是保证人才和企业同时成长的重要养分与土壤。

最后，设立一个能有效平衡家族利益、企业利益和社会利益的董事会，更是企业发展所需要的阳光，它能够为企业的长远发展把握正确的方向。

在下一部分，我们将详细描绘美的集团是如何由创始人向职业经理人传承的，以此来说明一代要如何为传承做准备，职业经理人应如何接班，以及应如何在家族企业中找准自己的位置。

职业经理人的接班

子承父业在目前中国家族企业传承的问题上依旧是"创一代"们的不二选择,但是美的集团却是它们之中的另类。何享健是美的集团的"教父",然而在奋战商海多年之后,他最终可以说是在情理之中也是意料之中地将集团管理大印交给了追随自己多年的职业经理人方洪波,其独子何剑锋在游离于集团之外多年后也终于回到董事会担任董事。美的集团的做法目前在国内还属于创举,毕竟职业经理人缺乏天生的亲情纽带,其在接班过程中所面对的困难和挑战并不亚于儿子接班时所面对的。当然,美的集团的这次交接班和何享健花了多年时间完成集团的MBO改制,带领美的成为一家上市公司,完善企业管理体制,并且多年来锲而不舍地从内部培养接班人,都有着莫大的关系。更重要的是,他给了儿子一个自由发挥的空间和平台,这么多年在外的历练使得何剑锋对于集团董事一职游刃有余。家族财富得到保全的同时,企业也由资历颇深、忠心耿耿的老臣方洪波掌控,何享健的退休生活应该非常踏实。对于方洪波来说,从接班的那天起,他就站在了风口浪尖,压力倍增。大家也都关注着这种接班模式之后美的的发展方向。我也很期待,作为家族二代的何剑锋以股东方式接任后,方洪波在管理中应如何平衡关系,如何继续打造他自己的队伍。对于职业经理人的激励和股权分配问题都会是美的今后面临的重要挑战。美的集团交接班大戏的帷幕拉开要从何享健正式从集团董事长一职卸任说起。

美的的缔造者何享健

何享健是美的当仁不让的缔造者。出生于1942年的他高小毕业后便辍学,当过学徒、工人、出纳。1968 年，他带领街道居民集资创办塑料生产小组，生产药用玻璃瓶和塑料盖，后来替一些企业做配件。走南闯北地找市场锻炼了何享健的商业意识，在刚刚改革开放后的 1980 年，他就开始为一家国营电器厂生产电风扇零配件。当年，他就学以致用，生产自有品牌的电风扇。1981 年，何享健正式注册使用美的"商标"，成为拥有 250 多人的工厂的厂长。1986 年，该厂生产的电风扇开始出口香港地区。1985 年，该厂引进日本的先进技术，开始生产窗式空调机。1993 年，美的电器上市获批，是中国第一家上市的乡镇企业。1990 年到 1994 年间，美的空调销售排名处于行业第三位。

2012 年 8 月 25 日，美的集团 70 岁的创始人、董事长何享健宣布再次从董事长职位上退休，转战幕后的控股公司，这是在他 2009 年辞去集团下属上市公司美的电器董事长职位之后的第二次退隐。美的体系是何享健几十年来一手打造的白电帝国，品牌属行业领先。集团除上市公司外，还拥有小家电、电机和物流业务。接替何享健位置的，是原美的电器董事长兼 CEO、45 岁的职业经理人方洪波。接棒之时，方洪波面临的局面并不乐观：一方面，公司业绩下滑，迫切需要转型，自己一时间未必能驾驭老臣；基层人浮于事，要按照自己的想法提升业绩，困难重重。另一方面，何享健虽是恩师，对自己赏识有加，但他还有三个亲生子女，中国人"子承父业"的传统可能对家族成员和众老臣来说更加容易接受。

方洪波得知自己将接棒美的集团以来，一直琢磨着如何摆正自己的位置。这次承担的责任比三年前接手美的电器董事长一职时更重。他知道，自己必须在千头万绪的情况下理清思路：虽然自己对美的未来的成长将不遗余力，但如果自己不能令羽翼相当的同僚心悦诚服，结果反而可能事与愿违，到时在众口铄金之下又该如何面对何享健和自己的选择？想到这些，他不由得神色凝重地陷入沉思："也许只有用事实来说话才能真正服众，然而，在互联网时代，以往的经营思路已经到了不得不改变的时候了。可是，为了实现新的愿景未免又会引发波澜。在'引领变革'和'人员稳定'的双重压力下，自己如何才能带领美的走向新的未来？"

放权事业部,培养经理人

20世纪90年代,白色家电进入战国时代,业界经常发生你死我活的价格战,各方都试图通过降价挤占市场份额从而打倒对手,全行业几乎都在亏损。1996年,美的空调的销售排名下跌到行业第7位,企业年产值从25亿元大幅下滑到20亿元,当年的利润主要来自一些投资收益。当时市面上广泛传闻政府有意让科龙兼并美的,美的品牌的市场地位岌岌可危。

在反思中,何享健认为美的之所以在激烈的竞争中呈现下滑之势,是因为公司得了"大企业病"。当时美的已经拥有空调、风扇、电饭煲等五大类产品线,共计数百种产品。这些生产线的经营全部由公司集中决策,被称为"统筹统销"。由于产品跨度大,销售人员和总部的职能部门都需要对多产品负责,工作重点不明确;同时,由于决策权集中在金字塔顶端,何享健本人既抓销售又管生产,精力已无法满足产品品类日益增多的需求。据美的集团前任高级副总裁黄晓明回忆,"当时公司有一万多人,所有部门都向老板一人汇报,他每天有看不完的文件、签不完的字"。

1997年,何享健决定引入事业部制,成立空调、家用电器、压缩机、电机、厨具5个事业部,由事业部负责生产制造及销售,而总部的职能集中于总体战略决策和控制,事业部之间的业务往来采取市场化运作方式。同时,公司启用一批职业经理人担当"外藩"重任,其中就包括让方洪波担任美的空调事业部内销总经理。为了明确职业经理人的权责边界,美的还制定了《分权手册》。总部只负责财务、预算、投资和高级职业经理人管理;事业部高度自治,可以自行组建团队,自行管理研发、生产、销售等产业链环节,具备独立人事权。何享健曾说过:"只要把激励机制、分权机制和问责机制建立好了,自然就会有优秀的人才来帮你管理。"

借事业部改制和分权经营之机,何享健劝退了部分美的创业元老,并有意淡化家族对公司的影响,其中就包括23个创业元老之一的何享健的太太。确定事业部体制后,何享健基本退出了对日常经营活动的管理,一批元老退出经营一线，而一批年轻的经理人开始走向前台。但是，当时职业经理人的人才市场在刚刚脱离计划经济时代的中国还未形成，美的启用的职业经理人基本都是几年前在内部开始培养的，他们跟随美的一同成长起来。美的学院院长及人才发展总监黄治国曾经评论道："1997年的事业部制改革，是美的一个非常重要的历史转折点。一方面是分拆成了几大事业部，实现了产品多元化背景下的经营专业化，把何总从日常琐事中分离出来；另一方面则是一批元老从经营一线退出来，一批年轻的经理人开始走上前台，方洪波也就是那时启用的。"

自从事业部制在1997年建立之后，美的的组织架构一直在调整，每次都关系到权力的收放，遵循着"授权有道，分权有序，授权用章，用权有度"的16字方针。

方洪波在美的的成长经历

1997年美的面临困境之际，何享健启用方洪波主管美的最重要的空调国内销售业务，这是何享健力排众议的安排。1992年，25岁的方洪波以内刊编辑的身份进入美的，供职于总裁办。何享健发现了他的才干，在他在美的工作的5年时间里，先后被提拔为公关科副科长和科长、广告部经理、市场部经理。这造就了1995年时人们耳熟能详的广告语"美的生活，美的享受"，美的邀请了明星巩俐作为形象代言人，令人们印象深刻。"虽然我不知道他是不是培养了别人，但他培养我，我是真能感觉到。因为他时常把我叫到办公室，拿出一张小纸条，上面是平时记的事情，和我系统地谈一次，说哪一天我在哪个场合表态不对，或者哪一天我说话很冲动。"得到老板有意识的重用和培养，令方洪波感到自己应当全力以赴。

上任伊始，方洪波亲自叩响优质客户的大门，但却因为产品不符合客户需求而吃了闭门羹。为了解决公司不能以客户为导向的问题，方洪波提出"让销售向营销转变，让生产制造向顾客需求转变"，同时向何享健建议渠道扁平化，绕过市场代理直接发展优质客户。

在当时以"以产定销"为主流思想的中国市场，方洪波面向市场的营销思路以及渠道扁平化的倡议得到何享健的认可后，美的空调迅速摆脱困境，市场地位迅速攀升。方洪波上任第二年，美的空调销量剑指三强，达90万台，增速达200%，重新奠定了美的在空调行业一线品牌的地位。何享健曾对方洪波说："现在形势这么好，我最开心的不是销售额增长了，不是挣钱了，而是我的判断没有错，没有用错人。"①

首战告捷后，方洪波平步青云。2000年，他凭借在空调事业部的出众业绩，出任美的空调事业部总经理。空调事业部是美的六大事业部中最大的，销售额几乎占当年整个集团的60%。方洪波因此被称为美的最大的"外藩"②，由于工作成绩出色，此后又屡次得到提升。

"无数个美的"难题

2000年前，"价格战"正在上演，为了实现规模经济，"急速扩张"策略几乎是所有家电厂商的不二选择，美的集团也不断开展并购，遵循跑马圈地的思路发展，几乎所有家电企业都号称"要建全国乃至全球最大的生产线，不断高举多元化大旗，以资本运作的方式拓展到其他非相关产业"。方洪波回忆道："2004年的时候，我们还没有冰洗业务，但也就是五年的时间，美的已经成为白电领域里唯一能与海尔抗衡的企业。"

随着纵向发展和横向扩张，美的集团的组织架构也愈加复杂，2004年，集团增加了新的层级——二级集团。由于业务逐渐复杂起来，以往单纯的事业部架构被认为是造成重复投入和各自为政的原因。当时，何享健对美的集团的改革方向是"投资控股型集团"，强化二级集团对于事业部的经营管控，以往事业部的权力则部分回收到二级集团。事业部制的思路依然是二级集团的基础，支持各产业的专业化经营。含有二级集团的新架构虽然通过资源统筹提高了效

---

① 智慧昉．（2014）．专访方洪波：美的如何打通禅让与转型的任督二脉．中国企业家．（7）．
② 罗天昊．（2009）．方洪波：近臣出藩之道．小康财智．10月22日．

率,也让以往事业部总经理中的优秀者在更高的职位上大显身手,但是集团架构也因此变得愈加复杂。美的高管分析称,"二级集团只不过是将以往的分兵作战模式,转为集团军作战模式"。

自此,美的拥有了美的集团、二级集团(包括上市公司美的电器)、事业部、产品公司四级架构,每一个层级都有自己的运营管理、财务管理、资产管理和品牌管理部门。各二级集团旗下一共有近 25 个产品事业部,各自独立经营,独立签订合同。美的内部曾经流传这样一句话,"没来美的前,看到的是一个美的;进了美的后,发现有无数个美的"。

这种架构映射了何享健"制衡"的哲学。何享健本人担任集团董事长,横向制衡几个二级集团,而纵向又有四级架构相互制衡。在这样的哲学下,没有人能占绝对优势,但是缺点是容易形成诸侯割据的诸多亚文化,并且随着时间的推移而愈加深化。

交班第一棒:美的电器

2004 年"太子登基"的传闻

2004 年年底,围绕美的电器董事会的变动风言四起:美的"太子"何剑锋有望近期进入美的董事局。有关"太子登基"的种种传闻终止于何享健 12 月 25 日在集团员工大会上公布的集团结构调整方案,美的集团将所有产业划分为两个二级集团:日用电器集团和制冷电器集团,分别由张河川和方洪波担任 CEO。然而,这一举动在"父传子、家天下"的中国文化传统下又迅速引发了各方揣测——虽然此举让张、方二人更有实权,但很可能背后旨在分离美的集团的"家族所有权"和"精英管理权",何剑锋可能将担任美的集团董事局主席。这次可能是何享健别有用心地安排儿子未来在更高一级的美的集团接班,而不是在上市公司美的电器接班。[①]

---

① 苏丹丹.(2015).美的接班路线图猜想:何享健仿制联想.Techweb.com.cn.

何享健之子以及盈峰集团

何剑锋是何享健的独子，1994年开始在美的体外独自创业，但和美的一直关系甚密。何剑锋的企业最初是为美的做代工，专门从事小家电的贴牌生产，后更名为盈峰集团。截止到2002年，盈峰集团已经拥有5个事业公司和2个经贸公司，员工达5 000多人。这些事业被业界认为是何享健历练儿子的一个平台。从2003年9月起，美的电器出资并购何剑锋旗下的风扇业务、电饭煲业务、厨具业务等，这直接成为2004年传闻的事实依据。因为中国法律规定董事会成员或高管必须规避同业竞争，这意味着何剑锋如果还持有相关业务，就不能进入美的电器董事会或管理层。

况且美的集团早在1997年就已经实现经营层面上的职业经理人化，何剑锋若要回归，面对的是一批美的功臣，而他在美的体系的资历未必能够服众。何剑锋本人也并未继续沿着父亲在制造业上的成功而发展，而是转而关注资本市场和金融产业。

2008年9月，盈峰集团发布公告称，根据公司战略需要正式更名为"广东盈峰投资控股集团有限公司"，宣告其从实业公司彻底转型为投资公司。何享健、何剑锋和何享健长女何倩嫦都是盈峰投资的主要股东。何倩嫦拥有合肥百年模塑科技有限公司，与妹妹何倩兴（何享健的次女）均为合肥市会通新材料有限公司的自然人股东，这两家公司都从事美的集团上游产业。同时，何倩兴也从事电子器件行业，曾经营广东新的科技集团。

何享健早前就曾表示："美的集团从来不是家族企业，不用担心接班人问题。儿子不愿回归，美的电器将来的出路，可能就是依靠职业经理人的管理。"[①] 2009年，何享健的想法更为明晰，曾肯定地表示："美的集团最后的CEO都会是职业经理人，家族只是一个股东。"

---

① 本刊编辑部 . (2012) . 接经营层面的班，从"父传子"到职业经理人 . 商学院 . (11).

快车道上交班

2008年的美的和2000年相比已经不可同日而语。2000年美的集团销售收入还不到100亿元，而2008年该数字已达900亿元。2008年，连番并购后的美的集团公布了"新三年规划"，力争在2010年实现销售收入1 200亿元人民币的规模。自从新目标提出后，美的集团内部争相拓展新领域，生产项目遍地开花。

此时，美的的职业经理人文化已经渗透到集团各个角落，美的分公司负责人全是职业经理人，核心管理职位也没有一个何家人。2009年8月26日，何享健宣布辞去上市公司美的电器董事局主席及董事职务，该职务由原董事会副主席、总裁方洪波继任。何享健则继续担任美的集团董事会主席。随着何享健的退出，美的电器董事会成员也开始完全由职业经理人担任，美的被外界称为进入了"职业经理人时代"。①

方洪波对被选中接班并不意外。早在接班十年前，方洪波就听到何享健对自己说，"你目光放高一点，你不是这个位置，要承担更大的责任"。随着时间的推移，方洪波记得何享健的措辞发生了改变，明确"未来我是要交给你"，但并没有定下具体的时间点。直到2009年美的电器交班时，方洪波还能回忆起何享健在公司大会上对成百上千人明确了一点，"公司未来要完全遵循职业经理人的发展路线，美的不会成为家族企业"。

这次交班时，美的集团正在经历前所未有的辉煌。在以规模增长为主导的思路下，美的集团在2010年进入了"千亿元俱乐部"，销售额突破千亿元。振奋人心的财务业绩令68岁的何享健提出"再造一个美的"的新五年计划——到2015年实现销售收入2 000亿元。当时，美的电器2011年第一季度制冷集团规模同比增长90%，日电集团同比增长60%，机电集团同比增长50%。"当时甚至觉得不用等到2015年，就能突破2 000亿元的目标"，一位高管回忆道。

---

① 唐明.（2012）.美的换帅：美的全面迈入职业经理人时代.中国广播网.8月26日。

业绩振荡与图谋转型

扩张受阻

2011年第二季度末,前一年的美好憧憬戛然而止。美的的财务数字出现大幅下滑,美的电器销售收入上半年同比增长59%,但净利润同比只增长13.7%,这意味着成本增加过快。美的内部分析原因,发现外部市场并未出现显著扩容,此前美的的增长是2 000亿元目标刺激下拼规模、渠道压货和降价促销共同促成的结果。在美的以往采取的低成本战略下,其产品并不出色,利润率不高,只靠大量备货和大量出货取胜。在市场并未发生爆发式增长而公司所追求的业绩目标过高的情况下,就会出现渠道压货现象。此外,在以往追求规模的思路下,因为小家电的研发和生产线的建立成本较低,为了单纯提高规模,美的集团的小家电品种曾经遍地开花,其中有一些不具备竞争优势,还有一些已然亏损。此外,集团复杂的架构也导致内部资源无法共享。这些问题造成公司运营效率低下。

美的电器领衔转型

在美的集团中,方洪波领导的上市公司美的电器是推动转型较早的板块。2011年下半年,已经同时兼任美的电器公司董事长、CEO的方洪波提出"精品工程",也就是提升产品品质,走差异化路线,提高利润率和产品形象。不过,以往的思路是降低成本、打价格战,直到把竞争对手"灭掉"。这种单靠在市场上刀口舔血的战略与修炼内功的新战略背道而驰,管理层的思路一时间很难转变过来,在一些具体工作上很可能遵循老路子,让新战略难以落地。例如,老思路是尽量压低供应商价格,到处建厂买设备,扩张产能;而新战略则强调产品意识,加强原材料的筛选和把关,将大笔资金投向研发技术和高端人才引进。

作为美的电器的董事长和CEO,方洪波已经具备足够的权力给美的电器做减法。2012年上半年,美的电器产品型号由2.2万个减少至1.5万个,砍掉只靠低价竞争和利润率不佳的产品。方洪波说:"壮士断腕——这是我当时讲得最多的一个词,必须要这么做,胳膊不砍命就没了。"2010年,美的公司员工总数为

98 676 人，到了 2011 年，只剩下 66 497 人，总人数减少了 32 179 人，被裁员工多达 32 708 人，其中生产人员减少了 32 317 人。

精简行动并不局限在产品线上。在渠道整合上，美的也大动干戈。以往规模扩张最快时，美的在每个县城都设有代理商。家电下乡政策①停止后，代理商与美的都赚不到钱，代理商冗余严重。美的开始整合渠道，五个大县设一个代理，小县城则十几个县设一个代理。

在内部管理上，公司以往对管理层最主要的考核指标是销售额和利润，其中，销售额是最重要的指标，对利润率则没有量化要求。这意味着公司虽然规模庞大，却不能给股东创造价值。从 2012 年开始，集团要求利润增长高过收入增长，从而使利润率上升。在经营上，集团必须开发高毛利产品，减少产品型号，改善内部管理，提高单位投入的产出。这意味着以往一些毛利率很低、风险较大的订单要被抛弃，而以往丢单被管理层认为是"不能容忍的"。

经过 2011 年下半年的努力，虽然由于收缩战略导致美的电器全年营业收入同比增速从前一年的 57.7% 下降到 24.9%，而营业利润却出现了 96% 的增幅。

交班第二棒：美的集团

美的电器大刀阔斧的整肃，是何享健知道并允许的。方洪波作为美的电器的董事长和 CEO，是美的电器转型的实际操刀者。美的虽然诸侯割据、文化各异，但集团以往跑马圈地的思路却是一统天下的价值观。美的面临的问题是集团整体思路不再适应环境，而要改变美的集团不在上市公司范围之内的其他业务板块，方洪波并不在其位。

方洪波内心十分担忧，如果任由美的臃肿不堪，将来整艘大船有可能沿着肆意扩张这条不归路一去不返。但是，裁员、换供应商、整肃渠道、调整产品策略……涉及内内外外、方方面面的整肃。美的急需在沿着既往路线飞奔而去

---

① 从 2008 年年底到 2011 年年底，国家曾针对金融海啸所造成的家电产品外销衰退开展对内销的补贴。

的路上敢于踩"急刹车"的人，只有具备很高的胆识和巨大的魄力，并且有资格和影响力、在事后能稳住大局的人才能担当使美的脱胎换骨的重任。如果只考虑这些因素，那么何享健是力挽狂澜、当仁不让的领导者。不过，方洪波知道，要"挨刀子"的无一不是老臣、功臣，何享健的位置也非常尴尬。

新老交接

2012年夏天，在高管惯例的休假之前，70岁的何享健与方洪波沟通了自己退位让贤的想法，说自己要退得干干净净，连董事会都不参与。在此之前，何享健还约见了美的集团的核心高管，让他们谈谈"对方洪波的看法"，其意不言而喻。2012年8月25日，何享健第二次对方洪波交班，原先担任美的集团董事局副主席、总裁的方洪波正式担任集团董事长，接手除美的电器之外的其他业务。

在告别大会上，何享健陈词："现在美的是一个国际化的大集团，没有足够的精力、能力，是绝对运营不好的，所以把经营权交给精力更充沛、更具国际化管理水平的职业经理人，是对企业负责。如果我还担任集团董事长，职业经理人的能力发挥不出来。所以我退下来，对职业经理人是件好事，他们可以放开手脚去经营……但我不是退休，而是任职美的控股公司，投入更多精力做一些战略性研究。"在告别会上，何享健也表明了自己未来看待美的集团事务的原则："以后不再过问公司经营，不再参与公司事务，也不再出席公司会议。"[①]

新一届美的集团董事会成员为：方洪波、黄健、蔡其武、袁利群、黄晓明、栗建伟、何剑峰（何享健之子）、陈劲松（工银国际投资银行部董事总经理）、胡晓玲（鼎晖投资基金管理公司董事总经理）、李飞德。除何剑锋（首次进入美的体系）、陈劲松、胡晓玲外，其余7人均在20世纪90年代加入美的，年龄相仿，平均为公司服务时间15—20年，而且都是何享健一手提拔起来的。

---

① 余骓.（2012）.创始人何享健交棒，美的进入完全职业经理人时代，IT时代周刊.（9）.

何享健对此这样评论道："将企业寄托到某一个人身上并不理智，企业要持续稳健发展，靠老板、靠感情、靠物质激励早晚会出问题。"① 据美的前高管透露，何享健曾在优秀的职业经理人之间进行了长达十多年的观察和考核，让各个事业部的领头人分头奔跑，用"赛马"的方式甄选可能的继任人选。②

集团整体上市前的资本运作

在交班给方洪波前，何享健早就在筹划集团的整体上市。从 2011 年 11 月开始，多家 PE（私募股权）机构相继从美的控股手中购得美的集团股权，鼎晖系合计持有 7.82%，珠海融睿及关联方持有 13.33%。由于 PE 机构需要所投资的公司上市或被收购才有退出获利的机会，因此，这一系列事件被外界认为是美的集团整体上市的前奏。

2012 年 8 月 24 日，也就是公布方洪波成为美的集团新任董事长的前一天，美的电器公布半年报。8 月 27 日，美的电器停盘，准备集团整体上市。新的上市公司准备纳入以往在美的集团而不在上市公司旗下的小家电业务、电机业务和物流业务。

自担任集团董事长的那一日，为集团减员增效、图谋转型的大任就被完全交到方洪波手中。方洪波还必须尽快筹划集团整体上市的战略。2013 年 7 月 30 日，美的集团通过换股方式吸收合并美的电器得到证监会批准。2013 年 9 月 18 日，美的电器摘牌，由美的集团承接。按年度营收排名，美的集团此举将超越竞争者青岛海尔和格力电器，成为 A 股最大的白色家电上市公司。

何享健离开美的集团，去往美的控股。成立于 2002 年 8 月 5 日的美的控股注册资本金为 3.3 亿元，仅有两名自然人股东：何享健持股 94.55%，何享健的儿媳卢德燕持有剩余股份，由何氏家族 100% 控股。何享健为美的控股执行董事，夫人梁凤钗为监事，栗建伟为经理。美的控股下辖美的集团、美的地

---

① 冯悦.（2011）.美的集团的职业经理人制.企业管理.（9）.
② 陈新焱，冯叶.（2012）.美的式传位.南方周末.9 月 19 日.

产等二级产业集团。美的控股在2011年10月时持有美的集团84%的股份,截至2012年6月30日,该比例降至59.85%。美的集团整体上市后,何氏家族控制的美的控股及宁波开联事业发展公司合计持有美的集团1/3以上的股权,仍然为控股股东。[①]何享健套现逾40亿元后,被认为"退而不休"转战地产行业。

传承前的铺路——集团架构调整

在经营上,为了让方洪波更加游刃有余地"动刀子"和整合资源,何享健在交接班前,将美的集团旗下原有的四大二级集团撤销,除和主业关联不大的美的地产划归美的控股,其余制冷家电集团(美的电器、小天鹅)、日用家电集团(微波炉、电饭煲)、机电集团(港股上市公司威灵控股、美的旗下物流业务)撤销,原有职能划归集团总部及15个下属产品事业部,旨在实现财务、采购、渠道、仓储等集团级别的资源全方位协同。"以往事业部之间泾渭分明,基本没有交流,"方洪波边回忆边思索着如何打通资源。

这些被取消的子集团以往都在上市公司美的电器之外,日用家电集团负责人黄健、机电集团负责人蔡其武曾经都与方洪波平级。在方洪波执掌全局、美的集团"江山一统"后,他们在董事会均有席位,并分别在美的集团统一的管理体系内承担副总裁职务,向方洪波汇报。

针对新的格局,有内部人士针对美的集团的架构调整指出,"之前何老板在公司内部有着较高的威望,所有职业经理人都听他的,而现在的架构中老板缺位的状态下,高管之间如何协调是个问题,毕竟这不再是几位高管分管一个二级平台的架构了"。

方洪波接手全局后,为集团的整合提出了未来的共识。"第一个是'小集团大事业',美的集团要变小;第二个是'一个美的一个标准',无论你是哪里出身的,都必须纳入一个整体的系统中。"新的集团总部架构非常简单,即方洪波

---

① 吴爱粧.(2014).美的集团内部权力斗争升级,7核心高管已离去3人.理财周报.7月14日.

本人领导几个职能部门。

推行高管股权激励制度

方洪波上任之后，2012年年底美的集团的形势相当严峻，营业收入1 026.51亿元，同比下降27%；也就是说，同上年相比，将近300亿元的收入化为泡影。2011年的数据还只不过是增速放缓，2012年已经呈现出真正的收缩。

方洪波心中非常清楚，公司未来的业绩像自己面对何享健的一张答卷，以往的经营模式明显已经不符合时代特征，变革迫在眉睫。但这不能单凭一己之力，而是需要集结高管团队的力量，要让他们迅速转变思维，适应未来。而且，方洪波知道，对管理层的激励不仅仅是为了这几年的发展，也是为了更长远的未来。"再过两年，我的创新能力和经营能力可能也跟不上了，下面的接班人需要提前激励和选拔，而下一代接班人的传承关系可能和以往完全不一样了。"

7人高管团队的股权激励

方洪波回忆起公司以往的高管激励机制：从2007年起，为了让高层管理人员的收入与全球市场对接，何享健在这方面下了功夫。当时凭借股改之机，美的曾经在咨询公司的建议下做过一次虚拟的股权激励计划，只覆盖7人构成的高管团队。延续这一思路，美的集团在2013年上市时，原来7人的高管团队留在美的集团的只有5个，新的7人高管团队身家剧增。[①]

美的一直以来的激励原则是不变薪酬较低、可变薪酬较高（绩效部分）、长期激励较高。但股权激励并未充分利用，2007年的股权激励只针对原先7人的高管团队，其中没有一个事业部总经理。然而，这些高管中有人负责的事业部被定位成二级产业集团，因此得到了股权激励，但这个二级集团所有的业务规

---

① 吴爱粒．(2014)．美的集团内部权力斗争升级，7核心高管已离去3人．理财周报．7月14日．

模加起来可能也超不过最大的事业部。这样的安排会产生一些不平衡，事业部是集团的根基所在，如果事业部层面上的人员没有足够的激励，未来的接班人从何培养？

核心高管人员的股权激励（美晟计划）

2012年，鉴于集团各个事业部的管理团队仍单一地采取短期现金为主的激励方式，美的集团启动了"美晟"股权激励计划，覆盖范围扩大至47人，主要针对集团部门负责人、事业部总经理和副总经理级别。这些管理人员合资成立了有限合伙企业——宁波美晟，在美的集团2013年整体上市之前持有美的集团3%的股权，这些股票来源于美的控股，即何享健的转让。美的集团整体上市之后，这些高管间接持有合计1.75%的股权。这些股权是按照销售规模、利润贡献分配给他们的。2013年到2015年间，如果集团整体业绩达到考核要求，而且个人业绩达标，这些高管们就能真正行权；如果未达到要求，那么只能以净资产退出。高管购买的价格低于当时股票的市价，再加上，如果集团整体上市后出现新一轮增长，长期激励的收入是很可观的。

未来股权激励向中层延伸

对于中层，方洪波还打算在2014年以后不断推出新的股权激励计划，覆盖面更是要延伸到1 000多名中层人员。虽然这也许是一柄双刃剑，每个人心中都对激励方案是否公平有着不同的认识，而这会直接影响到他们的心态，但是方洪波认为，从培养人的角度，各部门负责人必须通过如何分配股权这个具体的决定来思考未来哪些人才是重点培养的对象。

方洪波面对的挑战

虽然内部架构的调整令方洪波终于得以施展手脚，但他必须要面对2012年令人窒息的业务状况。他清晰地看到，沿用以往的业务模式不再能帮助自己力挽狂澜，变革必须立即开始。但是，一方面，变革能否带来日后业绩的反弹还是未知数；另一方面，变革还未完全贯彻之前，各种怀疑和斥责就已经纷至沓来。谁又能保证转型一定能起到立竿见影的效果呢？能够给方洪波底气的，是何享健对自己人品和能力的信任，以及占集团业务大半比例的美的电器在自己领导下转型的成绩单。

方洪波觉得，面对所有问题，需要冷静分析后再形成判断。"整块业务卖掉了，又要裁员，整个集团很混乱，也有各种各样的说法，这时没有多少人可以商量，要想清楚自己到底要干什么……该伤筋动骨就伤筋动骨，该快刀斩乱麻就快刀斩乱麻，来不了一点点犹豫与瞻前顾后。"

激活因循守旧的管理层

方洪波深知，一些管理层早就失去了学习新事物的动机，更为了自身利益抗拒变革，他觉得正是这些管理层思维的僵化才阻碍了美的的发展。"经理做到总监，做了几年就开职了，开始不学习、不改变、不接受，互联网是什么东西，形成抗拒，形成了自己的利益共同体，一切以我为主，我保护我周边的人，保护我这个部门的利益，也不跟别人协同。"方洪波觉得，必须对集团的结构、团队和文化彻底重组才能令美的集团焕发新生。

为了转变管理层的思维，他在各种会议上不断向高管灌输怎样改造公司，怎样适应新时代的要求："以前在美的，大家更看重当即的收入，现在要知道用户数能给我创造什么价值，流量能给我带来什么样的价值。美的以前学历最低的有两类人，一类是做售后的，一类是做物流的，以前可以搞搞仓库、搞搞运输，但现在时代已经变了，我们处在电商时代，需要和用户连接，以后对人的素质要求会完全不同。"

方洪波把对转型的态度表达得很明确："这种时候，你必须换思维、换行动，换不了，就换人。" 在一次高管会议上，方洪波甚至放了狠话："无论是谁，过去资历有多深，只要跟不上步伐，哪怕这个董事长的位置不干了，我都要动你。"事实上，集团进行事业部整合后，方洪波主抓集团战略和投资，14个事业部各自独立操作产研销,其他几位高管实际的权力逐渐被削弱。

方洪波十分清楚,精简业务、换人这种果断决绝的手段可能会不得已地伤害很多人的利益。方洪波猜测,也许自己接管美的集团的那一刻,很多已经得到股权的高管已经萌生了离开的念头,只不过没有把话说出口而已。他反复思量,近期内如果不能用业绩数字来说话,自己可能会面临众叛亲离的处境,更何况做减法的功绩是短期内难以定论的。

方洪波深知自身理性果断的管理风格与何享健充满人情味的管理风格形成强烈的反差。何享健一开口就令人如沐春风,而自己则是直截了当,把所有批评的话都放在台面上。以往,即使在公开场合与何享健之间,方洪波也敢于坚持自己的想法,甚至与之唱反调。虽然自己的领导风格不一定立即被其他人接受,但是方洪波希望所有人了解自己就事论事的风格。为了以身作则推广平等和开诚布公的文化氛围,方洪波平日放下架子,不使用独立的电梯和食堂,和所有员工一起乘坐电梯、排队打饭。

面对何享健

对美的如此重大的变革,方洪波必须思考何享健会作何反应。效力20年,方洪波视何享健与自己的关系如同父子。美的集团交班之后,二人之间的关系是否还依然如旧?在美的集团业绩碰壁的时刻,何享健给了方洪波足够的空间来实施变革。事实上,何享健每年只会参加方洪波的两次汇报会议。何剑锋在董事会中位列一席,也很少发表意见,基本不参与美的集团的管理。但方洪波内心不敢妄自尊大,他认为自己接班后必须重新定义与何享健的关系。"代理人与所有人"是方洪波对二人关系新的定义。方洪波认为自己应当谨守职业经理人的本分,即使何享健不表态,他也会不定期地向他汇报。

方洪波默默思索新的关系中的微妙之处:"这种关系建立在非常信任的基础上,而信任是在过去20年形成的。但在我接班之后的每一秒,如果哪个细节没有把握好,这种信任关系就会在顷刻间发生变化。它很脆弱,毕竟不是血缘关系,而是雇佣关系。"不过,方洪波又觉得自己与一般的代理人不同,"我是跟着老板一起干的,这种关系非常微妙,老板的一个眼神、一个表情,甚至手怎么放,我都知道他是什么意思。再加上对美的整个成长过程的了解,这是空降一个人完全无法相比的,因此美的的接班不能复制。"尽管心中五味杂陈的感觉难以言喻,但"在中国,最有效的治理还是家族企业",方洪波心中认定了这样结论。

职业经理人成功接班的案例在中国并不多见,更何况是像美的这样的大集团。既无前路可遵循,又无知心人可探讨,方洪波深深感到高处不胜寒。面对外部巨大的业绩压力、内部难以迅速转变思维的管理层以及深不可测又情同父子的老板,方洪波反复扪心自问为什么要挑起这个担子。接任美的集团董事长后,重担加倍,如果不考虑股权,方洪波的名义年收入只有以往的一半。"一定是凭内心原始的冲动,如果仅仅凭利益驱使的话,我无法带领这个企业走得更远。千里马常有,而伯乐不常有,滴水之恩,涌泉相报。"方洪波清楚地将自己定位成一个过客,三五年之后如果能力不再适合,自己也会和其他人一样退出。但至少现在,自己还是会顶住各方面的压力,不辜负何享健的一番信任。

高管层的变动

以往的两次股权激励事件后,2013年10月,时值完成交接班不久、美的集团刚刚整体上市、业务提出转型之时,黄健的离职在美的内外引起了不小的震动,外界疯传"美的内斗"。时隔不久,2014年4月和7月,黄晓明和蔡其武也相继离职。黄晓明在美的控股担任了新的职务。按照证券交易市场的规定,他们每人多达十几亿元的身家直到2016年9月18日才能解禁流通。

千里马可能到处都有,但要遇见伯乐还需要点运气。方洪波说自己这么拼命,一半是为了知遇之恩,涌泉回报。但和他同时进公司的几个负责不同板块的同僚,却没有他的幸运,伯乐相中了他这匹千里马,其他的马也就相继离开了。所有的故事都有背后的无奈和代价,其中苦乐,只有当事人自己知道。

新的业务方向

何享健给方洪波的任务十分艰巨,"不仅车不能停,还要加速,同时前方没有路,你要寻找新的出口"。从业务战略上来看,美的曾经是中国具备产品制造优势的代表,但是未来成本上升的压力巨大,低成本制造的方向必须改变,同时在竞争中还不能为了创新而减缓发展速度。

美的选择了被方洪波比喻为"第二条跑道"的战略,在 2013—2015 年间实施移动战略,即在手机端上开展家电智能化。这也许是美的未来的出路,不过,两种战略模式同时进行可能意味着激励方式变得更加复杂或者产生冲突。方洪波必须思考,怎样设计新的激励机制才能避免高管大量流失,同时又让美的这棵老树发出新枝?

从一家乡镇企业变成一家上市公司,从创业型管理走向专业化管理,从老板文化转为经理人文化,美的经历了一次又一次的变革、一轮又一轮的蜕变。方洪波也经历了一次又一次的历练,做事越来越利落,做人越来越低调。关键是他能准确把握自己的定位和立场。他说自己只是美的的一个"过客",在这个历史阶段,他负有阶段性的使命,有一天,他也会成为历史。

何享健自 1968 年创业起,经历了几轮的蜕变,到 2012 年完全交棒给职业经理人方洪波,只做美的控股的董事长,完成了家族企业所有权和管理权的分离。美的由职业经理人接棒管理,为中国家族企业树立了另一种典范。

母女传承，品牌国际化

女性领导力或是"她力量"[①]近年来逐渐为大家所关注。做女人不容易，做家族企业中的女强人更不容易。家族企业里的女性面对着更多的角色身份（既是企业管理者又是家庭的半边天），作为家族企业的成员，女性的特殊身份往往更容易被这两个系统同时影响，因此往往会面对双重甚至多重身份的冲突。无论是否在家族企业中参与管理，女性的角色都是不可忽视的。IESE商学院教授Kristin Cappuyns调研了98家西班牙家族企业中的200位"不活跃"的家庭成员[②]，并按照性别进行了对比分析。他发现，即使是不活跃的女性家庭成员，她们在"努力""忠诚"和"理想主义"的程度上的表现也较为突出。女性的直觉和敏感有助于营造承诺感，她们对家庭的强烈承诺感可以渗透到家族企业关系中，甚至可以通过影响企业家的动力以及相关商业决策来影响企业的商业表现。女性对于家庭的热情，能够为家族企业提供重要的资产：强大的"家庭黏合剂"。

"上得厅堂，下得厨房"是中华民族对于现代女性的要求，但是现代女性在家族和企业中的价值及影响力早就远远超出这一范畴。万事利集团的创始人沈爱琴无疑是女中豪杰，而她的接班人小女儿屠红燕也是巾帼不让须眉。她们既是企业的掌管者，也是母亲、妻子，因此如何平衡自己在家庭与企业两个系统中的不同角色对于女性企业家来说是一个特殊的课题。沈爱琴将自

---

① 李秀娟.(2013).刚柔并济领导力：她崛起.哈佛商业评论（中文版）.9, 52-57.
② Cappuyns, K. (2007). Women behind the scenes in family businesses. Electronic Journal of Family Business Studies, 1 (1), 38-61.

己的一腔热血都奉献给了万事利，围绕着丝绸主业打造了一个多元化的企业王国。她在挑选自己的小女儿作为接班人的过程中，传承的代际冲突也离不开其他家族成员的协调。而小女儿屠红燕和她的丈夫李建华也凭着对于丝绸事业的热爱和家族的责任，通过收购法国丝绸奢侈品牌"MARC ROZIER"、聘任爱马仕丝绸前CEO巴黎特等一系列大胆举措实现了传统丝绸业务的转型。

万事利集团的历史融合了女性创业、女承母业、女婿在家族企业传承中的角色、中国家族企业国际化以及家族企业中外聘外籍CEO的管理等相关问题的综合解决。在传承遭遇转型的当口，万事利的第二代接班人屠红燕与丈夫携手共进，致力于将公司打造成国际化企业，甚至是丝绸行业的国际龙头企业。他们将万事利的目标定位于奢侈品，而在国际奢侈品市场，至今仍很难看到中国品牌的身影。这个传统的中国家族企业在传承转型之际，借外聘外籍高管之力开始打造属于自己的国际奢侈品牌，在这个过程中，女性的角色与力量、与女婿的关系平衡等都起到了至关重要的作用。

家族对丝绸的激情与继承

万事利的丝绸渊源

浙江杭州的蚕桑丝绸生产历史悠久，至今已有近五千年的历史，享有"丝绸之府"之美誉。在汉代、唐代，杭州生产的丝绸产品，不但成为宫廷贡品，还沿着"丝绸之路"远销西方诸国。故此，杭州是历史上有名的丝绸生产和交易中心。

沈爱琴出生于杭州笕桥，沈家是当地有名的蚕桑世家，曾经建立杭州笕桥绸厂，产品远销海外。[①] 沈爱琴从小在蚕房中长大，只念了两年初中就回家务农，那年她刚满14岁。"文化大革命"时，她先后做过赤脚医生、妇女队长、公社卫生院院长等。1975年，沈爱琴接受笕桥公社委任接管杭州笕桥绸厂。这

---

① 萧树.(2012).中国绸王：沈爱琴传奇.浙江人民出版社.

是一家乡镇企业，当时厂里只有约20个农民工、10台国营大厂淘汰下来的原始铁木织机，欠债累累，没有流动资金，也没有原材料。她从亲朋那里借来2万元钱，并到上海、绍兴等地请了十几位原国有丝厂退休老工人，解决了技术问题，又建立了一套有管理特色的规章制度。但在当时的计划经济年代，原材料生丝等都是国家统一调拨的。沈爱琴一边发动全厂职工，一边身先士卒，四处寻找原料，把国营大厂废弃的下脚料用做她们主要的生产原料。但是产品销售也在国家调控之内，她又亲自带着职工跑销售，住澡堂，坐马车，渴了喝自来水，饿了吃方便面，苦口婆心地将产品打入一家家商场。笕桥绸厂慢慢还清了之前的债务，并有了盈利。但是1978年春天，沈爱琴在打击资本主义运动中成了被批斗的对象，被要求离开绸厂。但她宁愿到食堂当清洁员，也不肯离开。改革开放是中国这一代民营企业家最感恩的契机，对于沈爱琴来说，尤为珍贵。直到半年后改革开放，她才重新被委任为厂长。自此，沈爱琴一步步梳理工厂各项事务。1980年杭州笕桥绸厂通过了国家的质量检验和评比，获得许可证，开始进入全国商场进行销售。1981年，沈爱琴招聘近100位有文化基础的年轻人，并在第二年把一批优秀人才送入浙江丝绸工学院（现为浙江理工大学）学习，他们后来都成为笕桥绸厂的骨干。沈爱琴还开始对整个丝绸生产过程进行思考。当时关键的染丝环节要委托出去加工，不仅成本高，还会延误工期，于是，她决定上马染丝项目。但是整个项目需要高达500万元的资金，这在当时是天文数字。沈爱琴给笕桥镇政府写下保证书，才得以在1984年建成四层的染丝大楼，第一年便实现了60万元的利润。

现今的集团副总裁张祖琴，1982年进入笕桥绸厂，曾做过挡车工，并被派到上海印染技术研究所学习筹备新厂。她回忆当时的情形："我学习了以后回来先是办染丝厂，1985年5月《杭州日报》刊登了一整版名叫《'深圳速度'在笕桥》的报道，指出杭州笕桥绸厂在建设染丝车间的工程项目中，以每七天一层楼的速度向前推进，进度快，质量好，在浙江地区冠绝一时，赶上了当时以工程建设速度快著称的'深圳速度'。同年，我们开办印染厂，企业开始迅速发展。"

20世纪90年代,沈爱琴开始考虑技术提升。她先后到美国、欧洲考察,发现了中国丝绸生产与国外技术的巨大差距。后得知杭州有一家国营大厂本来想引进日本三棱喷水织机,但因缺乏资金而放弃,于是她决定要成为国内第一家引进此项目的丝绸厂。她先后到农业部、纺织工业部申请,又开始从镇、区到市一级级上报,再到浙江省计委立项,经过多番努力,终于通过国务院的审批,投资5 000万元人民币。后来,沈爱琴又投入2亿元人民币引进意大利、瑞士、日本等国的印花生产设备,使年产值提高了7倍,利润增加了4倍,三年内便还清了所有的银行贷款。

同期,沈爱琴一直在建立和收购与丝绸产业链有关的工厂,如化纤面料以及服装生产、为品牌代加工、进出口贸易等。她开始以"万事利"为企业名称,并进军新领域,如房地产。2000年,沈爱琴把乡镇企业改制为股权公司,共有28位股东。她为控股股东,占57.9%的股份。其他股东除了家族成员外,还有公司高管。沈爱琴表示:"改制是为了完善机制,作为控股股东,我更大的作用是决策者。万事利是社会的,财富也是社会的。与其说是大家为我打工,不如说是我为社会尽责,为大家打工。"改制之后,沈爱琴加快多元化经营,涉足生物科技、制药产业。此外,还建成浙江凯伦特纸业有限公司。2004年获得医院资格,创办杭州万事利医院,还入资其他医院。

接班的选择与安排

沈爱琴有两个女儿:屠红霞和屠红燕。因早产,屠红霞比较体弱多病,沈爱琴一直安排她做一些轻松的工作。高中毕业后,屠红霞先进入笕桥农村信用联社当会计,然后到杭州联合银行任信贷经理。直到2002年杭州文化商城——集图书等出版物的批发与零售、电子商铺、办公室、仓储于一体的集散基地——开业,经过几任总经理都理不顺,沈爱琴便叫屠红霞从银行辞职,管理杭州文化商城。沈爱琴说:"大女儿一直在我身边被宠坏了,她很聪明,办法蛮多。她在温室里长大,所以比较适应银行的工作。她在银行人际关系很好,也很大气。改制后才叫她帮我。她管到现在大家都满意。反之,职业经理人到一定的程度，要求会更高，心会变，而自己人在这里很安心。"

小女儿屠红燕身体素质好，沈爱琴一直把她当儿子培养。沈爱琴认为小女儿天生聪慧、大气、无私无畏、肯做、事业心强。1992年屠红燕从深圳大学经济管理系毕业，正逢杭州市和日本福井市进行友好城市对接，互派研究生进行交流，沈爱琴便支持她到外面闯荡。于是，她只身前往福井，每周上三天课学习服装艺术，另外三天到服装企业实习，从流水线工人做起。她说："虽然日本的公司没有我们的公司大，但是我们需要学习他们的管理。"

一年后回国，屠红燕开始时只想和朋友开个小公司，赚点生活费。但沈爱琴建议她进入笕桥绸厂，先去基层感受一下。屠红燕说："改制以后，母亲可能是有意识地栽培我。但我没有这个意识，不愿意承担太多，只是因为有时看到母亲很辛苦。"于是，她从车间流水线操作开始，还拜了几位老师傅学艺，然后转到业务部。后来，笕桥绸厂获得进口权，屠红燕赴香港负责成立分公司，开展进出口贸易。1997年，屠红燕出任万事利服装公司副总经理。两年以后，她成为服装厂的总经理，主管300多人。屠红燕2004年开始出任集团董事局执行主席，行使签字权，开始正式接班。沈爱琴表示："小女儿接班，那得要让老大先放心。她们真是亲姐妹，感情很好。有大的事情，小女儿想决定的，都征求一下姐姐的意见。大女儿开会，也维护小女儿。所以，我们厂里没有什么派系，因为家里没有。"

到2004年时，两个女婿也已在集团工作。王云飞——屠红霞的先生，1981年高中毕业后进入笕桥绸厂，是第一批考入笕桥绸厂的农村知识青年，先从事财务工作，后晋升为杭州万事利生物科技公司董事长。李建华——屠红燕的先生，1984年毕业于苏州丝绸工学院，先后在江苏苏豪集团、江苏苏豪服装厂和深圳东南丝绸服装有限公司工作，2001年与屠红燕因共同参加欧洲丝绸考察团而相识，2002年二人结婚，他2003年加入万事利进出口公司当总经理，2004年担任集团总裁，协助屠红燕接班。沈爱琴赞叹道："两个女婿比两个女儿还要优秀。李建华这个人大气、无私、肯吃苦，跟我小女儿搭配得很好。女儿进入家庭就要做母亲、做媳妇，不要去管企业的事。这么大的集团由他们夫妻俩来管理，互相谦让必不可少。其实，还是李建华谦让得多一点，因为屠红燕性子急。大女婿王云飞是我培养起来的，工作脚踏实地，管理生物科技这块也做出了非常好的成绩。"

女儿女婿的接班挣扎

与母亲的磨合

自 2004 年起，屠红燕成为集团董事局执行主席，可行使签字权，在丈夫李建华（集团总裁）的支持下，正式开始接班，志在大力发展业务。但由此开始，她也要面对与当时仍是集团董事局主席的母亲沈爱琴之间的两代差异可能产生的矛盾。沈爱琴认为做实业就要有更多的工厂和有形资产，因此应当继续扩张和多元化。但屠红燕主张要聚焦于丝绸主业，而李建华认为要把股权集中，因此他们便开始进行多项梳理，与母亲有了几年的磨合期。

李建华回忆道："实际上 2004 年到 2008 年是万事利非常艰难的四年，为万事利未来的发展打下了比较好的基础，它不是显性的，而是隐性的。传承当中最难的是什么？首先是要实现老沈总、屠总和我三个人之间的统一。" 首先，2004 年正逢杭州第四人民医院进行拍卖，同时山东日照也有一块地在拍卖。李建华和屠红燕认为当时的财务状况只能在二者中选择其一，董事会也不同意二者同时操作，但是沈爱琴认为必须要同时做。屠红燕和李建华最后选择接受，后来万事利成为国内最早收购国有医院的民营企业。李建华解释道："老董事长坚持要做，这该怎么处理？我们也阻止不了，只能让她弄起来，我们想办法去处理财务、融资问题，不能跟她硬争。"

2005 年，沈爱琴制定了"三个三"的战略目标，即建立三个基地：服装基地、印染基地、生物科技基地；打造三个市场：服装市场、商住建材市场、文化商城市场；打响三个品牌：万事利丝绸服装品牌、万事利生物科技品牌、南方家园商住建材品牌。在沈爱琴看来，企业要有固定资产和规模。

那时，丝绸主业利润低，商业模式仍以外贸和代工为主。刚接班的屠红燕却主张要聚焦于丝绸主业,她跟李建华便尝试进行多项梳理。这引发了沈爱琴的强烈反对。屠红燕解释道:"我一直有一个梦想,要让万事利变成'中国的爱马仕'。到2000年前后,我们也从事地产等其他产业,主业不够清晰,到了2005年以后调整战略,企业发展一定要有核心能力、核心产品和核心产业,开始把不是自己核心主业的卖掉,利润不好的、产业不清晰的、发展前景不好的就关停并转,突出主业,就是往丝绸上走,用五六年的时间把丝绸的主业做清晰了。"

张祖琴回忆道:"当时我们的制造厂亏了好几年,老板都不舍得割掉,因为她觉得是靠这个厂起家的,哪怕亏,还有其他盈利,可以养着它。在董事会开会的时候意见也不统一。后来根据李总的意思,要关掉很多其他产业,像房地产公司,虽跟丝绸主业没有关联但有效益,也要关掉,争议比较大。这肯定是有一个过程的,特别是关系到企业的转型升级。"

屠红燕认为,一个家庭也好,两代人也好,有矛盾是正常的,因为大家的成长环境不一样,学历不一样,面对的市场环境更不一样。在当初妈妈那个时候、那个市场环境之下能做得好的现在可能就不行了。屠红燕觉得要认识矛盾的根本,找出解决方法。她说:"有很多原则上的事情,吵过闹过,第二天又上班了。真正大的原则问题,我们会开董事会、家庭会议,也会请我母亲和我比较信任的几位资深的领导、朋友一起来听我们的思路,最后达成共识。因为我母亲是很要强的,你要心平气和地、用很好的方法跟她沟通。她也并不是不讲理,我们的目标是一致的,是为了企业的发展,都不带有私心。这很重要,是磨合的过程。"

三舅沈柏军负责的真丝厂亏损严重,最后还是被关掉了。李建华给他安排的退路是由他出任监事长,沈爱琴和沈柏军也很高兴。李建华认为:"传承过程中最重要的是内部各方面的关系怎么处理。"屠红燕补充道:"亲情永远是亲情,再吵再闹也不分家,这跟职业经理人不一样。"

而28位股东都是家族成员和集团的老员工。李建华认为要推行新战略,需把股权集中起来,以便进行决策。于是,整顿主业的同时,他说服股东把股权卖给沈爱琴。为快点完成这个过程,要价高的,他便自己买下。他解释道:"我给的条件是你把集团股份退掉，把赚钱的企业送给你们，进行股权置换，企业股权给你，客户给你，供应商给你，品牌给你，还有很多优惠政策。"

沈爱琴同意股权置换的做法："这几年，老的、新的要组合好。比如他们跟我 20 年了，现在跟屠红燕也跟不惯了，喜欢自己当老板，就让他们当小老板，65% 的股份给他们，我们有 35% 就够了。我们的风险不大，他们也能够尽心尽力地去当好老板。但是他们必须要听总部的，总部是一体化的。"

在后期，只剩下 8 位股东：6 位家族成员的股份约占总股份的 90%，其余 2 位是老员工。家族成员中，沈爱琴拥有的股份比以前更多，其余股东为沈柏军、屠家两姐妹及其丈夫。李建华表示："我的股权全部都是用钱买的。我觉得我的定位很清楚，我在这家公司里就是一个特殊的高级打工者。"

夫妻搭档携手共进

屠红燕视自己为企业家、李建华为丝绸专家。她很满意这种夫妻档的搭配："我们两个人能够在一起是因丝绸而结缘，能够在一起很好地工作是因为相互欣赏、相互包容、相互理解。我们有共同的价值观和共同的爱好，以及共同的事业目标。他说要做好丝绸传承这篇文章，要在中国行业中树立旗帜，要把中国 5 000 年的丝绸文化挖掘好、传承好、弘扬好，这是我们作为第二代丝绸人的使命。"

2011 年，沈爱琴正式交班，让屠红燕成为集团董事局主席。而李建华、屠红燕两人亦配合得越来越好，并致力于把丝绸传统产业升级为新兴文化产业，以及推行品牌、管理及技术的国际化、接轨移动互联网等，致力于"打造中国自己的世界级丝绸奢侈品牌"。

产业升级

发展丝绸礼品

屠红燕意识到仅依靠出口面料、赚取低廉的代工费，已经无法在这个时代生存，必须转型。李建华认为丝绸可以成为高端文化礼物，便成立万事利丝绸礼品有限公司，服务于企业、政府机构、大型活动等，例如 2008 年北京奥运会、国家元首会议。屠红燕表示："原来做丝绸面料每米赚 2 元的丝织品，做成丝绸礼品每米可以赚 20 元，开发为丝绸墙饰后每米利润能达 200 元，而将丝绸做成艺术品，每米的利润可能是 2 000 元，甚至是 20 000 元。"2009 年，丝绸文化礼品崭露头角，成为集团中盈利最好的产品。屠红燕补充道："现在我们内销市场比外销市场大，我们要让中国的老百姓更了解丝绸，用文化提升它的价值。"

挖掘和宣扬丝绸文化

2010 年，李建华带领万事利团队重走丝绸之路，在途经莫高窟时，获知藏经洞古绢画流失海外的消息。之后，李建华三赴法国，拿到 12 幅古绢画真迹的电子版照片，利用高新专利技术成功复制、还原了敦煌丝绢古画，赠送给敦煌博物院作为珍藏与研究之用。2012 年，万事利推出高端艺术品新项目，与非物质文化遗产丝织技艺传承人签约，制作丝绸艺术品。同年在国际丝绸博览会上，万事利推出以著名画家罗中立的作品《父亲》为原型，采取"乱针绣"技艺全手工打造的丝绸艺术品，标价达到 68 万元人民币。之后，李建华利用各种媒体倡导丝绸文化，如制作播出电视纪录片《丝行天下》、出版发行《子说丝绸》和《话说丝绸》等丝绸文化系列书籍、举办研讨会、演讲、接受访问、建立国内首个民营丝绸文化博物馆——万事利丝绸文化博物馆等。

建立国际设计研发团队

为了打造万事利的品牌，屠红燕先要改善设计师团队，邀请法国、中国香港的设计师加盟。中国香港著名现代水彩画家、香港女画家协会会长苏敏仪于 2011 年加入万事利任设计总监，把水彩画和丝绸结合起来。她每个月会有一定的时间在杭州，与设计团队一起工作。曾获纽约 Phaidon 出版社选列世界 100 位平面设计师的韩秉华也加入万事利任艺术总监。他曾任中国香港设计师协会主席及国际平面设计协会副主席，是香港特别行政区区旗、区徽的设计者。

研究新技术、新材料

除设计外，技术也是丝绸企业建立品牌的基础。屠红燕说："一个品牌如果没有自己的核心技术，做再多的营销都没有用。"2011年，万事利的企业技术中心成为全国丝绸行业唯一的国家级中心。它拥有新型材料研究室、生态染整技术研究室、现代高新纺织数码研究室、丝绸文化创意设计室四大研究机构。万事利斥巨资引进世界顶级的染整设备，并聘用一批教授甚至院士为研发人员，亦与不少大学和研究院合作研发。但屠红燕坦言："尽管如此，我们与国外大牌在技术方面还是有不小的差距。"

推行多品牌政策，接轨移动互联网

屠红燕和李建华在探索中，逐渐明晰万事利的品牌构架，从针对中端消费者群体的品牌，上下加建针对高端消费者、时尚消费者的品牌。2011年，万事利官方旗舰店正式入驻淘宝商城。2012年，万事利成立杭州新丝路电子商务有限公司，以整合运营电子商务平台，又通过此平台推出时尚消费B2C品牌"忻兰"（Shineline），针对"80后""90后"的年轻人群。2013年，万事利在行业内独家首创"中国好丝绸"创新型丝巾B2C营销平台，积极抢滩移动电子商务领域。

中国品牌，法国制造

收购法国丝绸奢侈品牌 MARC ROZIER

至于高端消费者方面，2013年，经过两年的谈判，万事利斥资500多万欧元正式收购法国家族丝绸企业MARC ROZIER，占股高达95%。MARC ROZIER于1885年在法国里昂建立，它生产丝巾的历史比爱马仕还要长50多年。它还是欧洲两家能做超高难度提花工艺的工厂之一，从原料采购到设计、提花织造、印染等制造过程全部都在法国完成。它在全球设有许多专柜，曾为40多个国际级奢侈品名牌设计与制造围巾，是法国第二大丝绸企业。

李建华认为丝绸的未来就是往奢侈品方面发展。中国已经成为奢侈品消费第二大国，但全球的 75 个奢侈品品牌中没有一个是中国的。其中前 15 个奢侈品品牌中，有一半是法国品牌，著名的爱马仕就是法国制造，所以万事利要注入"法国制造"的概念。他说："现在这家企业属于我们，将会为万事利代工，将来这家企业还会继续给一些世界大牌代工，但主导权在万事利手里。过去我们的传统企业以做国外品牌的 OEM 而骄傲，现在我们让国外的企业帮我们加工，这是一个巨大的转变。"万事利也会在国内推广此奢侈品品牌、举行时装秀、开办品牌体验店。屠红燕补充道："他们的设备比我们落后 30 年，但产品质素比我们高，我们要向他们学习。"

同年，中央提出打造"丝绸之路经济带"的国家战略构想，给丝绸行业带来了动力，亦鼓励万事利实行国际化。

聘任外籍的执行总裁："现代的马可·波罗"

2014 年 7 月，万事利正式聘用法国爱马仕丝绸前 CEO 巴黎特，出任万事利丝绸文化股份有限公司执行总裁及万事利集团旗下法国 MARC ROZIER 的执行总裁。他负责培养万事利的人才、引进一流的欧洲设计师、研究与实施品牌构架及国际化发展的战略等，亦负责 MARC ROZIER 在中国市场以及欧洲市场的重点布局。所以，他大部分时间在法国，也会经常来杭州。当时杭州丝绸行业协会会长认为巴黎特的加盟是杭州丝绸发展的重要里程碑。[①]

李建华于 2014 年 3 月到巴黎跟巴黎特会面。他回忆："当时我想象爱马仕的老大肯定是傲慢、自满的，但当我们坐下来说第一句话的时候，我就感到我们的缘分到了，因为我们谈丝绸、谈文化、谈丝绸之路的时候，有很多的共同点。"李建华指出，万事利还是一家小企业，肯定比不上爱马仕，他感觉要是每次都和巴黎特谈钱的话，估计巴黎特就不会坐在他旁边了。但是如果巴黎特能实现他们的梦想，应该能拿到比爱马仕更高的待遇。巴黎特回忆道："我们双方见面时，虽然语言沟通不是很好，文化也有障碍，但因为对丝绸的热爱，让我

---

① Yan, Yiqi. (2014). Wensli has designs on European silk market. China Daily USA, July 3, 16.

们两个人团结在一起,承担着现代丝绸承接的重要使命。"

巴黎特随即于 2014 年 5 月来杭州参观万事利,与集团高管进行交流,也受到了浙江省省长和杭州市市长的热情招待。在和市长交流的过程中,市长对此项目做了很多评价:要成为一个好的奢侈品牌;原料要基地化,要结合法国和中国的技能,拓展全球市场。在巴黎特看来,奢侈品消费正在往亚洲转移,尤其中国市场更是发展迅速。中国的丝绸品牌正处于从普通品牌到高端品牌再到奢侈品牌方向发展的重要阶段。而最终吸引他加盟的原因是:万事利高管团队的凝聚力,万事利对丝绸文化的执着精神、对丝绸产业的认知度和熟悉度,以及屠红燕、李建华两人的人格魅力,而他们要打造"中国人自己的奢侈品牌"的梦想完全符合巴黎特的理念。巴黎特补充道:"我出生在丝绸之都里昂,所以我个人对丝绸非常热爱,我认为从杭州到里昂的丝绸之路一定会有一个中国的奢侈品牌出来,最有可能的就是万事利。"

巴黎特和万事利也需要磨合。比如说原料,他在爱马仕的时候,80% 的蚕丝是从巴西买的,但全球 90% 的蚕丝是中国产的。他认为巴西的气温比较均匀,而且巴西桑农是农场制经营,产量比较稳定,他们也掌握了很好的生产流程和技术;但中国的蚕丝生产是家庭作坊式的,产量因此比较不稳定。李建华指出:"实际上中国也有很多好的丝还没有进入巴黎特的视野,希望他入主万事利以后,我们能把更多的信息告诉巴黎特,让他在欧洲进行很好的宣传,我们也愿意更多地在此宣传法国的丝绸文化,使新的丝绸之路走得更加顺畅、精彩、辉煌。"

另外,巴黎特也希望中国对奢侈品界有更深的认识。他说:"我不希望讲万事利'集团',应说是万事利'世家'。打个比方,我们从来不会说路易威登集团或者香奈尔集团,我们用了个单词'MAISON',中文翻译为'世家',比如说爱马仕世家。法语中的'世家'还有一个含义,就是手工艺家族,所以在法国往往不说去了一家奢侈品企业,而是说去了这个世家。"

数月后,李建华指出巴黎特的成果比预想中的要好很多倍,他的能力和水平完全超出意料。李建华说:"他做了一个 3 年规划,然后给我们汇报了 12 个小时。他告诉我们，他今年要完成的销售任务里，团购会有多少，零售会有多少，团购是哪几家企业，为什么是这几家企业，现有是这几家企业，我还要开发哪几家企业，我为什么能开发这几家企业，我怎么去开发这几家企业，我的优势是什么，我有多少把握能够把这家企业开发下来，开发完了以后我要做哪些产品服务于它，跟谁去做，我们招人是怎么个招法，我现在手头有几个人可以做这件事情，等等。他带来了品牌精神和企业管理文化，以及做事情的精细程度。我们跟他有这样的合作，相信双方都很坦诚，也很开心。有一点我们开始时没有想到，就是他在欧洲有巨大的人脉资源，希望我们去跟欧洲最大的一些丝绸企业联合。他本身是国际化的人才，能够接受全世界不同国家的文化，他去过中国、巴西、印度等，知道每个国家的文化背景和历史。此外，我们也不断跟他沟通和交流。你说有没有文化上的差异？有。在欧洲一家企业只能做一个产品，你要做四五家就要成立一个公司，不能搞到一起去。这是我们要接受的他们的文化。我觉得我们国际化的核心是要学习他们的东西，而不是把我们的价值观强加于他人，但这是很困难的，因为在欧洲他们是不认可中国的这种方式的。"

有了巴黎特的助力，万事利加快了品牌打造和国际化合作的步伐。例如，2015年1月，万事利发布"凤凰之家"轻奢品牌，原料选用最高等级的5A乃至6A级天然桑蚕丝，设计中融入了许多中国元素，价位定在人民币1 500元到3 000元之间，包括丝巾以及丝绸家纺，并将于秋冬季推出"凤凰之家"生活概念馆。他们特意采用"凤凰"为品牌基因，正如爱马仕采用"马"为品牌基因。

至2014年年底，万事利的丝绸主业仍是中国行业龙头，营业收入比2013年增长了10%，利润增长了7%。2015年，屠红燕对万事利的长远未来进行了深度思考。屠红燕有很多计划："我们会在国内上市。我们在丝绸这一块，现在也是龙头企业，要实现持续发展的目标，也包括在国内、国外开专卖店，收购国内、国外优秀的品牌企业。我觉得现在的企业发展不要太追求速度，一定要追求质量。在追求财富的过程当中，我们还要让自己活得更健康，让我们的基层员工随着企业的发展能够得到更多的实惠。我们企业的员工，离职率是很低的,有很多夫妻,俩人都在企业里面工作。"

要实践这些计划,需要人才。对于职业经理人和传承,屠红燕的看法是:"从集团来说,我们是家族控股,但是未来的发展,我们会请更多的职业经理人参与其中。企业家族可以传承,股权可以是家族化的,但是经营管理必须是职业化、专业化。"

家庭关系——母亲,女儿,女婿

中国许多家族企业的传承采取的是典型的子承父业的模式,但在万事利是女承母业,女婿扮演了一个特别有助力和建设性的角色。沈爱琴与屠红燕的接班过渡并非一帆风顺,尽管母女间的交流可能会比父子相对缓和一些,但是一代的强势性格和二代的新兴思维相碰撞,冲突也是在所难免的。沈爱琴与屠红燕之所以产生矛盾,其主要原因是母女间的代际差异。沈爱琴和屠红燕相比,受过的正规教育相对有限,而屠红燕不仅受过良好的教育,还出国学习和锻炼过。沈爱琴起家之初经历过"文化大革命"的动荡和改革开放,无论在怎样的逆境下,都有着强大的信念带领企业稳步向前、渡过难关,而在改革开放的契机下也善于把握机会。相较之下,屠红燕更擅长于趁势而起,抓住中国经济上扬的大好时机来获得更大的利益价值。两代人不同的成长经历和时代机遇势必会造成她们有着不同的管理和经营理念,沈爱琴的管理哲学与大多数草莽出身的一代企业家一样,缺乏规范管理的意识;而屠红燕则不一样,她更看重商业模式、管理理念及实践,更希望用接近西方成熟的商业体系来治理企业。在老一辈的企业家眼中,企业一定要做大做强,只有规模达到一定的程度才不会被同行挤垮、吃掉。所以沈爱琴在推动万事利发展的过程中,比较追求规模效应,并且逐渐将万事利打造成一个多元化集团。屠红燕接班后,认为丝绸是万事利的核心,而核心产业及其相关能力的发展才应是万事利的制胜法宝。

与此同时,正因为起家的背景和经历不同,沈爱琴这一代人在与政府、工人和当地社会打交道的时候,更倾向于集体主义精神的展现,更加看重情义层面的东西；而屠红燕所代表的二代会在"人情"之外更多地考虑理性和资本价值的投入回报等因素。中国的这一批家族企业都是在民营经济的荒原上生长起来的，对于沈爱琴这样的企业家，她们的首要目标是保证企业生存，其次才是追求利润的最大化，以此来实现对地方和国家经济的贡献。所以一代企业家们的发家史也是中国民营经济的成长史，她们在自身家族企业壮大的过程中不仅积累了资产与财富，同时也为中国的经济做出了不可磨灭的贡献，对促进地方就业等也做出了特殊的贡献。而像屠红燕这样的二代企业家，她们大多站在父辈成功的基石上，对于利润的追求并不是她们发展企业的原动力，愿意接班的她们往往对产业有着梦想，比如建立一个属于自己家族的国际奢侈品牌。她们更多地会倾向于文化、品牌的建立，以及一种生活理念的推广。

如果说沈爱琴历经起伏的路程必须要靠坚定信念的支撑，那么屠红燕在新的经济形势下就必须学会不断顺势而为，调整战略。所以，母女俩一直在原则性问题上争争吵吵，但屠红燕了解并能接受母亲的性格。为了解决这些问题，屠红燕付出了努力，找到了双方矛盾的根源，并利用自己的领导能力与沟通技巧说服母亲。例如，她请求一些值得信赖、经验丰富的领导干部和亲戚朋友来调解双方之间的矛盾。在丈夫的帮助下，她还弄清了母亲为什么不愿将三舅沈柏军手中最后一家亏损工厂关闭。随后，夫妇俩说服沈柏军关掉这家工厂，出任集团监事长，最终打破僵局。这样的安排也让母亲感到满意。

多年来，屠氏家族所有成员一直齐心协力、和睦相处。作为母亲，沈爱琴决定让小女儿屠红燕做接班人时非常慎重，还想方设法地让大女儿放心。两姐妹的关系也非常亲密，屠红燕尊重姐姐，而屠红霞也支持妹妹，但从不干预妹妹，而是放手让妹妹处理公司业务。例如，屠红燕夫妇外出旅游时，屠红霞经常照顾他们的女儿。两位女婿一直比较谦让，从来没有对屠氏母女大动肝火。此外，将公司交给屠红燕夫妇打理后，沈爱琴将很多精力投入到绘画当中，放手让他们管理公司。

在这个过程中，我们可以看到两代人的妥协与让步，顺利交接班在很大程度上是因为她们在自身差异之外还有着相当多本质上的共性。首先，母女俩对于家族有着高度一致的信念,那就是维护家族的团结与和睦,任何针对企业管理的争论都不会影响家族成员间的情感。其次,母女俩对于丝绸的热爱和激情都促使她们努力发展这一事业,尽管方法可能不同,但本心一致。再次,无论是一代还是二代,母女俩对于先进的理念、方法和技术都保持着企业家的好奇心与学习精神,本着开放的心态向发达国家的同行学习。从次,两代人都勇于承担自己对于家族和企业的责任,这些也都有助于万事利在行业内处于领先地位。最后,也是家族企业代际传承中最重要的一点,那就是企业家精神的流传。母女俩都非常努力,辛勤工作,从来不怕任何困难,对于企业的发展和行业的拓展都敢作敢为,能承担得起风险,也把握得住机会。正是因为秉持着这种担当力,才可以正向有效地促动万事利的传承与转型。

二代企业家相较于一代企业家来说,时代环境和教育背景不同,具有三方面的优势:一是帮助家族企业从情理走向专业化管理,二是帮助家族企业转型升级走向国际,三是对于金融资本的运作以及互联网市场的涉入较为深入。屠红燕自接班以来,帮助家族品牌重新定位,将丝绸文化的愿景及梦想融入企业发展,并在国际化战略部署上很有成绩,通过三大举措步步推进企业的国际化战略。尤其是敢于启用外籍职业经理人负责主业板块,魄力可嘉。

婚姻对于家族企业的意义远不止生活伴侣这么简单,尤其对于家族企业中接班的二代来说,优秀的另一半在传承的过程中往往起着至关重要的作用。[①] 有学者的研究发现,家族企业的价值会受到控股股东家庭成员的婚姻的影响,从而两个被连接的家庭之间形成一种终身的关系。因为婚姻而产生的家庭网络可以促进信息和资源的交流,鼓励在网络中的家族企业之间的业务协同效应。这样做的好处是越大的企业,其业务越高度依赖于专有信息、政治关系和独家资源。婚姻也可能有助于家庭的紧密相连,以及他们所拥有企业的商业联盟。其结果是,这种形式的企业联盟,如果涉及横向竞争者或上下游供应商和客户,

---

① Bunkanwanicha, P., Fan, J. P. H., & Wiwattanakantang, Y. (2013).The value of marriage to family firms. Journal of Financial & Quantitative Analysis,48(48), 611-636.

就可以消除企业之间的竞争。

回看万事利集团,除去两代女性领导人之外,屠红燕的丈夫李建华在万事利传承与转型的过程中可谓功不可没,夫妻携手同心,既是生活上的伴侣,更是生意上的伙伴。应该说,家族和企业这两个系统在他们身上得到了完美的融合。作为夫妻,他们必须很好地平衡自己的家庭角色和工作角色,在公司里,屠红燕是董事长和党委书记,主抓万事利的大方向和战略布局。她的身份很清晰,是一个定位于商业的企业家,更侧重于对外的联系,如人脉、资源网络、媒体曝光等,屠红燕本身也是万事利最出色的名片之一。而李建华是集团总裁,同时也是董事会成员,他更像是一位专家学者,专注于丝绸文化的研究和推进,也更加倾向于企业内部的事务处理,包括具体地设计和执行集团策略与业务操作。如果说屠红燕代表万事利活跃在聚光灯下长袖善舞,那么李建华就是她背后最大的支持,无论是在业务上还是在情感上。夫妻俩对于家族企业的事业都充满了热情,对于丝绸文化的传承和推广不遗余力,都希望万事利可以成为行业典范。

回到家里,屠红燕既是女儿,也是妹妹、妻子和母亲,每重身份在家庭和企业中都有特殊的影响。作为女儿,她孝顺母亲;作为接班人,她敢于提出新的理念去改变母亲的想法;作为妹妹,她在生活上会得到姐姐的照顾,在企业里她会承担更多的责任,而和姐姐的关系也会从家庭延展到企业中,让姐姐协助打理一部分集团业务。这些多重角色需要她很好地区分清楚家与业的责权。作为妻子和母亲,她需要在生活上关心丈夫、疼爱孩子,但同时,集团事务也偶尔让她分身乏术。屠红燕和李建华虽说共同打拼,但由于在集团内分工明确,并不会24小时都待在一起。空闲的时候,两人可能会利用难得的午休时间在办公室共进一个简单的午餐,或许讨论一下公司业务,或许聊一下家里的事情。尽管在公司里屠红燕是李建华的"老板",但在家里她一直努力充当贤淑体贴的妻子,只要自己有空,李建华出差要用的行李她一般都会亲自打包。

而作为女婿,李建华在屠家以及万事利集团都能找准自己的位置,善于处理各种不同的关系,对家庭、对公司都有所贡献,这就是他的过人之处。一对夫妇在家里互相扶持,在公司里是合作伙伴,要处理好这种关系并非易事,但李建华夫妇坚持积极沟通、坦诚交流。他们甚至针对双方在公司和家里的分工、情绪的处理以及矛盾的化解制定了一些原则。他们两人都知道如何在坚持自我(自尊心)与体恤他人(他人的需求:被关怀与被尊重)之间找到平衡点。

在工作中,他从一开始便为妻子接管万事利提供支持。例如,他攻读 MBA 学位,丰富了企业管理知识,拓展了人脉;通过股权集中促进公司转型;甚至为了加快主业整顿的进度而高价收购其他股东的股权。为了说明公司内部不存在裙带关系,他自己出钱购买公司股权。他非常清楚,在接班过渡阶段,最重要的问题就是统一自己、妻子以及岳母三个人的思想,处理好他们与老一辈的内部关系。与岳母或妻子出现矛盾时,他还善于把握分寸,知道自己是否应该退让。他还经常调解妻子与岳母之间的矛盾。这些年来,他屡次提出推动业务转型的新创意,例如,发展礼品业务、利用文化提升丝绸价值、推出移动设备销售平台,等等。

在家里,李建华是一位富有责任感的父亲、丈夫、儿子和女婿。他尊重屠氏家族的成员。在李家,他是典型的中国式的"一家之主",能够为屠红燕提供依靠。应当说,这对夫妻档的比翼双飞得益于他们彼此理解、包容、信任和欣赏,并且对丝绸行业有着一致的追求。人生目标在事业和生活上都非常统一,也会拿捏平衡自己不同角色的定位和职能,不会出现角色跨界的混乱,从而使得家庭和谐,企业管理合作也非常顺遂。夫妻间的支持对于企业的发展有百利而无一害,无论是在情感上还是在财务、人力资本的支持上,双方的互助互持都影响至深。

夫妻搭档

夫妻档一直是中国家族企业中最重要的组合关系。两个有着相似背景和共同爱好的人,在一样的生活环境或是压力下对于未来的规划存在高度的统一性。在共同目标的驱动下,夫妻间由感情基础萌发的创业激情能够更好地推动家族企业的发展，而两人在与企业发展并驾齐驱下的共同成长经历也显得弥足珍贵。①

在企业发展的过程中，合伙人往往会面对各式各样的管理问题。当合伙人既是事业搭档又是生活伙伴时，企业管理中不可避免地会掺杂一些情感因素。对于夫妻档来说，需要注意以下三个方面的管理问题：

首先是冲突管理。任何企业事务的管理中都会产生冲突，这也是家族企业里至关重要的一环。如果说两代人或其他有血缘关系的亲属之间可以通过血浓于水的亲情对矛盾冲突进行感情中和，那么对于夫妻而言，如何化解冲突而不影响彼此之间的感情就是一个非常重要的问题。在企业初创期，彼此确定明确的决策规则可以很好地避免冲突的产生。夫妻间要明确彼此在企业中的角色分工，划清各自的权责界限，并且对于需要共同决策的事务能够采取良好的沟通方式和达成共同的责任目标。当然，随着企业的发展，夫妻各自的权责划分可以不断做出相应的调整，但是一旦达成共识就应该遵循决策规则，避免不必要的混乱争端。

其次是角色管理。夫妻档使得双方在婚姻角色中同时附加了创业伙伴的身份，于是，两种角色切换过程中的管理就显得格外重要。夫妻二人一定要对自我角色的定位有着明确的认识，并加以有效的区分。在企业事务和家庭事务的切换过程中要能够清晰地认识到自己在不同的时刻、不同的情境中应当是不同的身份角色。如果在企业事务处理过程中带入丈夫或者妻子的角色就会使业务发展掺入过多感情因素，进而影响企业正常的发展进程。而若在家庭环境中带入企业职位角色，又会影响家庭关系的和谐，不利于夫妻感情的融合。这也就是我们常说的不要把工作情绪带回家的原因。

最后是情绪管理。夫妻感情是非常特殊的依存关系，会同时有爱情的激情以及家人般的亲情。但是当夫妻成为事业上的合作伙伴后，彼此之间角色的双重性不可避免地会在一定程度上影响双方的情感交流。在 Cappuyns 教授的调研

---

① 李秀娟, 陆韵婷. (2014). 跨过夫妻之间那道坎. 接力. (9), 62.

中[1]，家族企业中的女性相对于男性来说，在追求卓越、强调工作伦理以及节俭上都更敏感和自觉。所以，家族企业中女性的情绪管理就变得尤其重要。有效的情绪管理可以避免夫妻双方产生矛盾，提高沟通交流的效率，从而增强彼此之间的感情和信任度。一些工作上的情绪原本可以回家对另一半倾诉，然而面对双重角色的丈夫或妻子时，情绪的出口就需要有别的转移方式。这就要求夫妻档的企业家们对于彼此要有更大的包容度，以及一定的自我空间。只有情绪得到良好的调节和管理，才可以很好地平衡家庭和企业的角色关系。

随着中国家族企业的发展以及传承期的到来，越来越多的夫妻档出现在接班二代中。对于这些站在一代企业家肩膀上的二代夫妻们来说，事业与婚姻的双重互利是彼此间共同成长的完美结合。

当然，与此同时需要被夫妻档重视的一个问题就是双方原生家庭的管理，此外，如何处理与一代之间的关系也是家庭及企业双方能否和谐发展的重要因素。夫妻间一定要达成共识，形成一致的人生目标，这样才能共同面对来自生活和事业的双重挑战。同时，利益的分配也是需要被慎重对待和处理的问题。尤其对于创业夫妻来说，往往共苦容易同甘难。只有利益分配机制合理清晰，才有利于企业长期稳定的发展，而不会因为个人情感或是私利因素制约企业的长效永续推动。尤其是在双方亲属关系牵涉众多的情况下，明确的利益分配机制可以有效地保障家族财富和企业资产的区分。

所以，对于夫妻档来说，彼此间在家庭感情和企业目标的双轨发展进程中，如何携手形成彼此一致的默契是需要双方在彼此尊重的前提下共同磨合的。夫妻间要拥有一致的价值观和人生目标，才能很好地平衡企业与个人的需求差异。两个人的沟通方式与包容能力都直接决定了夫妻档在商场中能够书写出怎样的故事。有共性，又各有所长，能够相互合作的眷侣注定能够成就事业与家庭的双赢。

---

[1] Cappuyns, K. (2007). Women behind the scenes in family businesses. Electronic Journal of Family Business Studies, 1 (1), 38-61.

父女接力,战略转型在路上

太多家族企业的创始人们都在交班、接班、选择谁、怎么培养、如何放权、财富分配等问题中踟蹰前行,人生只有一次,而商机也可能转瞬即逝,如何在一个瞬息万变的时代里考量家业长青的问题,或许需要更多的勇气,也需要更多的智慧。在前面的章节里,我们讨论了在中国文化中最能接受的"父(母)业子承"模式、越来越重要的职业经理人继承模式,以及比较少见的"母业女承"模式。那么"父业女承"模式又会是什么样子呢?

青岛红领集团的张家就是"父业女承"并且在传承过程中解决企业转型升级的一个典范。1995 年,张代理和弟弟在青岛即墨创办了青岛红领服饰有限公司(简称"红领服饰"),专做成衣生意。此前,张代理已在服装行业摸爬滚打了近 20 载。改革开放初期,他便开始经营服装;1986 年,创立莱西佳丽服装厂,靠翻版港台成衣样品生产夹克;1988 年,与一家台湾服装企业合作,成立了大陆第一家服装合资企业——青岛西思达制衣有限公司。

成立之时,红领服饰走的是批量生产、贴牌代工、商场销售的传统路径;后于 1998 年 10 月正式成立了集团公司,2000 年 6 月进行股份制改造,完成了向现代企业体制的转轨。彼时,兄弟二人分工明确,张代理主要负责服装的生产、采购和定制,他的弟弟主要负责销售。2002 年年底,弟弟选择转行做房地产生意,张代理便将红领集团的零售业务接过来。

那时,中国的服装市场增长潜力巨大。中国是世界上最大的服装出口国,占国际市场份额的 1/6。2002 年,中国每年的服装消费为 2 400 亿元左右,其中,国内市场供应达 95%。对于传统服装企业,在那样一个市场需求大于供给的年代,只要按照传统模式做下去就能赚钱。①

然而,张代理却看到了不一样的未来。作为制造业,传统服装行业的成本优势正在逐渐消失,服装从设计、生产到消费的周期过长,故成衣行业一直被库存难题困扰,而且还面临同质化的问题。同时,他认为传统服装制造业的商业形态是非常不健康的。厂家制造的产品通过中间商、渠道商、代理商卖给消费者,中间抽成、欺诈、欺骗等现象严重影响着整个商业生态。张代理意识到,"低成本+低价格+渠道"式的金字塔不是制造业的长期出路。②那么,企业要如何突破传统服装行业的模式呢?

走向"个性化定制"

服装行业出身的张代理一直坚信最合身的服装才是最好的。与弟弟分家之后,张代理决心带领企业向"个性化定制"转型。一般来讲,服装定制分为三种:第一种是简定制,即按标准型号生产,不改动版型;第二种是半定制,即在标准版基础上简单地套码,按照成衣尺寸对个别部位的长度进行加减;第三种是全定制,即完全按照客户要求,为其量尺寸、匹配专属版型、配专属工艺,进行单件流制作。③

但是,传统的服装定制业也存在一些痛点,比如,对经验的依赖性特别强,花费时间长,成本高。为了解决这些问题,张代理在20世纪80年代多次去德国、日本等国参观服装定制企业。在德国参观了一家全定制的服装企业之后,对方先进的技术和高效的生产力给张代理留下了深刻的印象。于是,他从德国引进了第一台服装定制的生产设备。张代理说:"我对这些数字化的东西很敏感也非常喜欢。"早在1986年他就购买了电脑,还为自己的子

---

① 蒋衡杰.(2012).入世对我国服装行业的影响.纺织经济周刊.(1),13.
② 红领:以零库存实现150%的业绩增长.中国纺织网.2015年3月28日.
③ 服装定制的趋势——真正的全定制.http://www.redcollar.com.cn/detailed.aspx?nid=122,2015年10月26日访问.

女请了电脑老师。"我是学习他们的那种概念。我是比较有悟性的。"张代理坚信,"一定能做好!创新是有风险的,有巨大的风险,有巨额的成本,但也有非常好的未来。"在他看来,最好的未来就是最高的效率、最低的成本和最强的盈利能力,大规模个性化定制是创造这一未来的必经之路。他认为红领应该做的就是这种"一人一版,一衣一款,一件一流"的工业化流水全定制生产的模式。

应该说,在思考企业传承之前,张代理先想到了如何让企业活得更久、更好。在互联网时代,制造业将往何处去?张代理对于红领的发展转型定位十分清晰,而且,也正是企业家精神的那股韧劲让他挺过了最初的艰难。

传统服装行业的颠覆者

在很多人看来,个性化定制和大规模生产本身就是一对矛盾体。张代理则认为,规模化最基本的要求就是标准化,而个性化就是标准化的最大化;如果定制的各个环节都变成标准化的环节,便可以实现大规模的个性化定制。为了证明这一点,张代理"十年磨一剑",打造了一个3 000多人的工厂实验室,借助大数据技术和互联网思维,搭建了具有自主知识产权的RCMTM(Red Collar Made To Measure,红领西服个性化定制)平台系统。

大数据技术驱动大规模定制

RCMTM平台于2012年4月上线。消费者在全球任何一个角落,只要能上网,就可以通过RCMTM平台下单定制自己想要的西装。整个定制生产流程包含30多个子系统,全部以数据驱动运营。[①] 通过这个数据系统,所有服装细节都可以实现个性化定制,在流水线上做到大规模工业化生产。这套系统是红领集团从过去10余年积累的200多万名顾客的个性化数据中找到共性研发设计而

---

① 红领集团李金柱:数据可以是金子也可以是垃圾.新浪财经.2014年10月16日.

来的。每一项数据的变化都会驱动9 666个数据的同步变化,数据之间有着很强的连接关系,因此确保了衣服的贴身合体。①

独创"三点一线"量体法

一般而言,服装定制要经历量体、打版、剪裁、缝制、试穿、修改等步骤,基本由手工完成。因为每个人的体型都不一样,这些依赖于经验的人工环节便成了服装定制的高附加值所在。为了找到一种量得快而且量得准的方法,张代理咨询了很多有经验的量体师和服装行业的专家。他们都认为量体的技能没办法速成。无奈之下,张代理凭借多年的从业经验,在仔细钻研后,发明了具有自主知识产权的"三点一线"量体法,又叫"量不错的方法"。只需要一把尺子和一个专用肩斜测量仪就可以实现。按照这种方法,顾客只需要在5分钟内测量身体19个部位的24个数据,就能准确掌握自己的体型细节。而红领集团只需要用5个工作日,就可以将一个零基础的人培训成为专业的量体师。②

打造3D智能打印工厂

RCMTM平台的关键是用3D智能打印代替手工打版。在RCMTM平台上,顾客通过"三点一线"量体法采集身体数据,并将数据输入系统。随后系统就会进行数据建模,通过计算机3D智能打印形成顾客专属的数据版型。这个系统的建模过程是在大数据的基础之上完成的,旨在保证计算模型的精准性。红领集团拥有上万亿个版型数据库,可以覆盖全球99%以上的人体体型。

形成数据版型之后,系统会将成衣数据分解成一道道具体的工序(约300多道),经电脑识别终端加工后会被传输到备料部门,随后在自动裁床上完成裁

---

① http://info.texnet.com.cn/content/2015-03-28/510060.html

② http://www.tedcollar.com.cn/detailed.aspx?nid=122

剪。裁剪后的所有布片会被挂在一个吊挂（类似于火车轨道）上，同时挂上一张附有客户信息的电子标签，存储顾客的个性化需求。流水线上的工人用手边的电脑扫描每块布料的电子标签后，可以从互联网云端上获取顾客要求的工艺标准和操作要求，根据里衬、扣子、袖边等技术数据，进行手工或机械缝制。① 整个生产车间非常干净整洁，整条流水线的运行也极为顺畅，交接环节之间没有多余工作量的积压。各部门同步办公，全员在互联网端点上工作，从网络云端上获取数据，与市场和用户实时对话，零距离、跨国界、多语言同步交互。②

颠覆过去，扬长避短

基于3D打印技术以及信息化与工业化的融合，红领集团打造了一个柔性工厂，最终实现了服装生产的个性化、柔性化、大规模、高效率、低成本。与原有的同质化服装批量制造模式相比，红领集团现有的工业化定制模式在很多方面的优势都很显著：近三年服装销售的增长幅度达到100%，而原有模式仅为10%；在工业化定制模式的生产成本仅仅提升10%的情况下，其利润比原有模式高出5—10倍；工业化定制模式的生产周期更短，设计成本更低，库存已降为零；工业化定制模式下人均效益是原有模式的6倍；等等。这些数据使得工业化定制模式的市场竞争力远远高于原有模式。

此外，红领集团的这种模式既规避了传统的西装定制"生产效率低、制作周期长、人工成本高"的缺点，又弥补了工业化流水线生产难以满足顾客个性化诉求的不足。一般而言，纯手工高端定制西装的生产周期约为3—6个月，普通服装的价位是渠道价，即出厂价的2倍，而出厂价往往会达到生产成本的5倍；而红领模式下的定制西装在接单后7个工作日即可完成并出货，价格为生产成本的2倍左右，根据面料质量的不同，定制的服装最低只需2 000元。

---

① 张小影、张双、刘成.（2015）.红领集团：领跑互联网＋服装定制.经济日报.7月7日.
② 中国电子商务研究中心.（2015）.红领集团：互联网＋浪潮下的智能制造工业模式.中国品牌服装网.6月4日.

组织再造助力商业模式变革

大规模个性化定制模式对供应链、研发设计、生产物流、客服等系统的要求都很高,需要各个系统进行快速响应。所以,为配合商业模式的颠覆性变革,红领集团对管理和组织模式持续进行调整和创新,以充分整合内外部资源,2013年前后最终形成了以董事会领导的,以流程管控中心、投融资中心、大客服中心和供应链中心协同管理的组织结构。

战略转型以来,红领集团全面整合和清除冗余部门,对原有的30多个部门进行整合。"原来是层级化管理,现在是平台化管理,无障碍点对点。以供应链中心为例,它囊括了仓储、供应、研发、设备、生产等部门,整合是为了更好地协同从而最高效地满足客户需求。"红领集团供应链中心总监李德兴说。[①]

这种点对点的高效率、扁平化管理模式就是红领集团所推行的节点管理模式。举例来讲,客服中心汇聚顾客的所有需求,可向集团任何部门的任何岗位点对点下达指令。也就是说,顾客的需求可以直接下达给节点员工而非部门主管,客服中心因事找岗,需要时主管向员工提供支持。在考核上,当任务完成后,需求部门会给任务完成部门的主管打分,部门主管再根据打分情况对部门员工进行考核,即点对点机制下的部门主管负责制。节点管理模式的核心是标准化、规范化和体系化,把每个点需要员工用经验和能力解决的问题通过系统全部解决,每个岗位的权限非常清晰,员工只需操作执行,但有义务发现并反馈问题。

此外,红领集团还设置了诚信红绿灯机制。只要员工或管理者的诚信出了问题,如果是红灯,就要离开;如果是黄灯,其调薪和晋升就要暂停,但是可以通过做公益活动等来加分;如果是绿灯,员工和管理者就可以享受优先调薪、优先晋升的权利。红绿灯机制的设置与红领集团去部门、去科层、去领导化的组织结构改造一脉相承。此外,红领集团还建立了积分商城,打造一种自助餐式的

---

① 潘东燕.(2014).红领:制造业颠覆者? 中欧商业评论.(8).

福利。员工可以使用其所获得的积分在内部商城上进行选择,就像选自助餐一样,喜欢什么选什么,可以选旅游、自行车,或与董事长共进晚餐,等等。①

风雨转型路,十年磨一剑

RCMTM 平台灿烂光环的背后是创始人张代理在全体员工反对的情况下近乎痴狂的坚守。走在行业前端的优秀企业家往往最初都是孤独的,面对不被理解和支持的困境,张代理坚守的是一份事业,更是一份信念。在 10 年前服装行业一片大好的环境下,没有人明白为什么张代理要另辟蹊径,投入巨资搭建这个看不到未来的平台。在这条转型路上,张代理遇到了很多困难,他哭过、挣扎过,但从来没有想过要放弃。

最大的困难就是人的观念的转变。一位 2009 年加入红领集团的员工说道:"当时我们私底下都在说董事长神经病,虽然表面接受他下达的任务,但很多时候都会推延或拒绝执行。"张代理对员工的这种反对与抵抗感到很无奈,但他相信这些员工不配合是因为他们没有看到未来,因此张代理经常开会教育他们,并开展各种员工培训活动。比如,转型前红领工厂的员工全部来自农村,开关电脑等基本知识都需通过培训来获取。在某些情况下,张代理不得不采取非常强硬的手段。比如,为了配合信息化建设,同时降低错误率,张代理要求量体部等部门"必须全部用计算机,不用计算机就不用工作了!"有些始终没能改变传统的工作方式和思维的员工被张代理辞退了,也有一些经不住张代理折腾的员工选择了离开红领。

此外,研发和创新层面同样存在诸多瓶颈。RCMTM 平台建设的底层逻辑是由张代理负责设计的,系统的编程和具体建设却非常困难。2003 年,国内的 ERP 系统尚不能满足大规模定制的要求,张代理只好设立一个由十几人组成的信息部。在系统的摸索阶段,信息部经常加班加点,但由于经验不足常常要推倒重来。红领集团信息总监米庆洋先生回忆道:"从信息系统开始研发到

---

① http://www.toutiao.com/i6209846269848027649/

上线正式运行是最困难的，因为没有哪个软件公司做过这样的系统。我们只能一点一点和员工交流，了解工作的内容、流程及效率，从这些方面入手，开发既能满足工作需求也能提高生产效率的系统。"见证企业转型全过程的红领集团副总裁李金柱同样感慨道："每一步的改变都是艰难的，没有经验可以借鉴，没有先例可以参考。每前进一步，还没来得及收获喜悦，就要面临另一个更为艰难的任务。"

为了建设这个史无前例的系统，张代理还尝试购买流水线式定制系统的专业平台和设备，甚至从国外引进先进的吊挂系统和物流系统，但都不能直接拿来使用。① 于是，红领集团通过兼并一些专业的信息公司，或与某些信息公司合作，储备了 500 多位精通大数据、云计算等各种专业技术的信息工程师，自行建设了独有的平台系统。

员工培训、技术创新投入、设备购置、工厂建设等方面的资金投入不断提高，而张代理从来没有想过要放弃。"一步步循序渐进地投，就是决心要做这一件事情，需要投多少就投多少，能投就投，不能投就往后延。这些规划也不是一下子设计出来的，而是走一步想一步。"就这样，从 2003 年到 2013 年年底，红领集团为搭建这条生产线投入的资金高达 2.6 亿元。

女儿勇接班，并肩促转型

在企业转型的当口，未来发展的担子要交到谁的肩上变得异常重要。谁可以和自己一样坚持转型理念，谁又可以为了红领无悔付出？张代理用发展的眼光来看待企业的转型，在培养企业的接班人这个问题上，他同样采取了循序渐进的做法。随着时间的推移和不断的尝试，在企业的转型过程中，将企业传给优秀的职业经理人的计划不得不有所改变。

与很多创业者不同，张代理在红领集团成立初期便想过接班人的问题。

---

① 刘媚琪，张宇婷 . (2015). 红领西装：一场个性化定制的革命 . 中国品牌 . (2).

他有两个孩子,女儿比儿子大三岁。由于一直坚称不会将企业交付给自己的子女,他的两个孩子从未在红领集团实习、工作过。女儿张蕴蓝在国外留学时,张代理一直在寻找可以接班的人,聘请了多任职业经理人,还做了股权分离等工作,一直在为做成一个公众企业努力着。但是,职业经理人换了一任又一任,却都没有令张代理满意。

"我们做企业做到今天了,需要有人来接班,把这个企业做向未来。"张代理说,"我一直在培养职业经理人,但培养的过程中我发现一个问题,在当时的中国,很多职业经理人见缝就钻,怎么教育都教育不好。"

在张代理看来,这些职业经理人的问题不在于他们的工作能力、管理水平,而是综合素质不够高。"一个是违法的成本太低,一个是诱惑太大,他就忘记了自己是做什么的,做着做着就出轨了。"张代理这样评价此前聘用的几位职业经理人。他认为,这也是当时环境使然。职业经理人制度在中国并不健全,人们在物质层面的需求并没有得到充分的满足,往往会因为受到利益的诱惑而违规。

在寻找优秀的职业经理人的过程中,张代理慢慢发现,自己的两个孩子完全可以和自己一起来做这项事业。因为他们已经脱离了物质层面的诉求,接受过良好的教育和家庭熏陶,有较强的职业修养和事业心。"举贤不避亲"的想法形成之后,张代理便和两个孩子进行沟通和交流。

由于当时儿子张琰自己创办的事业已经开始起步,便没有选择回到张代理身边就职于红领集团。张代理遂将目光转向自己的女儿。女儿张蕴蓝高中毕业后至加拿大北哥伦比亚大学求学四年,拿到市场营销和国际贸易专业双学位。毕业之后她回到中国,在上海的一家外资企业中工作。然而,女儿当时并没有接班的准备,在她看来,人生将会一如既往地平静。"我对人生当时的规划并不是特别明确,因为我觉得反正就是过一天算一天,那时候就很享受生活。"张蕴蓝回忆道。

2005年的一天,张代理亲自去上海找到了女儿,向她描述了自己对企业的规划,讲到了信息化建设、战略转型等问题。从未接触过服装行业的张蕴蓝听进心里去了。"他说得这么美好，我也被感染了。"张蕴蓝答应了父亲，"因为我当时的第一感觉是爸爸需要我，我自己的信念就是，无论什么样的困难，只要我勤奋、好学，就可以跨过这道坎。"

一切就这样自然，张蕴蓝没有丝毫纠结就加入了红领集团，"因为爸爸妈妈从小就向我们灌输'和谐、统一'的家族理念，家族有事情，就要放弃小我为大家的这种理念是根深蒂固的"。然而，虽然张蕴蓝非常支持父亲，但她对父亲所描述的战略转型的理解并不深入。对于她，整个企业的业务、组织架构和文化都是未知的。

培养女儿为接班人

与循序渐进的战略转型一样，张代理并没有立刻把总裁的位子传给女儿，而是让她从一线做起，在不同岗位上学习，并在背后默默地观察她的表现。在这期间，父女之间既有一定的默契，也经受了痛苦的磨合期。

刚来到红领集团时，张蕴蓝迫切地想了解一线的情况，包括业务流程、专业知识。她首先被安排到了国际业务部做一名报关员，负责报关、报检、跟单以及国际业务谈判等工作。一年之后，张代理让她去接管营销中心。随后，在张蕴蓝的要求下，她又被派到了一线生产车间。

这看起来非常有计划性的安排其实是在没有任何时间规划的情况下完成的。张蕴蓝回忆说："至于到底要做到什么程度，我也不是很清楚，我是先到一个地方去学习，等我学会了、学好了，我会告诉他，他就会再把我调到另一个岗位上。"

在张蕴蓝到红领集团工作的前两年，她并没有把自己是董事长女儿的身份公布于众，而是以一位普通员工的心态早出晚归勤奋工作，以晚辈的姿态礼貌地对待公司的其他领导和同事。为此，她赢得了父亲的认可，也受到了同事们的欢迎。

然而，一线岗位的工作也曾有过惊心动魄。张蕴蓝做的第一个大胆决策至今仍然让她记忆犹新。负责管理营销中心的那年，张蕴蓝怀有身孕，但她依然全身心地扑在了工作上。由于当时营销中心的很多员工是同父亲一起创业的四叔的亲戚朋友,因此他们往往享受着某种意义上的"特权"。然而,张蕴蓝并不允许"特权"在企业中滋生,于是她每天都会与员工谈话,可谈话的结果并不好。于是,她决定将整个营销团队的骨干换掉。她将这个决定汇报给父亲时,父亲并没有反对,而是鼓励她自己做决定。

后来,张蕴蓝对整个营销团队进行了调整,砍掉了那些不接受企业战略和相关指令的员工(占整个团队人员的将近一半),同时招募并组建了一支由"80后"组成的新团队。虽然建立了年轻的团队,但是这一举动给红领集团的业务带来了巨大的冲击。当年,红领集团的年度销售额下降了一半,过了一年才得以恢复。同时,外界传来很多消极的评价,认为红领集团不应该这么轻易地就扫除掉这些精干的人,认为张蕴蓝的这种做法是一种"败家"的表现。

这件事情对张蕴蓝的触动很大。但是张代理在听到外界的负面评价之后,并没有将这些信息传递给一心扑在工作上的张蕴蓝,反而鼓励女儿把失去的市场争取回来。"他会让我自己去修正,自己去反省,自己去检讨,自己去弥补,但一切都在他的掌控范围之内。"张蕴蓝这样总结说,"我觉得父亲在这方面做得特别好,我特别感激他。"

获得父亲支持的同时,张蕴蓝同样经历了一段痛苦的磨合期。"他的确没有表扬过我们,只要他一张嘴不说问题就已经很好了,我们就已经很开心了。"在员工眼里,父女二人虽然对做企业的理念一致,对诚信和品质的要求相似,但是二人的管理风格却有所不同。红领集团美洲业务经理张汝波说道:"张总裁和董事长关注的侧重点略有不同,董事长对产品品质、生产细节那种近乎苛刻的要求使我们感受到了高品质的产品是企业的生命线,来不得半点妥协。张总裁从海外留学归来,带给我们更多的是来自市场端的思考,凡事的出发点和落脚点都是客户。一端是产品,一端是客户,两者是一个统一体。"

父女二人的矛盾与意见冲突有很多,但张蕴蓝用较为柔和的方式顺利度过了与父亲一起管理企业的磨合期。一开始,有过一定海外生活经历的张蕴蓝经常会很直接地向父亲表达不同的看法,但她逐渐意识到这样不但不能很好地解决问题，还会伤害彼此的感情。于是，她会首先接受父亲的建议，然后认真思考、沉淀自己的想法，待时机成熟，再通过电子邮件向父亲表达自己的想法。她认为，这种沟通方式很有效，一方面，自己能够很好地梳理论据、表达思想，另一方面，父亲也会更静心地"听"自己的建议。张蕴蓝的这种做法对于如何处理各种情况下的代际冲突颇具借鉴意义。

新官上任三把火

张蕴蓝并不是大家传统印象中的山东女人，她外表温婉，说话软声软气，但柔弱的外表背后却是雷厉风行的作风。

2009年3月，张代理对女儿说："我觉得你可以上去了，我想举办个仪式，你准备准备发言，谈谈对公司未来的规划，爸爸会请几个朋友来。"就这样，张代理将公司总裁的位置交给了张蕴蓝。张蕴蓝当时发言的主要内容是关于红领的"个性化定制"战略；同时，她也表达了对父亲的感激。在她看来，父亲给她的不仅仅是公司总裁这个位置，而是一个很正确的方向，即使走得慢一点，朝这个方向走下去也会走得很好。这个方向就是向大规模个性化定制的战略转型。

担任总裁的时候，张蕴蓝刚刚30岁，面对集团内部颇有势力的老臣以及对企业战略定位、制度改革持怀疑态度的员工时，她感受到巨大的压力。为了树立威信，她投入了很多时间、情感去和员工交流，但最后发现，即使自己将心全部交给员工，还是有人反对集团推出的战略。她于是决定依赖制度体系做事，而不能将太多不必要的情感放入管理工作中。

基于这样的原则，张蕴蓝辞掉了一位非常有影响力的老臣，因为这位老臣对自己的管理以及公司的战略实施设置了很大的障碍。"我跟他进行了谈话，我情真意切地说，我在这个位置上，希望他能支持我，无论是从工作角度上还是从长辈角度上，希望他能带头。"张蕴蓝回忆说，"但是他表面上表示支持，实际上却又没有做到。"一次开会时，这位老臣全程都没有列席，且无法联系上。张蕴蓝第二天便通知人力资源部给这位老臣办理了离职手续。之后，她委婉地告诉父亲自己可能又犯了一个错误。尽管如此，张代理对女儿的决定还是表示了认同。这件事给红领集团的其他老臣带来了很大的震撼，接下来他们便开始按照规则做事。

此外，为了建立更加开明的制度，避免"特权"和"关系户"破坏企业文化，张蕴蓝几乎将全部的家族人员都去掉了，使真正的核心管理岗位上没有内部人。除了组织的制度化建设之外，张蕴蓝还充分利用规模化定制的基础，大刀阔斧地招聘年轻人才。很多"80后"成了高层领导的主力军，很多干事也都是"85后"。

团队年轻化的同时，也更加国际化。红领集团的国际化业务是张蕴蓝上任之后慢慢做起来的。[①] 在转型之前，红领集团的外贸业务主要是低廉的OEM加工，利润非常低，订单操作稍有问题便可能出现亏损，而且公司从未到国外参展，在国际市场上几乎没有话语权。张蕴蓝上任之后，开始推动去美国参展这类事情，招募了一些能讲英语的大学生。借助RCMTM平台所带来的核心竞争力，红领集团在国际市场上的议价能力得到了增强，利润率也提高了很多。美洲业务总经理张汝波是张蕴蓝招聘并培养的。他分享了集团转型前后国际业务的变化："转型前我们给英国M&S做加工，和其他多个工厂竞争，价格低得只够成本，还要时刻面临客户将生产转移到东南亚的情况。转型后，我们用RCMTM平台与英国和其他品牌合作MTM业务并在市场上快速抢占份额，M&S又找到我们重新开始MTM业务，价格比原来翻了几番，双方在合作上也彼此尊重。"

此外，为了配合红领集团推出的大规模定制模式，张蕴蓝还在不断地推动市场创新，建立了更加多样化的定制品牌。比如，针对婚庆礼服市场推出了R·PRINCE（瑞璞）品牌、国际化定制品牌CAMEO，以及最新推出的Cotte（酷特）品牌。此外，还推出了女装和童装的品牌。

[①] 2014年前后，红领集团一半的销售收入来自海外，其中80%来自美国，其美国市场中发展最好的是纽约市场。

张代理很欣慰女儿张蕴蓝能够牺牲小我，父女俩联手为自己亲手创建的企业和规划的未来奋斗着。在他看来，红领集团的战略转型和接班人的培养是相互渗透、不可分割的。张蕴蓝感慨道："我的成长不是以天计，而是论小时计算的。"十年前，她面对父亲的邀请义无反顾地加入红领集团，颇有初生牛犊不怕虎的气魄。六年前，她信心满满地在总裁接班仪式上畅想"个性化定制"时代的美好。如今，她埋头苦干，奋斗在一线，搭建魔幻工厂和酷特智能平台，为红领集团代言。但这背后的故事，所有的坚定与徘徊、快乐与痛苦、付出与收获，只有她自己清楚。

父女的差异和代沟

在传承和转型相碰撞的过程中，张代理和张蕴蓝父女确实产生了很多理念和方法上的矛盾与冲突，但他们愿意不断地尝试和摸索最适合红领前进的方向。他们的相处方式其实可以为正在或即将交接班的家族企业提供一个参考。

第一，他们的管理方式不同。张代理对子女、员工要求严格，为他们设定了较高的标准和要求。例如，员工开会必须带电脑，不能用纸和笔做笔记。他甚至对张蕴蓝的着装与发型也提出了要求。相比之下，张蕴蓝对人态度柔和，对待其他领导及同事非常客气，因而得到大家的认可。

第二，他们的沟通方式存在差异。虽然两人都曾开除不配合公司实施战略转型的员工，沟通方式却迥然不同。张代理对待员工态度强硬，通过开会教育员工，而张蕴蓝则倾向于单独找员工沟通。为了顾及父亲的感受，她会向父亲汇报自己的行动，并说明自己的理由。

第三，他们的关注点有所不同。张代理关注产品品质以及生产端的其他细节，而张蕴蓝更专注于市场端，更重视客户。此外，张代理关注大局、专注于战略管理，而张蕴蓝则更关注细节。

第四，他们的开放度存在差异。同父亲相比，张蕴蓝在引进年轻化、国际化人才，拓展国际业务方面的思想更加开放。她还通过推动品牌发展吸引更多领域的客户。

第五，他们的开拓精神有所不同。张代理更具创业精神，敢于创新，敢于冒险，善于发现并利用机遇，而且更加执着于个人理想的实现。而作为成功企业家的接班人，张蕴蓝更倾向于遵循父亲的路线，在特定领域拓展业务。

对于张蕴蓝与张代理的不同的观点，可谓仁者见仁，智者见智。

拥抱互联网

2013年，张代理终于苦尽甘来，企业成功转型。从当初的孤军奋战，到与女儿并肩作战，再到企业员工一致拥护，红领集团"用工业化效率制造个性化产品"的模式迎来了它的新时代。如今，红领的工厂在一秒内可以自动生成20余套完全不同的西装制版，2014年以零库存实现150%的业绩增长，营业额达到60亿元。"这个企业原来是一个小企业，是很小的服装企业，但它现在是一个平台了，一个互联网工业的电商平台。"张代理在接受访谈时这样介绍自己的企业。成功转型之后，"红领模式"开始频繁出现在各大媒体上，更是被中央电视台《新闻联播》节目两次报道，众多知名企业家陆续前来考察学习。海尔集团董事局主席张瑞敏参观后留言："从大规模制造转为大规模定制，以满足用户个性化的最佳体验，正是互联网时代传统企业必须跨过的坎。'红领'做到了，是其心无旁骛、几年磨一剑的结晶。"

战略新定位：为人类贡献一种互联网工业文明的全新力量

2013年，红领集团组织了一次公司战略定位大讨论，最后提出了"互联网+工业"的定位。张代理认为，"互联网+"是要将互联网思维融入企业血液中，而不是单纯地加上一点互联网元素。工业出身的红领集团提出了基于互联网思维的C2M（Customer to Manufactory，从消费者到工厂）模式，即借助互联网搭建起消费者与制造商的直接交互平台。"红领模式的核心价值在于探索出了传统制造业与信息化技术深度融合的新范式。这种新范式包含着工业生产的互联网思维、全程数据化驱动的生产流程、去科层化的组织、顾客和制造商直接联结的运营模式等，使得个性化需求和工业化的大规模生产得以兼容。"山东大学经济研究院副院长黄凯南评论道。

酷特智能：打造 C2M 商业生态

2013 年整个企业改造完成后，集团的战略定位已经不再是张蕴蓝 2009 年上任时的"大规模定制化"，而是沿着"互联网＋工业"的思路打造一个面向消费者的个性化定制平台，即 C2M 商业生态，让 C 端的消费者直接对接 M 端的制造工厂。同时，红领集团还将面向全国进行"传统工业改造"，并提供"一站式解决方案"。这一主要任务将由青岛酷特智能股份有限公司（简称"酷特智能"）来完成。2015 年 8 月底，酷特智能推出其核心战略产品"魔幻工厂"，使消费者需求直接驱动工厂生产。

红领集团提出了"酷特智能①C2M 商业生态圈"，旨在让互联网与工业化深度融合，直接连接顾客和制造商。对于顾客，消费需求通过互联网平台快速而直接地对接生产，无须再通过传统的层层代理来连接，使消费和生产成为市场生态中的命运共同体。对于制造工厂，通过物联网、互联网等技术，人与人、人与工厂、工厂与工厂以及服务与服务之间能够互联，实现横向、纵向和"端到端"的高度集成。张代理相信它将能够为传统工业升级到互联网工业提供解决方案。为此，红领集团正在搭建酷特智能生态平台，并开发了具有完全自主知识产权和源代码的产品——SDE（Source Data Engineering，源点论数据工程），其核心能力是为企业提供"互联网＋工业"的解决方案。

魔幻工厂是酷特智能的一个战略产品，是一个代表 C2M 模式的电商平台。名为"魔幻工厂"的手机 App 于 2015 年 8 月底正式上线。张蕴蓝介绍说，魔力在于"工厂能迅速响应顾客的个性化需求"。与此前红领集团推出的平台相比，魔幻工厂在很多方面做出了改进。在量体环节，顾客可以亲自到红领的门店，

---

① 酷特智能原是 2005 年注册成立的青岛凯妙服饰股份有限公司。此前，张代理有意识地将企业具有核心竞争力的改造方案放到该公司。2013 年，该公司更名为"酷特智能"。

也可以预约上门量体,即将推出的科技量体方法可以在 5 秒钟内将顾客的数据采集精准。在物流交付环节,交货时间将会于 2015 年年底变成 5 个工作日,顾客可以选择到店面自取,或指定配送地址。此外,为了支持魔幻工厂的线上活动,魔幻工厂将辐射全国 24 个城市,在每个城市开设线下体验店[①],并提供量体服务。

战略落地:挑战与思考

过去 20 年,张代理为红领集团的发展铺好了路,并带领企业取得了骄人的成绩。但他深知一切都还在过程中,很多战略举措还没有落地(见图 11.1)。年过花甲的他计划未来三年内要彻底退休。为了成为一个公众企业,他计划在未来两年内完成企业的上市,目前已经完成两轮融资,引进了包括复兴在内的三

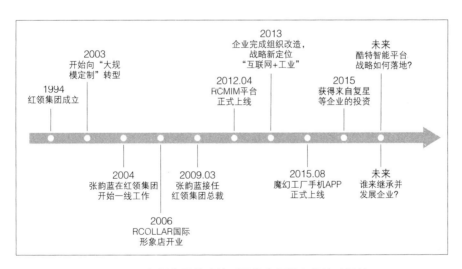

图 11.1　红领集团战略转型及接班相关事件的时间轴

---

① 截至 2015 年 10 月 21 日,魔幻工厂共有 15 家实体店,分别是济南 1 店、济南 2 店、天津店、北京店、沈阳店、大连店、成都店、西安店、青岛店、上海 1 店、上海 2 店、苏州店、杭州店、深圳店、昆明店。

家投资者。① 为了保证家族控股，投资人在红领集团的占比将低于10%。在张代理看来，未来两年企业的规模将很快达到百亿元，企业上市的目标将为千亿元。

然而，企业的战略转型仍在不断升级。红领集团推出的酷特智能平台和魔幻工厂还没有真正打动消费者。摆在面前的首要问题是，如何找到第一批消费者并令他们满意。如果这个从0到1的过程顺利完成了，从1到N的裂变过程将变得简单而快速，因为红领集团对红领模式以及自己的产品与服务充满了信心。

在互联网时代，企业往往追求跑得快、走得稳、活得久。在红领集团看来，走得稳和活得久才是决定这个企业基业长青最核心的要素，红领集团掌握市场先机的关键不在于走多快，而是要走得更扎实。如今，M端的智能工厂已经改造升级完成，但是在C端仍然没有找到可以推动战略落地的人才。"高薪却请不来落地的人才，越是高薪请来的人越是会讲虚的东西，一直飘在那个地方不落地！"张蕴蓝感慨道。

"我特别感激父亲，觉得他在传承方面做得最好的一点是，他不是把一个企业传给子女，而是给你一个方向，而且告诉你方法。"张蕴蓝这样总结"接棒"之后的六年，"但一切还在过程中，都还没有落地。如果企业不再发展的话，就无从'传承'。"张蕴蓝并不认为自己已经成功接班了。"应该说，刚开始，至于在这个位置上能走多远、站多稳，还要取决于我自己的表现和能力。"这位30多岁的女性"创二代"用一贯柔和的语气说道，"我相信，如果有一天我的能力不可以胜任了，父亲和整个集团公司也会毫不犹豫地把我换掉。"

企业传承：接班还在进行

虽然将总裁的位置传给了自己的女儿，但是张代理仍然坚持做一家公众企业。"做公众企业的想法到现在也没有改变，只是还在寻找优秀的职业经理人，

---

① 引进投资者之前，张代理、女儿张蕴蓝、儿子张琰分别占51%、25%和24%。

世界上不是没有这种人，是你没有寻找到。"张代理说。而张蕴蓝非常理解父亲的这种思想，她坦言："当然对我来说，心态非常平和，我认为这是对的，我觉得这跟我父亲的理念挺相关的，现在他的愿景真的很大，他所有的布局完全是按照这个愿景来进行的。"张代理认为，企业目前搭建的酷特智能平台可以被推广并运用于任何行业、企业和组织，并为人类贡献一种互联网工业文明的全新力量。

张蕴蓝深信父亲制定的战略规划很伟大、很美好，但她同样清楚未来将充满各种挑战，战略成功落地依然还有很长的路要走。"实际上从第一天到现在我一直都不敢确认自己是否能够将这个企业带到未来，因为现在做的这个 C2M 规划太大了，而且关键是没有成功的案例让我们去参考。"张蕴蓝意识到，从全局的高度看问题时，一切都不再像她当初接任总裁时那样简单了。"但是，在这个位置上能走多久，我也不敢确定，总裁毕竟不是 CEO。"

张蕴蓝对父亲的坚持耳濡目染，他对于红领工业化的改革理念也已经成为一家人的目标。父亲一次次的力挺，让张蕴蓝游刃有余地安心改革，一代和二代之间已经形成信任与默契。她清楚地知道要完成父亲设定的 C2M 模式的目标，就必须对公司进行改造。只要不违背共同的目标，张代理对于女儿接班路上的所有行为都要买单。这份良苦用心也让二代更加自信地放手去闯出一片新的天地。

在红领的个性化定制方向越来越清晰、越来越为外界关注的时候，张代理和张蕴蓝也在不断加速向 C 端落地。2015 年，红领要创立一个新的品牌，需要规划线上的产品，张蕴蓝找了一圈，觉得没人比弟弟更合适了。于是，张蕴蓝把当时做投资的弟弟张琰叫回公司帮忙："我叫他回公司帮我，就像当年父亲叫我回来一样，他也没犹豫，放下自己的事业就回来了。"

和父亲刚开始改革时相比，随着互联网的普及，C2M 模式已经被越来越多的人接受，推进比想象得顺利。姐弟俩有很好的分工，姐姐张蕴蓝主要负责对外，把红领、C2M 的概念传达给更多的受众；弟弟张琰则负责落地，进行实际的运营。张琰反复强调，"当下的互联网玩法并不适用于红领，'魔幻工厂'不会砸钱弄流量,必须当下就赚钱,利润就是尊严。创业公司的App有了流量才能融资,而我们是在进行工业革命"。这也代表了张代理和张蕴蓝的观点,他们在公共场合介绍红领4.0工业革命的时候,也反复重申了这个观点。

对于这个终极目标,一家人出奇地相似,张代理乐于把它归为基因,在放弃职业经理人这条路、选用女儿接任的这几年,他越发认准了这一点:"蓝蓝之所以能成功接班,不在于过程是怎样的,而是因为有一致的共识。"

张蕴蓝坦言:"父亲在这么大的阻力下,已经带着红领走完了供应链改造之路,作为二代必须要把父亲匠人的价值观和精神传承下去。"对于这样的传承角色,张琰表示是压力也是动力:"我父亲跟我说,现在万事俱备,就看你们怎么做了。"

如今,意识到陪伴孩子的时间太少,张蕴蓝终于开始给自己做减法。"我会试着把家庭放在和工作一样重要的位置上,尽可能地抽出更多时间给家庭,这样才是一种健康的状态。"此外,弟弟的回来,也让她的压力减轻了不少,可以抽出更多的时间陪伴孩子。

为了能让两代人顺利接班,张代理55岁就开始做交接。但是直到现在,他也并没有完全放心,"我认为还得辅助几年,交接班不能一下子交接,得讲究战略"。其实,张代理还有自己的心愿没完成,他带领红领转型了十几年,看到传统企业改造有巨大的市场,现在千千万万个中小企业面临升级改造的难题,而红领可以变成这套转型方案的输出商,帮助更多的传统企业进行改造,从而让他们省掉中间环节,赚取更高的利润。

关于以后接班的人选,张蕴蓝没问过父亲怎么打算。她认为父亲一定会挑一个最适合的人,她现在只要把自己的工作一步步做好就行。张代理对此倒不纠结:"以后姑娘接班,儿子也是股东嘛,这个企业不就是他俩的吗?我也不是要干到老的,等我把自己的梦想完成,以后公司怎么发展,就是他们年轻人的事了。"目前看来这是一个稳固的铁三角——长姐接班,把握红领的大方向;弟弟主管运营,把方向和想法落地;父亲坐镇后方供应链,把年轻的儿女们扶上马后再送一程。

站在巨人的肩膀上起跳,在未来三至五年父亲彻底退出红领集团之后,张蕴蓝能否带领红领集团实现战略的完美落地?现在有了弟弟的助力,红领集团又将迎来一个怎样的明天呢?无论转型之下的传承未来会采取何种路径,他们之间都相互依靠、相互欣赏,需要时毫不犹豫地成为彼此最坚实的后盾,这些都让红领成为中国二代接班、企业转型时值得学习的典范。

当传承遇到转型

我们在前面的部分从方方面面探讨了中国家族企业现在正面对的几个抉择问题：从企业传承的角度来看，到底是让子女接班还是让职业经理人接班；从财富传承的角度而言，到底是要合理分家产还是要集中家族财富？到底是要走向上市公司还是保有家族的绝对控制和管理权？从企业转型的角度而言，到底是要选择业务专一化还是多元化、国际化还是本土化、低端还是高端、线上还是线下？一系列的生存和发展问题都迫在眉睫。根据前面的案例分析，在这一部分我们将讨论这些问题，用四幅图来归纳、描绘家族企业传承与转型的路径：图12.1表现出家族企业传承的四种模式；图12.2具体描绘家族内部股权配置的两种方式；图12.3具体表现家族企业管理继任者的四个来源；图12.4描绘了战略转型的几种选项。所谓"摸着石头过河"，就是通过观察别人走过的路，逐步画出自己的路径图。

家族企业的四种传承模式

家族企业的传承其实有两个维度：一是管理权的转移，二是所有权（及股权）的转让。但我们常常把它们混为一谈。在管理权的维度上，管理权可以留在家族内部，也可以向职业经理人转移；在股权的维度上，股权可以保留在家族内部，也可以把（部分）股权向家族外面譬如公众和员工转移。基于这两个维度，我们把家族企业的传承方式分为四种（见图12.1）：家族私有并且由家族管理、公司上市公众化但是保持家族管理、家族私有但由职业经理人管理、公司上市公众化并且由职业经理人管理。下面我们将对它们进行逐一阐述。

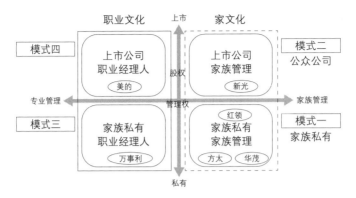

图 12.1　家族企业的四种传承模式

模式一：双权集中——家族私有并且由家族管理

在家族企业的管理与传承中，最核心的便是围绕管理权和股权实现最优化配置，从现有的模式来看，最普遍的便是两权集中制。大多数家族企业能从创业到发展壮大，与一代创业者强势的个人能力与决策判断力密不可分。目前中国的大多数家族企业都还处于这一状态下，控股权与管理权大多掌握在同一家族，特别是同一人手中。控制权与管理权的稳定是一个企业可持续发展的保证，尤其对家族企业来说更是非常关键。不过当股权和管理权双权集中时，企业命运与家族意志的关联就会变得很强。

从中国传统的思维来看，对于家族企业而言最为传统的传承方式也就是这种双权集中的模式，即将股权和管理权均保留在家族内部。家族企业股权的传承实质上是家族财富的分配和传承；而家族企业管理权是对企业实际运营的控制权，体现了家族成员对企业的管理行为。"子承父业"这种传承方式通常有两步。完成第一步的标志是二代成为董事长（即管理权由一代传承到二代），而完成第二步的标志则是二代成为企业的实际控制人（即股权由一代传递给二代）。显而易见，双权集中下的子承父业，对继承人的选择就显得十分关键，很多老字号就因为继承人不堪重用而衰落，有些更是因后继无人而消匿。

在之前讨论的案例中，我们可以看到方太、华茂和红领都处于双权集中的状态下，万事利的国内业务和集团整体决策部分也可以说是双权集中。但是采取这种模式并不意味着它们排斥职业经理人的介入。事实上，这些企业在逐步成长的过程中都不可避免地需要专业团队的支持，而且它们在二代接班的道路上也都完善了企业专业化、规范化治理结构的建立。只是，对于家族企业的传承来说，它们都选择了子承父业和股权私有的道路。

代理理论认为，当所有权与管理经营权统一于家族时，企业内部的代理成本达到最小。[①] 除此之外，中国内外有别的"差序格局"使家族与非家族成员之间难以建立高度的信任，而职业经理人市场的不完善，也加大了企业引入外部经理人的成本和风险。国内家族企业的建立时间普遍较短，绝大多数还处于一代领导者控制之下，创业者的胆识、魄力、社会关系及其在家族中的绝对权威都能有效地降低家族管理的成本，使家族管理的优势得到最充分的发挥，而且家族成员之间也容易彼此信任和彼此忠诚。[②] 这对于目前中国第一波的家族企业传承高峰来说，是非常有利于企业交接班和转型发展的条件。

但是，在双权集中于家族的情况下，家族成员参与企业经营的人数越多、杰出人才越多、家族董事成员越多，越不利于代际传承。这一点我们在之前的部分已经通过三环理论的区域 7 详细解释过。所以，我们可以看到，方太也好，华茂也好，对于接班人的选择都非常清晰。尽管两家的接班人在双权的继承上有着不同的方法，但无论是管理权还是股权都牢牢地掌控在家族名下。茅理翔和徐万茂都通过提前准备的机制将企业管理权完整地交给了茅忠群和徐立勋，避免了家族内部对于管理权争夺的内耗可能。管理权的传承所考虑的重点不在于财富，而在于才能。所以只有当家族下一代具备管理家族企业的能力时，管理权在家族内继任才是有利于企业长期持续发展的。这也是家族企业一旦发展壮大，家族成员无法再胜任经营管理时，就需要采用现代企业治理模式，聘任有能力的外部经理人来担任高管的主要原因。方太的茅忠群在接班的

---

① Jensen, M. C., & Meckling, W. H. (1976). Theory of the firm: Managerial behavior, agency costs and capital structure. Journal of Financial Economics, 3, 305-360.

② 庞竹. (2012). 家族控制权、管理权与公司业绩——基于中国家族上市公司的实证研究. 旅游纵览月刊. (9).

过程中展现出了强大的创新意识和管理能力，与企业一同成长的他无论在专业技能还是管理理念上都非常出色，这是方太在战略上专一、集中的重要保证。

红领集团的传承选择得益于思想开明的一代企业家张代理，早在决定引领企业借力互联网向高端定制转型时，他就开始思考企业治理走向和接班人的问题。在经历了一些职业经理人的尝试后，张代理还是将目光放回到了自己的子女身上。女儿张蕴蓝接班十年后逐渐可以独当一面，此时儿子张琛的回归更加令红领如虎添翼。不过鉴于红领的行业特性和未来的发展需求，或许和万事利一样，它们在未来会需要更多地借助职业经理人的专业优势，以及资本市场的资金支持，我们乐于观察它未来的传承路径选择。

总的来说，目前中国大多数的家族企业都属于这一类型。如果企业家的家族中有足够优秀的人才胜任企业管理，而其又愿意承担家族企业的管理责任，但行家族式管理无妨，而且也有它独特的优势。但是，如果企业的发展壮大需要更多的资源，或者家族内部没有合适的继任人选，那么家族企业就需要选择其他的传承模式了。

模式二：家族管理，走向上市

当企业经历了高速发展阶段又遭遇转型瓶颈时，原有的资本积累方式可能已经无法满足扩大再发展的资金要求，在这样的情况下，通过引入战略投资者或是通过上市等手段迅速获得发展所急需的资金就变成了很多家族企业的首选。许多家族企业在历经了数十年的发展后，尤其是当有着留学背景的归国二代涉入后，都开始转型进入金融投资领域。当企业转型涉足多个领域后，对于资本市场的需求就变得非常明显。于是，上市与否在过去五年间几乎成了每个家族企业关注的问题。企业一旦上市，原先固有的管理结构和发展模式都将受到一定程度的冲击。对于家族企业来说，股权与管理权的平衡配置，将不再以家族管控为唯一条件，而是以专业化与制度化为导向。

即使上市后，很多家族企业仍旧保留着对母公司集团的家族管理。也就是说，上市的是子公司，但是此子公司的股权和管理权依旧通过家族对母公司的控制集中于控股家族中。由于中国家族企业起步较晚,一代创业者现多处于55岁左右的年龄阶段,他们中的很多人尚未考虑二代的股权安排问题。根据《福布斯》(中文版)2015年的调查[1],在目前A股上市的家族企业中,仅有20%的家族二代明确持有企业股权,而在他们之中,近50%的二代持股比例处于5%到15%之间,只有小部分一二代交接完成的企业,二代持股比例达到了20%以上。可见,在产权问题上,家族企业的控制权依旧主要掌握在一代手中,二代进入家族企业后,多是先担任一定的职务,逐步掌握公司管理权后,才开始进行产权交接。

从A股上市的家族企业来看,二代在企业中担任的职务里以企业董事的比例最高,为53%(包括总经理兼任董事),例如万达集团王健林之子王思聪、世茂集团董事局主席许荣茂之子许世坛虽然没有直接参与公司的经营管理,但都作为董事在董事会任职。其次,有27%的二代已出任总经理一职。而在二代接任的路径选择上,有的家族选择让二代从基层或分公司做起,全方位地熟悉企业管理的各个流程,如从车间生产主任做起的三一重工继承人梁在中,从广东分公司起步的修正药业少帅修远。也有家族倾向于让二代直接在实际的管理职位上熟悉公司的运营,从决策者的高度把握公司的整体动向,如21岁就担任万向集团副总经理的鲁伟鼎等。[2]

2016年4月27日,新光集团旗下的新光圆成股份有限公司正式重组更名上市。这也是新光集团经过一波三折的上市之路后,终于树立的一块里程碑。在本次重组完成后,新光圆成的最大股东为新光控股集团有限公司,控股比例达71.05%;此外,虞云新持有公司股份96 943 581股,占此次发行后股份总数的7.89%。而新光集团的接班布局已非常明朗,周晓光夫妇的长子虞江波已在家族企业的主营业务中统筹布局,在进行了一系列的激烈改革后,虞江波主导提升了饰品公司的经营业绩,同时根据自己的兴趣进行了全新的电子

---

[1] 毛婧婧.(2015).传承与传统的博弈——家族企业调查报告.福布斯(中文版).(9).

[2] 同上。

商务业务拓展，为传统企业注入了新的活力。而随着主业饰品产业的转型稳定，虞江波也开始逐渐涉足家族的投资领域，和父母一起将新光带向了更为广阔的资本领域。

新光对于上市的执着是因为上市可以为其地产和投资板块带来丰厚的资金源，而这一直是新光集团的战略构想。从虞江波接手新光饰品总经理开始，他就一直在协助父母完成这一心愿。周晓光花了十年时间，在三任职业经理人身上交足了学费，最后还是在儿子的鼎力支持与全心投入下将新光打造成了当之无愧的饰品王国。应该说，从目前的业绩与虞江波的个人能力来看，新光作为家族企业毫无疑问地会将管理权保留在家族内部。而上市则可以帮助新光打通资本市场，在未来以实业为主体，以投资、金融为两翼，在业务上做更大的布局。这对于许多受困于职业经理人体系尚不完善的中国家族企业来说，未尝不是一条可以选择的路径。

家族企业成为上市公司后，需要定期公布财务报告，提高企业信息的透明度，有利于投资者和银行评估企业的发展计划与经营风险，降低了企业的不确定性。加之上市公司的股票可以随时变现，降低了企业的信用风险，更容易从银行获得贷款。所以无论是从资本市场还是银行体系来说，家族企业都更容易获得资金支持，而不会轻易出现资金断链问题。而且上市后提高了家族企业的知名度，让更大范围内的公众和客户都对企业有了一定的了解，而不是仅仅局限于当地，无疑可以增加企业的声誉资产。家族企业上市后也比较容易获得客户的尊重和信任，往往能优先获得重要顾客的订单，并增加与客户长期合作的可能性。对于新光这样的企业来说，家族形象和品牌资产会形成良性循环。

像新光这样有条件地将所有权与管理权分离，虽然引进了外股，有外人参与，但家族成员仍控制大局。由家族保持管理权并采取部分上市的途径既可以保证家族对于企业的话语权，又能够借助资本市场的资金，这对于仍然年轻的中国家族企业来说是一种一举两得的路径。

模式三：家族私有，由职业经理人管理

对于每一个家族来说，一代父母往往希望向子女进行内部传承，以期获得家业的所有权与管理权的双重继承。不过，当子女不愿或不能接过企业管理的重任时，应该怎么办呢？无论国内还是欧美等成熟的家族企业，首选都是将股权与管理权分开，引入职业经理人执掌企业。在中国，一代企业家因为要创业，往往是个性非常强的人物。他们喜欢亲力亲为，把企业当成自己的家，还特别欣赏和他一起奋斗的老臣子。相对地，对于职业经理人的信任会有所欠缺。二代在接班之时一定要学会管理授权，用制度化的管理让更专业的人才发挥自主性，同时也可以建立自己的管理团队，改变企业整体的理念与习惯。

于是，一种可行的模式就是采用职业经理人对企业进行专业化管理，但在股权上仍保持家族私有化配置。这一管理模式近年来正为越来越多的家族企业所接受，家族企业在传承的过程中将过去的家族企业治理模式逐步转变为专业化经营。

实际上，众多的欧美家族企业，并非完全意义上由某个家族实际统治，而是凭借多数股权来掌握公司的控制权。在股权安排上，这些家族企业主要采取两大方式，较大型的家族企业大多为分散化股权安排，而较小的家族企业则多为集中化股权安排。[①] 分散化股权可以让尽可能多的家族成员持有公司股份。在这类家族企业中，家族通常只扮演政策制定者的角色，日常经营管理则交给外聘的专业人员；集中化股权则只向在企业中任职的家族成员分配股权。所以当家族企业越来越壮大之后，无论是企业走向多元化还是登上国际市场，抑或是进入新的技术领域，都会需要职业经理人的支持。而对于二代来说，家族保留股权可以保证对企业战略决策的话语权和家族财富，但引进优秀的职业经理人团队则有助于他们接班、转型、建立自己的队伍，并且从根本上脱离一代的一些陈旧管理方式的影响和制约。

---

① 刘琼娜 . (2011). 长寿家族企业的秘籍 . 科学大观园 . (12), 77.

家族企业的一代领导人一般具有强势的管理风格,"一言堂"几乎是他们的显著标签,相对而言,高度集权容易导致管理上缺乏制度化,而这也是许多二代不愿意回到企业中的原因之一。在这种情况下,如果家族控股和管理相对分开,决策流程不再由一个人或是一家人做决定,则可以有更合理的决策机制,或许会牺牲掉一些早期的快速决策优势,但能让很多家族企业降低个人偏颇的影响因素,也弱化了家族对于企业发展的制约和影响。

在这个模式中,万事利是个很好的例子。可以说,万事利目前正处于家族股权私有,管理权一半归职业经理人、一半由家族掌控的情形下。夫妻俩从股权上保持了对于集团的整体战略部署,但是具体管理权已适当外放。万事利可以走这条路的根本原因在于,其引进了成熟出色的职业经理人,采取了合理的激励机制。在未来,万事利也有谋求上市的诉求,对于走向国际市场的他们来说,上市可以帮助他们树立品牌形象、扩大知名度。不过,在这种模式下,所有权与管理权适度分离,所有权对管理权拥有"一票否决"的形式,有时会导致"老板乱炒经理人"的情况出现。

模式四:上市公司,由职业经理人管理

在美国和欧洲,股份有限公司已成为家族企业转型的基石之一。从理论上说,传统的家族企业一般强调无限责任,即个人或家族对企业负有全部责任,然而现代公司却往往强调有限责任,通过有限责任制把公司和股东在财务上、责任上进行隔离,也就意味着管理权和所有权的彻底分离。例如在家族企业中排名第一的沃尔玛和排名第二的福特都是上市的公众公司,尽管沃尔顿家族和福特家族分别占有公司38%和40%的股权,但这两家公司都是由专业的职业经理人管理的。

从长远看,这一模式可能是中国众多家族企业躲不开的选择,即使像华茂和方太这样坚持永不上市的家族企业,对于股权也在家族内部通过家族协议等方式做了清晰的界定。股权和经营权不分,进而导致家族财富与企业资产无法分离,是很多家族企业难以逃离的漩涡。

中国的家族企业正处于一代创业者与二代继任者首次交接班的时刻，管理权交接如果出现问题，会给家族企业带来灾难性的打击。家族企业的二代如果不愿或不能继承和管理家族企业，这时通过公开上市来吸引职业经理人的参与以维持企业的持续发展，不失为一种合理的缓解家族管理资源瓶颈的选择。伴随上市而来的则是原本集中在家族成员手中的股份被逐渐稀释，尤其在上市之后，家族企业变身为公众企业，这也是大量家族企业在发展到一定规模之后常常会做出的选择。而且随着家族的代际更替，家族成员越来越多，他们与家族企业的联系也越来越松弛，有的家族成员可能不愿再保留其股份，公开上市后其股份可以流通，解决了退出障碍，也有利于大股东对股权进行集中并展开更有效的管理决策。

上市前的家族企业通常由家族成员牢牢掌握控制权，CEO和董事长都由创业者或者其亲属担任，企业完全采取的是创业家长权威式管理。公开上市后降低了家族的控股影响，适度地引进了其他机构和参与者，促进了合理规范的决策机制构建，而且企业要受到来自外部股东和证券监管机构的监管，需聘用专业的审计机构进行审计，从而提高了企业经营管理的透明度，有利于家族企业改善内部治理结构。

于是我们看到第四种模式，就是采用专业化管理的上市家族企业。相较于私有化家族企业，上市企业的股权结构更透明，决策也相对公开。尤其是旗下拥有不止一家上市公司的集团化家族企业，选择专业化的管理模式尤为重要。美的集团便是最早实行"去家族化"管理的家族企业之一，早在1997年，何享健就引入职业经理人制度，通过事业部改制和分权经营，借机劝退了部分美的创业元老，包括作为23人创业元老之一的他的太太，有意淡化其家族对公司的影响。2009年，何享健再度放权，辞去美的电器董事长的职位，将权杖交接给了职业经理人方洪波。美的集团2012年再度发布公告，宣布何享健正式退位，不再担任集团董事长，由方洪波正式接替集团董事长，并同时担任上市公司美的电器董事长和总裁。至此，何享健正式完成了长达15年的"去家族化"布局，也开创了职业经理人接班的新局面。

尽管管理权已移交职业经理人，但何享健仍然是美的的实际控制人。根据美的集团公告，何享健不再担任美的集团董事长，而只担任美的控股公司董事长。何享健及其儿媳妇通过美的控股有限公司代表何氏家族持有美的集团68.7%的股权，而作为大股东，栗建伟和何享健的儿子何剑锋也顺理成章地代表美的控股大股东出现在美的集团的董事会中。何享健将继续以创始人和大股东的身份关心、支持美的的发展。

何享健说过："家族是股东，不是经营者，也不是企业家。"其让后代走资本路线，资本控股，而非直接接班，既充分利用了职业经理人的才能，搞活了企业机制，又保证了家族能分享美的发展的成果，这是非常巧妙的安排。但是我们也要看到，美的的"去家族化"模式有其特殊条件，一是发展处在战略转型期，"去家族化"具有迫切性；二是酝酿多年，分步进行，尽量减少阻力；三是人才培养和管理机制准备充分，水到渠成。正是在这些成熟的内外条件下，美的走上了"去家族化"的这一条道路。若缺乏必要的准备，在"去家族化"问题上急功冒进，对企业及其控制家族都会造成伤害。①

家族内部股权分配的两种方式

当今中国正在面临传承问题的家族企业中，不管是方太、华茂这样的家族私有企业，还是已经上市的美的、新光等公众企业，创始人家族都处于控股地位。但是，这些企业在创立之初多少都存在着产权不清的问题。这些能够生存下来并且发展壮大的企业，大都经历了股份制改造、MBO或者股权收购等，理顺了企业的产权关系，确保了创始人家族对企业的控制权。

在促成企业的股权向创始人家族集中的过程中，最重要的是要解决两类产权关系问题。第一，因为很多企业初创时是乡镇企业，譬如美的、万事利、华茂，等等，所以要解决与当地政府的产权关系。以美的为例，一位与美的有过

---

① 杨彬起.(2012).美的启示：家居企业如何去家族化.凤凰网.8月31日.

业务往来的家电业内人士评论说,"美的的 MBO 对它后来的成功至关重要。1997 年,美的电器年销售额只有十几亿元,在中国家电行业销售额排名中位列十名前后,资产规模也靠后。但是随后十多年来,中国家电行业的很多知名企业陆续出现各种各样的问题(如频繁换帅换将、数次控股权易手、政府强制兼并,等等),导致成长减速、业绩下降直至被同业并购,可以说它们几乎是'不攻自破'。出现这些问题最根本的原因是没有任何股权的管理层与持有控股权的地方政府之间对于企业控制权的争夺"。[①]

第二,最初可能不是创始人一个人创业,而是创始人带着一群人创业,那么其他创业元老也持有股份。通常的做法是创始人买断其他创业元老的股份,增加自己在企业中的股权。以万事利为例,万事利原有的 28 位股东都是家族成员和集团的老员工。万事利创始人沈爱琴的小女婿李建华认为要推行新战略,就要集中股权,以便决策。他说服股东把股权卖给沈爱琴,给的条件是"你把集团股份退掉,我们把赚钱的企业送给你,进行股权置换,企业股权给你,客户给你,供应商给你,品牌给你,还有很多优惠政策"。为了快点完成这个过程,要价高的,李建华便自己买下。在后期,万事利只剩下 8 个股东,6 位家族成员占约 90%,其余 2 位是老员工。家族成员中,沈爱琴拥有的股份比以前更多,其余股东为沈柏军(沈爱琴的弟弟)、屠家两姐妹及其丈夫。通过资产置换和股权收购,万事利实现了股权向沈爱琴家族的集中。

那么,股权向创始人家族集中之后,是不是就能解决家族企业的产权问题了呢?某种程度上,这确实能解决一些问题。中国文化中内外有别的"差序格局"使得人们更愿意相信有血亲或姻亲关系的"自己人"。而且血亲、姻亲关系所建立起来的强信任机制也确实能够在一定程度上保证家族利益的趋同效应。譬如在红领,父亲张代理让女儿张蕴蓝回来帮忙,张蕴蓝二话不说就回来了。

---

① Jensen, M. C., & Meckling, W. H. (1976). Theory of the firm: Managerial behavior, agency costs and capital structure. Journal of Financial Economics, 3, 305-360.

同样，张蕴蓝让弟弟张琰回来帮忙，张琰也立刻就放下自己的事业回来了。这种义无反顾地为家族事业奉献的行为是不可能在外人身上发生的。

在新光总部的一栋办公楼里，周晓光家族的30多位成员吃住在一起。这样的情感连接在每个家族内部多多少少都会存在，正是家族成员之间的情感连接，使得家族企业对家族成员有着"情感约束"，激励家族成员为了整个家族的利益、荣誉和未来而奋斗。

但是，只有以家族关系为基础的"情感约束"是不够的。即便在一个家族内部，不同的成员也会有不同的利益和兴趣，因此在家族内部也会存在利益冲突和对产权的委托－代理问题。基于前面的案例，我们可以归纳出代际传承时两种家族内部的股权配置方式（见图12.2）。

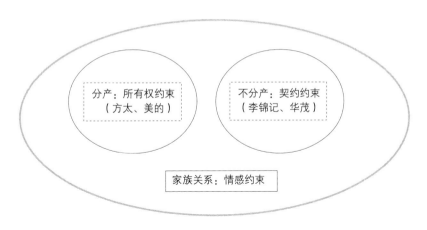

图 12.2　家族内部的股权配置和约束

第一种模式是将家族股权在家族内部各成员之间做清晰的分割，从而产生"所有权约束"：这是你的财产，干得好赚的是你的，干得不好亏的也是你的。方太茅理翔的"口袋理论"对这种模式做了清晰的阐述。在茅理翔看来，即使在家族内部，股权也要清晰，若兄弟姐妹都是强人，可以在一个企业内相互参股，但不要放在一起经营，否则会给企业埋下"定时炸弹"，最终将导致家族和企业的分裂。茅理翔为儿子建了一个"口袋"，也为女儿建了一个"口袋"，还为自己的老部下建了另外的"口袋"。相似地，美的的何氏家族也采取了这种分产模式。何享健的儿子代表大股东担任美的集团的董事；儿媳妇是美的集团控股母公司美的控股除了何享健之外的另一位自然股东；两位女儿在美的体系内都没有股份，但是在美的体系之外有自己的公司。

相对而言，这种股权传承分配方式与现代企业制度的原则比较吻合，就是产权清晰。因为产权清晰，传给二代的不仅是财富还有责任。在茅理翔看来，接班人一定要控股，这样他才有动力，他说话才有用。所以他的"口袋理论"既保全了女儿的财富，也保证了对于儿子的激励。

第二种模式是在大家族里不分产，但是用明确的家庭合约来规定家族成员的权利、责任和利益分配。与第一种模式相比，这种模式用"契约约束"来代替"所有权约束"。华茂以及李锦记是这种模式的典范。徐万茂通过家族共同协议不仅为华茂确立了"不上市""不分家"的原则，而且为华茂确定了唯一的掌舵人：徐立勋。这种模式的好处是家族财富不会因为代际传承而分散消失。此外，这种传承机制可以最大化地保证家族利益趋同，在家族内部实现利益分享，能够提高下一代成员的忠诚度和代际间的互利关系，有利于从家族的角度去维护企业价值。但是，考虑到"合约的非完整性"（contract incompleteness），很难把将来可能发生的情况及其对策在事前写清楚。在华茂的案例中，一个显而易见的问题就是，徐立勋之后谁应该是华茂的掌舵人？如果徐立勋的儿子不愿意或者不能接班掌舵怎么办？此外，即使现有的成年家族成员都签署了家族合约，合约的实施和执行也并非是无成本、无风险的。

新光的周虞家族似乎也在往这个模式靠近。虞江波从 2010 年开始推动建立家族委员会的做法，他"非常不希望上一辈的一些问题留到我们这一代人，希望尽可能在他们上一辈还在时就把这些问题解决掉"。家族委员会初定由七位家族成员组成，周晓光姐弟七家每家派一个代表，讨论家族内部的事情和发展的问题。此外，2013 年，周晓光开始制定家族"宪章"，希望能够通过家族"宪章"明确家族内部的议事规则。

根据《福布斯》(中文版) 2015 年报告披露[①]，他们过去 6 年的家族企业调查研究证明，中国家族企业的主要亲属关系正在发生演变，夫妻、兄弟、父子/母子、一代姻亲关系尽管仍旧占据目前的主导地位，但是随着一代渐渐年长，二代逐渐登上舞台，夫妻与父子/母子关系逐渐超越了创业时期的兄弟和一代姻亲关系。我们可以看到，家族企业在壮大发展的过程中其内部也在进行家族涉入与现代企业制度之间的不断探索，力求取得平衡。在保证家族控股的前提下，家族企业正进一步呈现出从大家族向小家庭发展的趋势。换言之，产权清晰、基于"所有权约束"的第一种模式，似乎比基于"合约约束"的第二种模式在中国的家族企业中更受欢迎。

家族企业管理继任者的四种选择方式

前面我们详细地讨论了家族内部的股权配置，现在我们聚焦于家族企业管理权的代际传承。根据家族企业管理继任者与家族的关系以及与企业的关系，我们可以把继任者分为四类（见图 12.3）：（1）长期供职于家族企业的家族

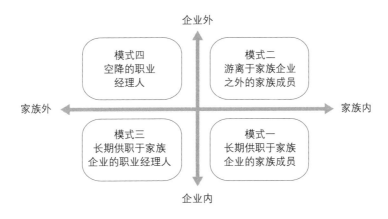

图 12.3　家族企业管理继任者的四种选择方式

---

① 毛婧婧.(2015). 传承与传统的博弈——家族企业调查报告. 福布斯（中文版）.(9).

成员（尤其是创业者的子女）；（2）游离于家族企业之外的家族成员；（3）长期供职于家族企业的职业经理人；（4）空降的职业经理人。从企业战略转型的能力需求角度来看，这四种选择各有优缺点。

第一种方式是选择一位长期供职于家族企业的家族成员。接班的二代要么早早地进入企业，要么从基层做起抑或是直接问鼎高层参与管理。这样的人选显然非常熟悉企业，文化契合度会很高，容易得到家族和企业其他人员的支持。尤其当他们是创业者的子女（尤其是儿子）时，更符合"创一代"对家族传承（不仅仅是家族企业的传承）的情感需求。万事利的屠红燕"女承母业"，就属于这一类。有意思的是，也许与中国的传统文化有关，女婿在家族企业的传承中就没有那么"理所当然"。在万事利，尽管屠红燕的先生李建华在万事利的战略转型及业务拓展上扮演了非常重要的角色，他却没有把自己当作"家里人"。他表示："我的股权全部都是用钱买的。我觉得我的定位很清楚，我在这个公司里就是一个特殊的高级打工者。"

需要指出的是，这种选择模式的局限性在于，企业没有从战略转型的需求来考虑，去寻找最优的继任人选，而是过早地聚焦在一个，甚至是唯一的人选上。这样的话，这个人行，则企业盛；这个人不行，则企业衰。在这种模式下，家族继任者需要清楚地知道自己的优势与劣势，并且聘用一些在才能上、经验上能与自己互补的人。譬如，万事利的屠红燕和李建华夫妇聘请在丝绸行业内有丰富经验的外籍职业经理人巴黎特，把海外的事宜全权交由他打理。

第二种方式与第一种方式的相似之处是继任者都是创始人的家族成员（通常是子女），这满足了很多创始人"父业子承"的情感需求。但是在这种方式下，创始人的子女没有在家族企业内部成长，而是在外面打拼锻炼，或是自己创业，或是在别的企业里接受磨炼，但是在家族需要的时候会回到家族企业中来。这种方式的好处是，这些家族继任者在其他企业里看到、学习到与其家族企业不同的市场、技术及管理方式，这些经历拓宽了他们的眼界，一旦他们回归，就有可能促成家族企业的飞速发展。方太的茅忠群和华茂的徐立勋就属于这种类型。

这种方式的缺点是，在继任初期，家族继任者不熟悉企业，只是因为血缘关系（或婚姻关系）"火箭式"地升到领军人物的位置，企业内的其他人可能对他不服气，他也可能在相当长的时间内活在创始人的阴影下。对这样的继任者而言，最有效的办法就是用业绩说话。我所访谈的一位家族继任者抱怨道："我在英国留学，然后留下来生活，在那里过得好好的。我父亲让我回来继承家业，不仅他经常在企业里对我指手画脚，和他一起创业的元老们也经常对我挑三拣四的。"我所访谈的另一位家族继任者遇到了同样的问题。她的哥哥创业，希望她回来挑大梁。她说："和我哥哥一起创业的元老们根本看不上我。我回到企业后，先是开创了一个新的业务，取得他们的信任后，才逐步回到企业的主营业务上来。"同样，华茂的徐立勋也曾经历过相似的阶段，只有靠业绩才能站稳脚跟。幸运的是，这些家族继任者们尽管在初期会遇到困难，但是由于家族的支持，会有很长的"蜜月期"容许他们尝试、失败、再尝试，而不至于一失败就被撤换掉。

第三种方式是挑选一位在家族企业内长期任职的职业经理人。这种方式目前最为成功的例子就是美的集团的方洪波——一位从企业内部成长起来的非家族继任者。方洪波1992年加入美的，到2012年接任美的集团董事长时已经在美的任职了20年，对美的非常了解、非常认同。当年何享健在解释为什么最终选择方洪波时是这样说的："第一，方洪波在公司任职很久，从1992年他进入公司到现在已经有20年了，应该说时间很长。第二，他是从一般的员工一步步上来的，不是突然间被提拔的，而是由公司培养出来的。第三，他文化基础好、文化程度比较高，在整个培养的过程中，他也认同公司的文化和理念。第四，他处于最好的年龄，现在40多岁。第五，进入管理层10多年来，作为高管，他的业绩很突出，可以说是众望所归。第六，他很诚信，职业操守非常好，学习欲望很强，做事也很有激情。我公开地讲，他是整个队伍中最理想，也是大家都认同的接班人。"①

跟第一种方式相比,这种方式可选择的继任候选人多了很多。除了方洪波之外,还有"王洪波"和"李洪波"可以选择。"创一代"可以在多个备选人选中"赛马",选出他最满意的人选。但是,这种方式需要"创一代"在多年以前就开始未雨绸缪,为企业储备人才、培养人才。用何享健自己的话来说,"这个(交班)不是心血来潮,也不是突然安排的。我事实上是用了十几二十年的时间精心去做这个事情的,想着条件已成熟就退休,不搞家族治理,而是让职业经理人来治理。尤其这七八年来我精心安排,去培养、去调整、给机会,建设和完善公司的机制和制度,来配合这次的交班"。

第四种方式是直接从外部空降一位既与企业无关也与创始人家族无关的职业经理人。虽说这种方式可以让企业在最大可能的人力资源池里选择企业战略转型所需要的领军人物,但事实上,这种方式通常是在其他三种方式都行不通时的不得已的选择。从我们跟踪访谈的家族企业来看,这种方式的失败率最高。外部空降的非家族成员无论是在对企业的了解还是在对家族的认知上都存在差距,很难找到合适的接班人。并且,因为外部空降的职业经理人不论在企业内还是在家族内部都缺乏人脉和坚强的支持者,一旦有问题就很容易被一脚踢开。

不仅如此,外部空降的职业经理人与家族企业之间存在双向的信息不对称,这两类信息不对称都会导致继任失败。第一种信息不对称被关注得比较多,也就是家族企业对外部职业经理人的实际能力不了解,只根据他的履历和猎头公司的推荐来做判断。可是聘用以后才发现此人能力不足或者并不是企业所需要的人才。第二种信息不对称虽然被关注得不多,但是也可能存在,那就是企业其实并没有介绍得那么好。据我所接触的一位职业经理人介绍说,他应聘了一家家族企业,本想大干一番事业,上任CEO一职以后很快发现,老板还另有企业的公章,可以不经过他就动用企业的资金,并且在企业外还有债务。

---

① 张燕.(2012).美的集团换帅.中欧国际工商学院案例.

他不确定这个黑洞有多大，于是上任不久就匆匆离职。

在这四种选择方式之间，第一种和第三种都属于家族内部传承，在中国的家族企业中接受度较高。从积极的角度看，在未来可见的一段时间内，家族企业的接班主力军仍然会是家族二代，这帮家庭条件优越、接受过良好教育的"富二代"们将带来新的理念，并推动中国家族企业迈上新的台阶；而且相对而言少了家族内部的竞争，家族内斗也随之减少，由此提高了平稳交接的概率，这些都有利于完成管理权交接后的有效管理。在他们的带动下，我们会看到越来越多的茅忠群和徐立勋，也会看到像屠红燕与李建华这样的夫妻档，以及更多年轻有为的虞江波。而对于更多的有才干却乐意从事自己感兴趣的事业的何剑锋们来说，他们都会希望自己的父亲能够培养出像方洪波这样的职业经理人来接手家业。归根结底，家族企业的后代也许不一定要成为管理继任者，但是一定要学会如何成为股东。家族企业无论是股权私有还是走向上市，都要有明确的权利、责任、获利分配机制。

传承和转型并肩进行

我们所跟踪和访谈的家族企业，在管理权的代际传承的节点上，都进行了各式各样不同程度的战略转型。红领的服装业务由线下向线上转移，方太的厨具业务从低端向高端攀升，万事利和美的在两个不同的行业里积极开拓海外市场，华茂和新光都从原来的主营业务向多元化业务拓展。在这些战略转型的过程中，二代都起了重要的积极作用。相对于一代创业者，"创二代"最大的特点是接受过更高层次的教育、拥有更多的创业资源、具有更广阔的视野并且易于接受新事物。正因为如此，很多家族企业的战略变革不仅是企业发展到关键阶段的选择，更是家族二代成员先行推动的结果。图12.4总结了一些家族企业在四个战略思路上的抉择，值得借鉴和参考。

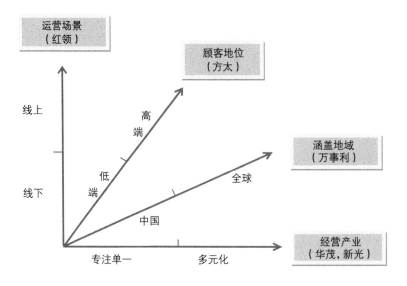

图 12.4　家族企业转型的四种战略选择

万事利选择品牌国际化

万事利在创始人沈爱琴的时代，制定了"三个三"的战略目标。中国早期的企业家都比较坚持企业需要有固定资产和规模。加上当时市场空白，有许多需求，所以企业家们比较倾向于机会主义和政策导向，只要市场有机会和政府支持，就会介入不同行业，业务比较分散和多元化。

刚接班的屠红燕却有不同的想法，她有自己的梦想和追求，主张要聚焦于丝绸主业，要让万事利变成"中国的爱马仕"。自 2004 年屠红燕成为集团董事局执行主席，可行使签字权后，在丈夫李建华（集团总裁）的支持下，开始梳理集团业务。之前公司也从事地产等其他产业，主业不够清晰，到了 2005 年以后，她开始调整战略，建立企业的核心能力、核心产品和核心产业。在这个战略思路下，她开始把不是核心主业的公司卖掉，利润不好的、产业不清晰的、发展前景不好的都关闭转产。做这样的决定，她得面对与当时仍是集团董事局主席的母亲沈爱琴之间的两代差异产生的矛盾。沈爱琴一直认为做实业就要有更多的工厂和有形资产，继续扩张和多元化。但屠红燕则主张要聚焦于丝绸主业，同时也必须把股权集中起来。

屠红燕跟李建华夫妻开始尝试进行多项梳理，也遇到沈爱琴强烈的反对。他们与母亲沈爱琴有好几年的冲突和磨合。有时没法说服母亲，他们也得将就，以退为进。比如当时的制造厂亏了好几年，沈爱琴却不愿意割舍掉，因为她觉得自己是靠这个厂起家的，哪怕亏也可以用其他盈利来养着它。在开董事会的时候双方也常常意见不统一。尤其是要关掉很多不相关产业的决定，没效益的比较容易接受，有效益的也要关掉，争议就比较大。这个梳理的过程长达几年，为万事利的转型升级打下了扎实的基础。

树立中国品牌，自我产品定位

屠红燕也意识到丝绸行业仅依靠出口面料、赚取低廉的代工费，已经无法在这个时代生存，坚信企业必须转型。于是，屠红燕和李建华不断致力于丝绸文化的推广，发展丝绸礼品，建立国际设计研发团队，研究新技术、新材料，并通过巨额资金的投入来获取最新的技术和国际品牌基础。李建华也一直投身于丝绸文化的前沿研究，促进丝绸文化与产业相融合。他们对丝绸行业了解深入，尤其是知道如何发挥优质丝绸原料的最优价值，譬如通过加入中国元素等手段来更加契合消费者的需求与心理。同时，夫妻俩还建立了出色的零售网络来帮助产业和文化的推广，接轨移动互联网，努力建立万事利的品牌知名度，树立品牌形象，培养品牌忠诚度。

奢侈品行业属于周期性行业，面临客户挑剔、假冒产品层出不穷等诸多挑战，因而在奢侈品市场打拼十分艰辛。与此同时，全球消费者对于中国生活用品的质量与形象印象不佳，再加上中国的奢侈品牌仍处于起步阶段，处境尤为艰难。爱马仕拥有近200年的历史，品牌建设方面的投入数额惊人，只有40年历史的万事利要与爱马仕一争高下，其难度可想而知。鉴于此，万事利决定不与爱马仕攀比，而是集中精力树立自己的品牌形象。

李建华带领万事利团队重走"丝绸之路"，之后又三赴法国，并利用各种媒体倡导丝绸文化，建立了国内首个民营丝绸文化博物馆——万事利丝绸文化博物馆，等等。

中国品牌，法国制造

中国已经成为奢侈品消费第二大国，但全球的75个奢侈品品牌中没有一个是中国的。著名的爱马仕就是法国制造的，所以万事利提出"中国品牌，法国制造"的概念。2003年，万事利正式收购法国家族丝绸企业MARC ROZIER，它是欧洲两家能做超高难度提花工艺的工厂之一，从原料采购到设计、提花织造、印染等制造过程全部都在法国完成。如今，这家法国企业属于万事利集团，为万事利代工，将来这家企业还会继续给一些世界大牌代工，但主导权在万事利手里。过去中国的传统企业以做国外品牌的OEM而骄傲，现在万事利让国外的企业帮中国品牌做加工，这是一个巨大的转变。屠红燕也曾表示过，法国企业拥有悠久的历史，虽然设备比万事利落后30年，但产品质量反而更高，这也是万事利完成收购后可以学习和提升的地方。

大胆聘请国际人才

在打造国际奢侈品牌的过程中，屠红燕夫妇一直都希望可以吸引和培养更多的国际人才，但在家族及公司内找不到推动公司实现国际化的合适人选。机缘巧合，李建华认识了爱玛仕执行总裁巴黎特，两人非常投缘。不多久，巴黎特就被聘任为万事利丝绸文化股份有限公司执行总裁及万事利集团旗下法国家族丝绸企业MARC ROZIER的执行总裁。他负责培养万事利的人才、引进一流的欧洲设计师、研究与实施品牌架构及国际化发展的战略等，亦负责MARC ROZIER在中国市场以及欧洲市场的重点布局。这种大胆聘用家族外部人才担任集团子公司CEO的做法，体现了万事利走向国际化的决心和魄力。

巴黎特能够带来全新的视角，发起不落俗套的活动，推动万事利抛弃陈旧的理念与行为方式。他作为一个奢侈品行业的资深职业经理人，在欧洲有着强大的网络资源，对于行业内的相关资源和信息都了解全面；他有着外部职业经理人的共同优势，拥有高学历以及与之相匹配的专业知识与能力，具备与众不同的国际视野和文化敏感性。此外，作为爱马仕的前任CEO，他拥有管理国际顶级奢侈品牌的经验，也有着对纺织品工艺扎实的知识基础，了解法国制造工艺等生产技术。而在渠道方面，他对于供应商、分销商和世界各地的客户网络都有一定的积累，这些对于走向国际化的万事利来说都是不可多得的宝贵经验。同时，他带来了一班高管团队及设计师，将会和他在新的工作岗位上共同进退，此外，他还带来了更为重要的新的设计理念和管理模式，以及对于整个品牌运营的调整。

外来职业经理人的加入同时也是对企业本身系统的考验，万事利从内部开始做出相应的调整。新品牌、新理念及新高管要与企业做到逐步磨合，需要有企业整体的配合和调整，在此过程中，家族能够给职业经理人多大的授权及资源支持至关重要。家族企业要做好自我变革的心理准备，才能帮助外来 CEO 扎根融入，借助外力将国际化战略执行到底。

培养全球化的中国人才

打造国际化奢侈丝巾品牌的关键因素包括高品质的丝绸、精湛的工艺、生产技术与技巧、设计、分销以及出类拔萃的品牌 DNA。对于万事利而言，资金不是问题，但人才却十分匮乏。因此，如何吸引和培养国际化人才，对于万事利及巴黎特的成功意义重大。

在中国，奢侈品行业的人才储备非常有限。富有创意、精通英语、有能力监管海外业务的国际化人才特别缺乏，同时还精通法语及其他欧洲语言的人才更是凤毛麟角。万事利开始从海外同类企业引进当地人才或聘请在时尚生活行业拥有相关工作经验的人才，还增加更多的投入，为实现全球化培养中国人才。万事利正努力打造与其愿景、传统以及当地员工偏好相匹配的全球性组织文化与人力资源体系，并开始与教育机构展开合作，努力弥合中国与海外市场的差异。2014 年，万事利集团和 MARC ROZIER 品牌分别实现营业收入 98 亿元和 2 800 万元。屠红燕和李建华夫妇正一步步地去实现"成为中国爱马仕"的梦想。

红领选择走向平台化

青岛红领集团的故事也是同时涵盖了企业领导人交接班和战略转型两个重点。张代理和张蕴蓝是在双轨并行的过程中摸索家族企业的传承与发展的。木匠出身的张代理最早靠着自己的手艺成为"万元户"，也正是凭着第一桶金在

1976年下海经商后，历经数十年的打拼，于1995年正式创办了红领。秉承"针线系友情，做衣先做人"的理念，张代理始终将诚信作为创业和做人的根本。张代理有一句很有意思的话经常挂在嘴边："不会用电脑的木匠不是好裁缝"，很多人第一次听到都会觉得莫名其妙。然而，转行做服饰成为"裁缝"的他在市场发展中敏锐地嗅到了互联网带来的巨大商机，信息技术可谓是他转型的"贵人"。

红领集团的转型变革，是张代理的一个理想。他很早就意识到做OEM或是低端制造业是没有出路的，所以一直坚持必须改变商业模式。

他坚信，个性化定制模式（即以定制生产为核心的模式）是传统大规模生产的未来发展方向，所以一心一意想推动实施公司战略转型。张代理希望实施的变革包括两个方面：一是使RCMTM成为C2M模式的创造者、设计者和推动者；二是通过自己的努力，利用互联网时代的信息技术，推进新型工业化。从2003年开始，他用了11年的时间，投入数亿元资金，用信息化互联网的思维，以红领的3000人工厂作为试验室，对中国传统产业升级进行了艰苦的探索与实践，现在已经形成了完整的个性化、大规模、工业化定制的红领模式，实现了大数据互联网思维下信息化与工业化的深度融合，创造了互联网工业的价值观与方法论。红领集团成功推出全球西装定制供应商平台——RCMTM。2013年前后，红领集团提升公司战略，致力于打造坚固的保障平台，为服装行业提供了一套彻底的解决方案，为实现行业的蓬勃发展而不懈努力。

转型前和转型后的不同

红领集团的成功转型离不开张代理的信念、执着与不懈努力。张代理在实现个人理想的过程中，拥有坚定的商业信念，善于借鉴国外先进技术，持续地进行创新实践，发明"三点一线"量体法，坚持进行员工培训，调整组织结构，使组织结构呈扁平状，以客户需求为中心；建设以人为本的企业文化，持续为集团投资，循序渐进地培养接班人，这样才能够引领红领集团成功转型。但转型对于红领来说绝对不仅仅是从成衣代工走向高端定制这么简单，红领集团在转型前后存在非常多的也非常大的转变,主要体现在生产模式、技术、员工、核心业务、组织结构、企业文化等方面(见表12.1)。

表12.1 红领集团转型前后的变化

	转型前	转型后
生产模式	• 类似于其他的传统制造厂 • 没有核心竞争力	• 柔性生产,通过3D智能印刷 • 大数据技术驱动 • 高效率和低成本
技术	• 所有应用于成衣制造厂的传统技术	• 独立的研发部门 • 人体测量方法——"三点一线"的发明
员工	• 计算机和英语知识较为匮乏的普通劳动者 • 亲友与特权	• 国际化的人才和懂英语的大学生 • 500名信息工程师 • 年轻且有能力的"80后"经理团队
核心业务	• 大规模生产成衣服装 • 代工制造 • 销售商店	• 个性化定制 • 电子商务平台 • 为其他传统制造工厂提供的解决方案,升级它们的生产模式
组织结构	• 多层级管理 • 30多个冗余的部门设置	• 扁平的组织结构 • 基于平台的管理和节点管理 • 规范有力的制度体系
企业文化	• 员工之间没有共同的目标 • 缺乏组织认同感	• 为个性化定制提供全面支持 • 共同使命:利用互联网开创新工业时代

克服技术问题,从大规模生产转向个性化定制

2003年,国内的ERP系统尚不能满足个性化定制的要求,从国外引进的设备也不能在红领集团使用。为了解决这些难题,张代理出资购买了流水线式定制系统的专业平台和设备,从国外引进先进的吊挂系统和物流系统,同时组建了由十几个人组成的信息部,加班加点地开发自己的系统。此外,他还兼并了一些专业的信息公司,吸收500多名精通大数据、云计算等各种专业技术的信息工程师,以此为基础自行建设独有的平台系统RCMTM,开发享有独立知识产权保护的 SDE 产品。

转变员工观念，领导组织变革和战略转型

在推动转型的过程中，张代理所面对的最大的挑战在于转变员工观念，因为很多员工都不了解战略转型。作为一个企业家，张代理有着超前的意识，但这并不代表着那么多习惯于简单加工制造的员工们也能同样意识到转型的重要性。为了让大家统一思想，追求同一个目标，张代理并没有利用权威影响要求员工们接受，相反，他非常理解这些跟着他一路走来的员工们，并没有责怪他们对于他改革存在的或多或少的消极态度。之后，他反复召开会议，向员工们介绍战略转型，增强他们的信心，并且为他们提供培训，让他们学会使用先进的设备与技术。当然，技术的提升依旧离不开一些必要的措施。他强制推行某些规定，如要求量体部的员工上班时必须使用计算机。在做了这些工作和循序渐进地推进后，他辞退了接受培训后仍无法改变工作方式的员工。企业要进步，必须要有可以适应转变、灵活跟进的员工，止步不前的人是没有办法跟上红领的发展节奏的。

由于大部分员工通常都没有为组织变革做好准备，因此这种情况十分常见。一旦变革发生，我们可以根据员工的态度与心理准备情况将他们分为四大类：实施变革的员工、协助变革的员工、批评变革的员工以及阻碍变革的员工。因此，找出那些心态开放、愿意接受拟议变革的早期支持者，意义重大。为了赢得大部分员工的信任，争取阶段性胜利至关重要。换言之，变革在早期阶段就取得成效有助于赢得更多的支持。只有变革愿景得到大多数人的支持，变革领导者才能积聚足够的动力，变革举措才能顺利推进。奖罚制度有助于发送正确的信号，激发支持变革的预期行为，其重要性不容小觑。

培养出色的变革领导者，企业在转型中传承

对于红领来说，企业做得再大再强，最后都要面对传承的问题。企业如果不能得到很好的延续，再大再强也是昙花一现。所以，张代理的第三项挑战即是寻找合适的接班人。在所有候选的职业经理人都达不到他的要求的情况下，张代理最终决定由女儿张蕴蓝接替他担任红领集团总裁，继续推进自己尚未完

成的事业。在这件事情上，张代理没有急于求成，而是循序渐进、有章有法。首先，他与女儿深入交流，帮助她形成相同的商业价值观；其次，让女儿从一线业务做起，并在不同部门间轮岗，让她全面了解整个企业；再次，在女儿进入企业后，他一直默默地观察她，从未主动去影响她的决策；最后，也是最重要的，他在可控的范围内鼓励女儿自己做出决定，对于女儿的决策所导致的后果他选择了无条件买单。张代理认为，接班路上的一些挫折是必须经历的，但是也不能让这些阻碍了接班人的勇气与担当。

在红领集团的变革过程中，他们父女两人分别在不同领域起到重要作用。应该说，红领取得今天的成绩离不开两代人共同的努力，这期间有相互的妥协、有彼此的支持，更重要的是理念的一致与良好的沟通，父女俩都承担了自己应该承担的责任。张蕴蓝从回到红领到现在，已经经历了近十年的磨炼，随着父亲的逐渐放手，她在未来会承担起红领发展决策上越来越多的责任。在接下来的一两年内她需要更多地让企业的战略转型落地，推行C2M模式时，要吸引更多的客户——帮助其他企业进行工业化革命是张代理也是红领的使命，但是企业自身的生存与发展也至关重要。所以随着红领的不断壮大，未来她也需要寻找使用职业经理人与亲力亲为的平衡点。

弟弟张琰的回归对于张蕴蓝来说也是一种分担，在独立帮助父亲完成红领的工业化变革之后，平台的搭建使得红领的发展速度迅猛增长，对于人才的需求变得迫在眉睫。张蕴蓝和张代理一样，关键时刻想到的依然是家人。张琰面对姐姐的要求也同样没有丝毫的犹豫或是推脱，而是毅然决然地回到了红领，帮助姐姐和父亲一起开疆拓土。张蕴蓝曾在接受媒体采访时说过，她觉得女性本身的角色已经很多了，压力不轻，她认为家业还是交给男性来接班更好。尽管张琰目前担任红领集团的COO，负责具体运营等实务，但集团的整体决策还是由张蕴蓝拍板。但是，对于姐弟俩来说，他们从来没有介意过这些，因为在他们眼里，都是在为这个家付出，是为了父亲的理想，也是为了共同的信念。这些是红领张家在传承与转型的当口能够乘风破浪勇往直前的根基所在。

接下来的一两年内，张氏姐弟在红领现有的平台上还有很多可以施展拳脚的地方。譬如，继续树立"魔幻工厂"的品牌形象。红领集团可以在国内高校组织各种活动或竞赛，鼓励大学生制定自己的营销策略，并介绍如何在魔幻工厂实施自己的策略。竞赛的奖励可以是红领集团的一份工作或公司产品，也可以两者兼而有之。这类活动能够产生两方面的效果：首先，能让更多人知道魔幻工厂与红领集团，提高品牌知名度。其次，红领集团有可能通过这些活动收获不错的营销策略。

此外，张蕴蓝目前已经着手让魔幻工厂成为大学生或其他渴望创业的设计师、面料供应商的平台，消费者可以通过这一平台直接接触这些设计师及面料供应商。而推广红领集团的C2M模式，帮助其他企业实施转型战略一直是父子三人共同的使命与梦想。在这方面，目前酷特智能工厂平台已经与中国互联网工业联盟展开合作。红领集团副总裁李金柱目前担任中国互联网工业联盟秘书长，也是此项举措的主要推动者。

对于红领，或者任何一个家族企业来说，企业发展到一定程度后，尤其是在经历传承选择之后，一定会面临人才资源的筛选问题。尤其是像红领这样利用互联网技术进行转型升级的企业，如何构建优秀的人才团队非常重要。但是，我们也必须看到，在目前社会的社会环境下，引进外部人才有利有弊。张蕴蓝是提出魔幻工厂理念并制定其商业模式的关键人物，她可能比其他人更清楚该如何发展魔幻工厂。此外，独立推进自己的想法也是一次难得的学习机会，有助于她成长为出色的红领集团CEO。不过，如果不利用其他人才，她可能又难以跳出现有模式，无法进一步创新，因而有可能限制魔幻工厂的发展。再者，专业营销人员可能对中国市场及客户的了解更加深入，有助于更快、更好地扩大市场份额。我们建议张蕴蓝与集团其他高层（李金柱等）持续合作，因为这不仅有助于公司稳定，还能够发挥各自的优势，实现人尽其才。

正如张代理所言，红领集团不再是一家服装生产企业，而已发展成为一个互联网产业平台。这意味着张蕴蓝还有另外一个责任——推动红领集团从非平台企业向平台企业转型。平台转型需要企业颠覆自我，改变所有员工的价值观，坚持明确的愿景，调整利益相关者之间的利益关联，然后携手并进。换言之，在平台转型的过程中，企业需要对所有VSOP因素（即价值、战略、组织和人员）做出相应的调整。在价值层面制定基于双赢理念的愿景，始终坚信核心业务先为社会创造价值，然后再为企业创造价值；集团战略要能及时发现行业痛点，在价值链分析的基础上确定公司战略，打造全新的生态系统；为培育新平台调整组织结构；并且帮助员工实现自我提升，确保人才转型与平台转型齐头并进。

方太走向产品定位高端化

中国是个制造大国，在人力成本升高的同时，环境承载力也将达到临界点，曾经以廉价劳工和牺牲环境为代价的低成本生产模式无以为继。在经济下行的大背景下，实业更是举步维艰，传统制造业的转型升级势在必行。对于方太而言，茅忠群和父亲茅理翔共同创业之初的"约法三章"就已经选择在产品上做出彻底的改变与转型。当企业走过快速成长期，占据了一定的市场份额之后，固有的经营思维与模式会令企业如逆水行舟，不进则退。每一个夕阳产业都有曾属于它的"苹果时代"，就像茅理翔曾引以为豪的"点火枪大王"时代一样，最后也不得不面对价格竞争后的惨淡结局。

没有传统的企业，只有落后的思维。中国的制造业正在逐步摆脱"世界工厂"的帽子，从中国制造到中国智造的过程也迎来了相当具有挑战的一段时期。从茅理翔自身的创业经历来看，从点火枪到吸油烟机，无论是从行业的跨度还是当时的市场风险来看，都是一项十分重大的决策。当时，全国已有250多家吸油烟机厂家，吸油烟机市场基本形成了帅康、玉立、老板三足鼎立的局面。但是茅忠群经过三个月的市场调研和论证分析后，说服父亲上马新的产品项目，由此迈出了方太转型的第一步。在这个过程中，茅家父子俩始终以家族整体利益为前提，在利益一致的情况下，家族的成员们愿意分享他们所捕捉到的市场变化的信息。同时，家长的权威领导使得成员间更容易达成共识，对市场变化做出快捷、灵活的反应，决策效率得到提高。在执行上，由于内部信息沟通顺畅，决策执行得力。①

1996年才进军厨电行业的方太，与其他同行一样都走上了多元化的道路，通过厨电产品获得发展的"第一桶金"后便开始大举进军大家电等领域。由于四面出击，方太的核心业务并不突出。到了2006年，方太明确了自己"嵌入式厨房电器专家"的定位，并以此为标准调整产品结构，大刀阔斧地砍掉与此定位不相符的产品线和业务板块，相继放弃了饮水机、电磁炉等项目，乃至于后来进一步放弃了厨房电器的中端产品。在早期与父亲并肩奋战的过程中父子俩并不是没有矛盾，但是茅忠群的坚持是家族企业从低端走向高端的转型动力之所在。茅忠群提出了"专业化，高档化，精品化"的战略，并且一直坚持了下来，即使在中国传统厨电品牌面临重大挑战和转折的时期，方太也没有轻易放弃理想，改变初衷，而是舍近求远（舍弃眼前的利益，追求长远的发展），舍大取少（舍弃多元化大规模发展模式，选择单一专业发展模式），舍低求高（舍弃低端定位，专注高端市场）。他认为，方太定位为高端厨房电器专家和领导者，代表着一种高端的生活品质。因此，定位于高端品牌的方太只做高端厨电，从而在消费者心目中建立差异化认知。后来的事实证明，在放弃中端市场的情况下，专注于高端厨电定位的方太整体的销售业绩仍然高速增长，一举确立了"中国高端厨电专家与领导者"的行业地位，并成功开启中国厨电产业在高端市场的商业新空间。多年来，方太几乎囊括了所有第三方权威机构品牌调查的第一名，足以证明方太品牌的地位并不是自封的，而是千万消费者一致的首选。

方太成功的价值就在于专注，方太将所有的核心资源，扎扎实实地投入到创建品牌的关键领域，选择放弃其他枝节的策略来集中构建企业的持久竞争优势。对于专注的企业来说，顾客的体验以及服务是第一位的，茅忠群也正是因为明确了这一要素的重要地位，才将方太坚定地从低端带向高端。中国经济体正在逐步成熟，廉价的劳动力优势一去不复返，国内的家族企业一代们大多起步于微时，大量集中在低端市场，这种挑战在交接班的关口使得众多民营企业家们陷入

---

① 茅理翔.(2008).家业长青.浙江人民出版社.

了进退两难的困境。破解这一困境的根本之道就在于推进产业和企业的转型升级，促使企业从原来粗放、低端、低附加值、以制造加工为主，转到做品牌、做高端的道路上来，实现品牌升级，飞翔到方太的转变就是很好的例证。①

从低成本到适度成本

过去30年，低成本是多数企业追求的竞争优势，这也是当初茅理翔的点火枪之所以会陷入价格战的原因。产品从低端转型升级到高端，必须抛弃之前形成的低成本思维。很多企业什么有利可图，就做什么，甚至唯利是图，什么来钱快、来钱多，就发展什么，转型太快，或者盲目地多元化。这导致"拿来主义"盛行，企业根基薄弱，"山寨模式"横行，竞争无序化，产品同质化、低端化现象普遍，唯一的杀手锏就是"比价"，把行业利润压缩到最低，把企业自己甚至行业压缩到崩溃的边缘，陷入恶性循环的泥淖中，让"中国制造"贴上"低端""廉价""模仿""山寨"的标签，与高端品牌形象绝缘。做低端品牌时需要满足顾客价廉物美的要求，因此要把成本节约视为重中之重，凡导致成本上升的因素都被一一剔除。我们见过太多的家族企业因为各方面因素的制约，在运营管理的过程中不得不尽可能地降低成本以求存活。而方太选择走向高端后面对的是消费升级后的市场，顾客注重的是对产品需求的满足程度，因此势必导致成本上升，而这些投入可以提高高端品牌的内在价值，从而获得高端市场的认可。从低端转型到高端的企业必须舍得在高端品牌的塑造上加大投入，适度的成本是必要的，不必过多地考虑成本节约的问题。茅忠群对于企业在产品研发上的投入从不吝啬，每年将销售收入的5%作为研发费用，来支持产品创新和技术创新，而且不设上限，而5%的比例远远超出行业平均水平。现在，方太打造了三驾支持技术创新的"马车"，即拥有一个国家认定企业技术中心、一个国家级实验室、一个国家级研究院，拥有研发人员200余人，其中包括飞机风机研究专家、潜艇噪音专家、航空可靠性专家、工业设计专家等国内外权威专家，迄今已获70余项发明专利和500多项其他专利，引领了厨

---

① 陶云彪.(2013).华丽蝶变——从低端品牌到高端品牌转变的六个原则.中国品牌与防伪.(6),24-27.

电技术创新和变革的方向，推动着吸油烟机国家标准的不断升级，为行业创造了一个又一个全新的标杆。为附加价值而增加的成本是值得的，高端顾客会乐于支付附加价值所带来的价格差额，因此增加的产值远远超过增加的成本。对于坚守高端，方太有独到的理解，认为高端不是极少数人才买得起的奢侈品，而是消费者愿意花更多的钱来购买品质更好、性能更高、使用更舒适的产品。

从同质化到差异化

制造业停留在低端阶段时往往以价格为吸引市场的着力点，大批量、同质化成为其主要的特征，因此做低端市场，从产品到品牌都与竞争对手差别不大。但对于高端顾客，差异性则超越价格成为其关注的重点。只有体现出品牌的特质性与差异性，才能建立特征突出的差异化优势，以此来巩固产品在市场上的占有率。顾客之所以愿意为高端品牌支付相对较高的价格，就在于高端品牌在市场上具有"不完全替代性"的某方面的差异，这些特性能够满足高端顾客个性化、精英身份的认同感。方太非常明确地对市场进行精准细分，在最早期对于自己的产品定位是打败洋品牌，做了解中国人厨房习惯的吸油烟机，针对特定目标顾客群进行定位，进而树立专属的高端品牌形象。后来从产品、服务和形象等方面去寻求树立方太了解中国人烹饪习惯并注重产品质量和服务细节的形象，进而形成与其竞争对手如老板、博世等品牌相区别的特点以建立竞争优势。

方太一直在高端厨电市场"搏杀"，其定位是高端市场，低端产品绝不涉及，其积累的产品研发、品牌推广、市场营销、售后服务等一整套产业体系是其他企业很难在短时间内复制的。在茅忠群看来，在中国家电市场，厨电是唯一由本土企业掌控高端话语权的领域。但做高端品牌和做中低端品牌的思维是完全不一样的，不是中低端做强了自然可以往高端进化。方太需要做的是怎样开发出更好的产品，不断超越自己，把高端市场做得更好。2014年，茅忠群再度向外界强调方太"三不、四个坚持"原则。"三不"是：不上市、不打价格战、不欺骗。"四个坚持"是：不欺客；坚持高端定位，继续引领和推动整个厨电产业转型升级；坚持独创设计，继续引领嵌入化、成套化厨电发展潮流；坚持不断创新，为用户打造健康环保有品位的生活方式；坚持社会责任，为行业、为社会、为人类的进步发展贡献力量。这也是为了能够给消费者提供更好的产品体验，保证方太对于核心战略的把控与坚守。

从产品品牌到整体企业品牌

在低端市场，消费者认产品而不认企业，充其量会识别产品品牌，因此低端品牌通常只关注产品品牌。而高端市场上，产品只是消费者关注的其中一个方面，消费者不但会重视产品本身，更会关注产品背后的企业，企业品牌成为支撑产品品牌的关键力量。茅忠群过去十年里一直致力于方太的企业文化的建立，消费者对高端品牌的消费不仅仅是对产品本身的消费，他们更注重的是对企业文化的认可。方太在升级为高端企业品牌的过程中，选择了一次性抛弃低端市场，重塑高端品牌，并通过这种方式在整个市场中占有优势。"产品、厂品、人品"的三品合一是方太品牌文化的真正含义。

自 1996 年创立以来，方太始终坚持"专业、高端、负责"的三大定位，不断创新，先后开创了中国吸油烟机行业的自主设计深型吸油烟机、欧式吸油烟机、近吸式吸油烟机、"高效静吸"吸油烟机、全新一代"风魔方"吸油烟机，以及全新一代欧式机"云魔方"，另外还有"高效直喷"燃气灶、"高效净 U"消毒柜，以及嵌入式蒸箱、烤箱、微波炉，等等。茅忠群表示，方太将坚持高端定位，继续引领和推动整个厨电产业的转型升级；坚持独创设计，继续引领嵌入化、成套化厨电发展潮流。一次次地超越自我，方太将一步步地改变中国人的厨房，努力实现中国人的品质厨房梦。而方太每一次的自我突破、每一次的行业引领，都围绕着一个最根本的核心：不断带给用户惊喜和感动。

对像方太这样曾经在低端市场取得成绩的家族企业而言，进军高端市场意味着一场凤凰涅槃式的革新，茅忠群作为家族二代在这个过程中扮演着举足轻重的角色，但是在企业接班后他的革新方略的顺利推行也离不开父亲茅理翔的胸怀与远见。一代在企业传承和转型的过程中显示出了企业家的果敢与睿智，他抛弃了在过去市场上的成功法则,优化利用自己积累的经验与资源,重新接受新的高端市场的洗礼,并帮助儿子尽快成长,这才实现了方太真正的转型升级。方太选择的这条转型道路,专一、精准,定位越准确、越明确,消费者就越容易记住。而茅氏家族传承的方式也非常清晰,茅理翔在与儿子二次创业之初就对家业的分割有了明确的规划,这也为方太之后的发展管理铺平了道路。他通过"口袋理论"主动分裂,既保证了家族成员各自的权益和产业,也明确了家业继承人的主导权。这使得茅忠群可以顺利地在方太推行自己的理念与战略,也不会因为企业管理的分歧而导致家庭矛盾。在茅理翔看来,接班人应该逐步成为管理变革的领导者和组织者,在接班的过程中推进企业的转型升级和管理变革。而在这个过程中,接班人也会逐渐成长为企业新的领导者。方太是他和儿子二次创业的产物,在企业发展转型和管理变革之路上吸取了很多茅理翔第一次创业的经验和教训,他们对于建立方太特色的现代管理制度体系进行了一系列的探索与尝试。其大致集中在三个方面:第一,引进人才;第二,淡化家族;第三,引进制度。[①] 而在儿子顺利接班后,茅理翔继续投身到家族企业传承的研究与教育传播中。现在提到方太,提到茅氏父子,人们大多会直接想到创业、国学文化、家族企业代表等关键词,正是因为他们在企业的传承和转型过程中所做的尝试与努力,对于传统文化的坚持和传扬,对于现代管理制度的革新与应用,对于家业传承的坚持和继承。我很期待继续看到这个传统的家庭如何富过三代。

新光和华茂走向产业多元化

中国的家族企业在起步之初大多产品单一、模式简单、管理结构混乱,随着企业的发展壮大以及经济的整体转型升级,它们和其他企业一样都会面临向多元化发展还是走专业化道路的问题,只不过,在这期间,它们还同时面临着两代人的交接班问题。所以,一个家族企业如何面对领导人的选择与更迭,又

---

① 茅理翔.(2013).百年传承.浙江人民出版社.

如何对走多元化还是专业化的道路进行抉择就变成了并行的选择题。如果说方太的茅氏父子是坚定的专业主义者的话，那么同样来自浙江的华茂和新光则在交班给二代的途中走上了多元化的道路。

其实，家族企业选择多元化还是专业化要取决于企业自身的规模及原有的业务，同时，也要看接班二代的兴趣和能力。张建君和李宏伟[①]的研究发现，私营企业家的背景不仅对企业的多元化产生影响，并且对多元化之后的企业绩效也会产生影响。他们发现，高学历的、年轻的以及创业前担任过"企业负责人"的企业家比低学历的、年长的、创业前没有"企业负责人"经历的企业家更倾向于选择多元化，且他们的多元化能带来更大的资产规模和更高的资产增长率。创业前有过"企业负责人"经历的企业家采用多元化可以比没有相关经历的企业家给企业带来更好的业绩，同时高学历和低学历的企业家采用多元化都带来了正面的效果，而中等学历的企业家则刚好相反。企业的多元化战略作为企业的重大决策，也必然会受到家族企业家族化特性的影响。华茂和新光尽管都选择了走向产业多元化，但是他们背后的历程和原因却不尽相同。

徐立勋是徐万茂的独子，他成长阶段的每一条路都是由父亲一手安排的，徐立勋曾坦言："自己没得选，没想过兴趣是什么东西。"尽管他知道自己比较崇尚自由，但是在家业面临危机时也不得不接过父亲手中的权杖，挑起华茂的担子。意外之中的接班使得徐立勋面对着多重危机，通常，企业在日子好过的时候会掩盖住很多问题，而这些问题会在日子不好过的时候集中暴露出来。2001年，教育部突然推出一个旨在为学生减负的新政策，把学具用品从全中国的教育系统的采购目录中取消了，这使得华茂的主营业务受到冲击。从数字上看，自2000年至2005年，华茂的利润逐年大幅下滑，从徐立勋接手时的2亿元，持续下滑到2005年首次出现亏损，这对于初出茅庐的徐立勋来说是非常煎熬的时刻。

---

① 张建君, 李宏伟. (2007). 私营企业的企业家背景、多元化战略与企业业绩. 南开管理评论. (10).

但是，市场总是千变万化的，政策的改变其实不足以解释华茂长达6年的持续下滑。在徐立勋眼中，业绩持续下滑最直接的原因是华茂的转型，这是转型必须付出的代价。应该说，任何一个企业在单一产业中发展了近30年的时间后，转型是迟早的事，对于华茂而言，只是由于徐立勋的接班而使转型的时间提前了。

自打担任总裁的第一天开始，徐立勋就清楚，要想接好这个班只能靠业绩说话；要想立足，只有自己实打实地做出业绩，绝不能陷入内部权斗的泥沼中。也正是因为这个出发点，他必须推动华茂转型。对于当时的困境，徐立勋看得很清楚，如何打破旧体系的人事制约？他必须专注于新的增长点，找到好产品、好市场，以期给华茂带来巨大的收益以证明自己的能力。

从2000年到2002年，徐立勋用了近三年的时间将华茂集团从实业型公司的架构改变为投资型公司的架构，集团总部转型为投资控股公司，只负责投资，将各个业务板块分别成立子、分公司，独立运营，自负盈亏。完成了公司体制和组织变革，着实令徐立勋踏实了很多，这意味着华茂的业绩下滑变成了可控的下滑，只要触及底线，他就可以断然切掉失血过多的子公司，从而保证整个集团的健康。

而最让徐立勋自豪的事情是到2005年年底的时候，他预感到中国股市将要复苏，他坚信自己的判断，没有过多考虑，越过董事会大胆投入了一笔巨额资金到股市中。果然，2006年大牛市来临，徐立勋为华茂赚了1亿多元人民币的投资收益，占到华茂当年利润的80%。由此，华茂集团的投资业务成为收入的重要来源。而通过资本运作实现转型，有金融背景的二代子女们必然可以发挥重要的承接作用。在这方面，他们对于市场的知识也好，或是兴趣也好，都要远远优于一代。

2007年年底，徐立勋又敏锐地觉察到国际金融危机，提出该为"过冬"做准备，收缩投资战线，保持稳健的现金流。2007年之后，华茂的销售收入与利润持续以20%的速度增长，徐立勋直接培养的骨干团队也日渐成熟，能够准确有效地执行他的理念和战略，员工们也越来越信服他。

现在，徐立勋把华茂的战略锁定在教育、文化、医疗三个领域。2015年整个集团的销售规模超过50亿元，徐立勋把收入与利润的增速控制在10%左右。他认为这个增长率是良性的，既可以高速、匀速地发展，又可以保证整个体系的健康。为此，徐立勋制定的很多政策都是以可持续发展为核心的。在华茂，超额完成任务有可能被罚，因为徐立勋希望以此来体现华茂对永续发展的追求，"我们需要的是有质量的内涵式发展，不需要跨越式发展"。

新光集团的二代虞江波的接班与徐立勋相比算是顺利得多。2008年年底，虞江波留学归国后回到家族企业新光集团。2009年6月，负责新光参展上海世博会民营企业联合馆项目。2010年3月，发起成立了义乌第一家电子商务协会——江东街道电子商务协会，担任会长；同年，"全色人生，绽情四季"饰品时尚潮流发布会、世博会民营企业联合馆"新光日"两场大型活动获得成功。2011年年初，担任新光饰品总经理；同年，创办浙江网仓科技有限公司。2012年，自主品牌纯银饰品"SU素"在伦敦时装周亮相，收获赞誉，目前在国内已发展有100家直营店。目前，新光已建立35个"网仓"，2016年将再建包括西班牙、美国在内的100个境内外"网仓"，"互联网＋实体"已是新光的新格局。

比起过往二十年企业迅猛发展的骄人业绩来说，更让新光集团创始人、"饰品女王"周晓光引以为豪的是她背后的大家庭，儿子虞江波的成长和接班也离不开家族整体氛围的熏陶和教育。已经三十而立的虞江波留学归国投身家族事业后，相继创办"创道投资""网仓科技""淘趣网络"等多个新型企业。就在新光二十年庆典的前一天，2015年10月25日，虞江波在世界浙商大会上作为"创客"与马云对话，并自豪地说："马总是我的偶像，但在智能仓储这件事上，我很自豪走在了偶像前面。"他在2011年创办的"网仓"，比阿里巴巴的"菜鸟"早成立了整整两年。在自动化智能仓储系统这个领域，虞江波的"网仓"走了一条艰苦的道路，从系统到硬件全是自主研发。经过四年的艰苦创业，"网仓"打造了一套在全球独一无二的开放系统和整体解决方案，成为协助国家制定电子商务仓储行业标准的起草单位。

2015年，虞江波已然用成绩证明了自己的能力，正式接任了新光集团总裁一职，并不再仅仅负责饰品板块的业务。多元化的新光集团是作为一代的周晓光和虞云新夫妇多年来积累建立的集团王朝。在2007年金融风暴之前，周晓光就通过对国外市场的考察看到了行业未来的隐忧，饰品行业作为传统的手工制造业，无论是周晓光十年职业经理人的尝试，还是儿子虞江波接班后的改革换血，都不可避免地经历着行业的阵痛、下滑、调整与转变，以及劳动力成本的大幅上升等。所以，新光很早就打造了多元化发展的结构，集实业、地产、投资、商贸等多元业务于一体。新光的多元化选择更像是用地产、投资、商贸等板块的利润来支持集团的发展，因为饰品板块的业务利润早已不是集团最主要的收入来源。但是，周晓光、虞云新夫妇起家于饰品，这个实业对于他们夫妻二人也好，对于从小在饰品厂区长大的虞江波也好，都有着与众不同的意义，可以说是新光家族的核心所在。虞江波对于电商的热情也为新光的多元化产业布局增添了一道新的风景。

一个决定上市，一个永不上市

虞江波接任新光饰品总经理时，周晓光、虞云新夫妇就有意谋求企业上市，通过资本市场的运作为新光打开更广阔的天地。新光的这条道路走得可谓颇为艰辛，规模越来越大的新光此前一直谋求在资本市场上市，从最早作为中百集团的大股东却进不了董事会的尴尬，到两年前希冀借壳四川金路上市却风云突变，由于非市场因素导致再次失败。直到2016年4月26日，随着新光控股集团董事长周晓光敲响深圳证券交易所的上市"宝钟"，新光圆成股份有限公司正式重组更名挂牌上市。新上市的"新光圆成"是一家以房地产开发与商业经营为主，回转支承生产与经营等为辅的双主业上市公司，着力尝试搭建传统机械行业以及房地产开发与商业经营行业的多元化发展格局。在周晓光看来，新光有400亿元资产，却因为没有资本运作平台，资源整合常感到掣肘。她认为，上市会给新光的发展插上翅膀，打通资本市场后，新光集团将以实业为主体，以投资、金融为两翼，在业务上进行更大的布局。

反观华茂和新光的多元化布局，尽管二代扮演的角色不同，但他们作为新一代，都为自己的家族企业注入了新的产业因素，徐立勋的金融投资、虞江波的电子商务，都是集团多元化产业格局的重要组成部分。但是，多元化道路的背后，他们对于资本也有着不同的诉求与选择。中国的家族企业有许多是未上市的控股公司，旗下有各自独立的子公司，子公司或为上市公司，但家族控股公司仍旧可以充分地掌控其中较为重要者。这是很多国内家族企业在面临转型和产业拓展时的一种选择路径。

作为家族企业，华茂有两根坚实的支柱：一根是徐万茂时代就已达成的共识——华茂永远不上市；另一根是徐立勋时代促成的由徐氏家族成员共同签订的《徐氏家族共同协议》。

永不上市的共识似乎与投身资本市场的多元化布局格格不入，但归根结底是由华茂追求"永续经营"的目标所决定的，这也是即使投资获利更丰，徐立勋也依然全情投入在华茂起家的教育事业上的原因，因为主业是绝对不可动摇的。对于主业的坚持，虞江波和徐立勋是不谋而合的。不过徐氏家族更认可优秀的企业未必一定要上市，不上市的企业照样能够得到社会的尊重。

而徐立勋为什么促使父亲拟定《徐氏家族共同协议》？出发点很简单，他有三个姐姐，他们不希望家族成员未来因为分割家产而六亲不认，也不希望华茂由于被后代分割股权而最终传不过三代。

2008年，徐氏家族成员共同签订了《徐氏家族共同协议》。协议确定，成立信托基金管理家族成员在华茂的股权。协议确立了"分家不分产"的原则，家族成员拥有红利分配权，每年都会给每个家庭分红。这种机制一方面保证了家族成员几代人衣食无忧，另一方面从根本上解决了家族财产传承的纷争问题，以及企业经过数代传承之后，由于股权过度分散而导致控制权丧失的问题。除此之外，这份协议还确立了长子、长孙继承制，甚至涵盖了企业出现风险、破产等情况时，剩余财产的分配方式。

而对于新光来说，上市是为了谋求更自由的财务资本，通过走向公众公司来完善企业的专业化治理。将集团下属的不同产业板块进行划分，更多的也是考虑到房地产板块对于资金的需求，由此可以将这一部分与集团的利润相对分离。此外，借助资本的力量，新光将与全球最大的房地产经纪公司美国 KW 展开合作，在世界范围内整合物超所值的优质物业，着力开拓文化地产、旅游地产、新型商业物业、养老地产、商业地产经营等新型地产产品及业务，并在能源、矿产、清洁技术等领域继续拓展、创新。另外，新光还将充分运用多个投资平台，有效整合国际国内资源，更加专业地开展投融资及并购重组业务，力求在今后数年再打造两家以上的上市公司。

虞周家族三十几口人共同生活在一起其乐融融的场景是很多家族企业无比羡慕的，虞江波也和长辈们一起思考传承发展的问题。他慕名请到了香港中文大学的范博宏教授，与他一起探索起草了新光家族"宪章"。比如，设立了家族议会，家庭成员满 18 岁就可以加入其中，发表意见；企业重大事项，要通过家族委员会进行商议和投票决定；等等；相关细则目前还在进一步完善中。成为上市公司或许也是为了在大家族之下，企业今后的发展可以有更加有效、合理的运行或是退出机制。当然，目前资本市场的助力可以帮助新光下一个 20 年登上更高的台阶。

还在路上

在这样的背景下，中国的家族企业要如何顺利地进行代际传承？这将是这个时代的一个重要命题。家族企业在思考二代该何去何从，要如何接班？职业经理人又有多少发挥的空间？此外，家族财富要如何传承？企业转型升级是否就意味着多元化？互联网和国际市场能不能帮助家族企业继续开疆辟土？

回顾过去三十多年的中国家族企业的发展历程，我们看到每个家族企业的关键节点无外乎三个：接或不接？分或不分？转或不转？一个关乎家业的交接班，一个是考虑财富的分配存续，还有一个则在于企业的发展。在中国，虽然近几年家族企业已经进入了交接班的高峰期，我们也看到许多优秀的二代正在逐渐接过父辈手中的权杖，然而不愿意接班的二代仍然大有人在，这和中国家族企业的历史沉淀相关。在这样的情况下，职业经理人的培养就显得格外重要，而中国职业经理人的信用体系和激励制度都还不够健全完善，这也从一个侧面反映出其对家族企业的交接班带来了挑战。

家族财富更是家业传承的重中之重，俗话说得好，"不患寡而患不均"。这也反映了家族企业的财富分配实际上是一个非常敏感的话题。如何能够做到公平且不分散家族的掌控力，不因为家大业大而导致最终股权或是财富过分分散是每一个企业家都需要认真研究的问题。目前，中国的财富管理行业如雨后春笋般蓬勃发展着，还有很多的法律法规有待完善。但是我们应该看到，家族财富的灵魂价值并不仅仅是金钱本身，更多地应该是一种与之俱来的责任。刚刚萌芽发展的家族财富信托化可以有效地帮助家族企业规避财富传承的风险，并且可以更好地运用财富，让其在社会上发挥更大的作用。

最后一个转或不转的问题在中国尤其特别，因为企业的转型和传承是并行的双轨，家族企业的列车在两条轨道上的行驶必须配合妥当，否则，稍有不慎就会翻车。如果企业面对时代转变没有能够及时或是正确地转型，那么很有可能面对的就是为时代所淘汰。技术、市场、人才等因素在互联网盛行的今天都是瞬息万变的。企业转型是适应时代的一种优化，也是长期发展的必经之路。著名咨询机构麦肯锡2013年发布的研究报告显示，全球家族企业的平均寿命只有24年，其中只有约30%的家族企业可以传到第二代，能够传至第三代的家族企业数量不足总量的13%，只有5%的家族企业在第三代以后还能够继续为股东创造价值。不得不说，大批没有传承下去的家族企业正是在转型过程中被淘汰的。而剩下的30%左右，正是在面对新机遇和新市场时抓住了机会。企业发展也如逆水行舟，不进则退。

不管是当传承遇到转型，还是当转型遇到传承，对于家族企业来说都是一大挑战，更何况，许多家族企业是同时遇上了这两大挑战。在中国，家族企业不仅面对行业内部竞争固化、整体产业规模趋向饱和、营销模式逐渐过时的境况，很多传统生产企业更遭遇生存困境，急需寻找新的市场机会以便实现企业的转型升级。在这转型变革的十字路口，企业需要不同于以往的知识与才能，而代际传承提供了一个良好的机会去解决企业领导人的知识更新换代问题。此外，现在的年轻人，尤其是家族企业的二代，与老一代创始人的成长环境完全不同，他们受过更好的教育，对职业与人生都有更多、更好的选择。对他们而言，如果家族企业不转型变革，依旧从事原来的低端行业，采取原来的商业模式，面对同样的父辈、同样的老臣、同样的管理方式，他们可能会对接班和继承毫无兴趣，或者力不从心。而家族企业转型升级的需求或许会给他们更大的想象和发挥的空间及动力。当然，过程总是曲折的，没有一个接班过程不是一波三折，在矛盾冲突中前进的。时代永远是属于年轻人的。年轻一代的学习能力更强，对时代的市场趋势和技术创新需求会有更好的体会，也更敢于挑战现有的约定俗成的行业模式，往往能走出一条与父辈截然不同的创新之路。二代的传承和接班实质上是一个企业二次创业的过程。传承最好的办法不是一代手把手地把权力移交给二代，而是通过内部或外部创业完成企业的转型升级，或通过创业完成对二代的成长历练，达到对二代个人的优化、对企业的优化。在此过程中，家族企业传承和转型的关键在于家族企业精神与文化的延续。而这所有的一切，都需要长时间的策划和准备，培养储备人才，并配套以全面的、合理的、互相制衡的治理结构。当传承遇到转型，对许多家族企业来说，都是它们要面对的生死攸关的挑战，但危机永远是一种转机，我们希望这本书能为还在路上的企业，提供一点经验和思考。

致　谢

我在 2007 年出版了我的第一本有关家族企业的书《富过三代——破解家族企业的传统诅咒》，在 2008 年出版了这本书的英文版 Chinese Family Business—Wealth Goes Beyond Three Generations。那时，我还刚到中国。

没想到一转眼就已十年。这次写《当传承遇到转型——中国家族企业发展路径图》，把重点放在了中国家族企业的发展上，包括了许多中国的案例。这十年并不是一帆风顺，事实上之前对这个课题的研究停滞了将近五年，因为当时要做家族企业的采访和案例都特别困难，要拿到相关可信的数据更是难上加难。家族企业一般都非常低调，不愿承认或不愿声张自己是家族企业。这个趋势在后来的五年有了很大的改变。一是越来越多的家族企业做得越来越好，二是许多民营企业经过三十多年的发展必须面对企业传承的问题，到底要不要让子女来接班就不得不提到议程上讨论。很庆幸的是中欧国际工商学院的院领导，特别是佩德罗·雷诺院长，觉得中欧国际工商学院应该在这个课题上成立一个研究中心，为中国的家族企业传承指引方向。2013 年，中欧国际工商学院家族传承研究中心在各方的大力支持下成立。

过去几年，我们每年都举办研讨会、论坛，发布白皮书和案例，更是进行了调研、访问、实地考察，也组织了学习联盟，让二代成员每两个月都到不同的企业考察和学习。积累了这几年的观察、思考和研究，我觉得是时候出版第二本书了。

每次写一本书真的像是十月怀胎，既喜悦又担忧。在采访和撰写的过程中，我得到许多人的帮助和支持。我首先感谢书中所写的企业家们，他们那么无私地愿意花时间接受我的采访和调研，这是基于对教育的热爱和支持，以及企业家的一份社会责任感。我也很感谢中欧国际工商学院案例中心愿意让我在这本书中使用这些案例。我还特别感谢我的合作者张燕教授，她对传承这个课题的研究和影响，是学术界的典范。和她合作是一个非常愉悦的过程。

我内心对在幕后默默付出的研究助理们总有一份愧疚感，因为我是那种工作时很疯狂，可以不眠不休的老板，如果她们不努力，会跟不上我的速度和节奏。要跟在我后面跑，是很累的一件事。所以，我要特别感谢陆韵婷，她这三年在中欧国际工商学院家族研究中心的工作，非常敬业和执着，一直默默地耕耘。还有一直和我一起合作写案例的钟婉雯、安静、赵丽缦和赵子倩，谢谢她们陪我到处奔波采访，在这个过程中给了我许多的帮助。谢谢赵华在最后阶段帮我校对书稿，特别用心。

最后，要感谢天上的父亲，他的一生，让我开始了对这个课题的思考和探索，一路上收获的是惊叹和成长。

李秀娟
2017 年 1 月